국민이 명령한다
국방을 개혁하라

국민이 명령한다
국방을 개혁하라

초판 1쇄 인쇄일 2017년 02월 21일
초판 1쇄 발행일 2017년 02월 27일

지은이 이진규
펴낸이 양옥매
편　집 육성수, 박지미
디자인 황순하
교　정 조준경

펴낸곳 도서출판 책과나무
출판등록 제2012-000376
주소 서울특별시 마포구 방울내로 79 이노빌딩 302호
대표전화 02.372.1537　**팩스** 02.372.1538
이메일 booknamu2007@naver.com
홈페이지 www.booknamu.com
ISBN 979-11-5776-393-1(03300)

이 도서의 국립중앙도서관 출판시도서목록(CIP)은 서지정보유통지원 시스템
홈페이지(http://seoji.nl.go.kr)와 국가자료공동목록시스템
(http://www.nl.go.kr/kolisnet)에서 이용하실 수 있습니다.
(CIP제어번호 : CIP2017004207)

국민과 함께하는 국방개혁 국가선진화의 정도 正道

국민이 명령한다
국방을 개혁하라

THE RIGHT
WAY

개혁전도사 이진규

책과나무

프롤로그

 북한은 위협적인 발언을 거침없이 쏟아내면서 천안함 폭침, 연평도 포격, 목함 지뢰, 핵과 미사일 시험 등과 같은 도발과 만행으로 국민들을 분노와 슬픔 그리고 좌절과 불안에 빠지게 한다. 이런 안보 환경에서 젊은이들은 국방의 의무를 다하기 위해 군대에 가고 있으나 병영의 불미스런 사건·사고들이 끊이지 않는다. 또한 40조 원에 달하는 국방비와 관련된 비리와 부정부패 사건들도 자주 언론에 등장하여 국민들의 분노를 키운다.

 국방을 유지하는 제도와 문화가 올바르지 못하거나, 지휘부가 무능하고 부패하면 군대가 패망하기 십상이다. 그렇다면 한국군 특히 그 지휘부는 어떤 면에서 후진성의 늪에 빠져 있는가? 군국주의 일본의 군사문화가 국방과 한국 사회에 끼친 영향은 무엇인가? 정치군인들이 남긴 청산해야 할 유산은 무엇인가? 이기는 본래의 국방은 어떤 모습인가? 한편, 이 책은 침묵하는 다수의 참 군인을 대변하려는 의도를 갖기도 한다.

 아시아 정벌의 야욕에 사로잡혔던 제국주의 일본은 1945년 패망과 함께 군국주의 군대를 벗어던지고 지금의 민주군대로 탈바꿈했다. 그런데 어처구니없게도 일본이 버린 그 군국주의 군대의 망령이 한국으로 스며들었다. 제국주의 일본의 육사에서 군국주의 군대를 모범적으로 익힌 박정희와 그의 사상에 경도된 정치군인들이 30년 넘게 국방과 국가를 지배하여 퇴폐적인 군국주의 군사문화가 광범하게 뿌리내리게 된 것이다. 이기적인 야망과 영웅심리에 사로잡힌 정치군인들은 권력형 지배구조, 의전과 예우를 앞세우는 옥상옥의 관료화 조직, 집단 이기주의, 왜곡된 충성이 지배하는 국가로 만들었다.

이런 후진적인 제도의 틀과 문화를 걷어내는 것이 국방개혁이며, 더나아가 대한민국을 선진화하는 올바른 길(正道)이다. 20세기의 비민주적이며 전근대적인 제도와 군사문화를 민주국가에 걸맞게 바로잡아야 21세기 대한민국이 발전할 수 있다.

따라서 이 책의 1부에서는 70년 국방의 현주소를 짚어보고, 2부에서는 올바른 국방개혁의 10가지 과제를 제시한다. 아울러 개혁에 대한 논의의 지평을 넓혀 국방을 매개로 모든 정부 조직과 사회를 논한다.

국방은 특정집단의 전유물이 아니라 국민의 것이다. 착각하지 말아야 한다. 국방의 주인은 대한민국의 주권을 가진 국민이다. 그런 국민들은 '내 나라, 내 일'이라는 일념으로 한 해 40조 원에 이르는 국방비를 쏟아붓고, 그것도 모자라 생때같은 자식을 험난한 전선으로 보낸다. 그런 자식들은 지난 70년의 역사 속에서 청춘을 바쳐 피땀으로 나라를 지켜왔고, 또 그렇게 지켜갈 것이다.

지금 이 시점에도 국민들은 "부정부패가 없이 싸워서 이기는 군대, 국민과 함께 미래로 발전하는 국방"이 이룩되기를 소원하고 있다.

2017년 이른 봄 저자 씀

목차

프롤로그 *04* ────────────────────────────

제1부 | **70년 국방의 민낯**

❶ 국민의 공분을 사는 방산비리 *12*

방산(군납) 분야의 부정과 비리가 지속되는 이유(18)

❷ 허약한 국방 지휘부 그리고 지휘구조 *35*

불합리한 관료화 지휘 구조(40) 한국의 실정에 맞지 않는 미국식 국방 지휘 구조의 고수(42) 군정권과 군령권의 소모적 논쟁에 함몰된 이원화 지휘 구조(51) 한국군 지휘부의 전문성 결여 문제(66) 아! 천안함……! 현대판 홍길동이 되어버린 북한 잠수정(74) 스스로 강해지기를 포기하는 지휘 구조(92)

❸ 도를 넘는 고위급의 기강해이 *110*

최고의 지휘관 대장들의 음주 사건(111) 장군들의 부하 여군 성추행(113) 장군(제독)의 공금 횡령(118) 장교들의 사조직 결성, 정치군인 그리고 군의 정치화(124)

❹ 잘못된 제도와 후진적 관습 그리고 문화 *128*

한국군과 한국 사회를 오염시킨 정치군인 집단(129) 지휘관의 분리되고 폐쇄적인 사무 공간에서 잉태되는 후진성(133) 낙후성을 면치 못하는 병사관리제도(145)

제2부 | **국방개혁 10대 과제**

❶ 방산비리 척결과 빙산제도 개혁 *150*

공개와 개방성을 강화하는 선진형 사업관리(152) 국방부 직속의 방위사업청(155)

❷ 장교 인사제도 개혁 *165*

조직 안정을 위한 공개적이며 예측 가능한 인사 운영(167) 소령과 준장의 계급 예우 분류 구조 선진화(169)

❸ 이기는 국방지휘부 만들기 *177*

3군 병립 통합지휘 조직(181) 문민장관과 통합 국방지휘구조의 특징(188)

❹ 병사의 사기 진작 = 국민 행복의 시발점 *199*

국가 차원의 중대한 업무인 병사자원 관리(201) 반드시 시행되어야 할 군필자의
가산점제도와 제대보상금(204) 의무복무의 신성함을 모독하는 폐단 일소(207)

❺ 관료주의 타파와 고위급의 사무 공간 개혁 *218*

수직계열화된 옥상옥의 업무 구조 수평화(221) 업무의 공간을 메우는 불필요한
것들 제거(225) 시급히 없애야 할 집무실에 딸린 내실(228)

❻ 지휘부의 의식 개혁과 장군의 업무 체질 개선 *231*

의식 개혁이란 무엇인가?(235) 동해의 깊은 바다에 던져 버려야 할 '삼정
도'(237)

❼ 군 골프장 개혁 *248*

군이 직접 골프장을 운영하는 데 따른 폐해(250) 군의 골프장 운영 방식 개혁을
통한 골프 문화 선진화(258)

❽ 기무사령부 개혁 *262*

기무사령부가 불필요한 이유(264) 기무사령부 개혁 방안(271)

❾ 사관학교 개혁 *285*

청산해야 할 과제, 군사정권의 유산인 육사의 엘리트 의식화(288) 전두환의 육
사발전기금 기탁과 생도사열식 임석상관(294) 민주적 소양과 사고의 유연성부
터 교육해야 할 사관학교(298)

❿ 장군들의 자발적인 국방개혁 동참 촉구 *310*

장군들이 주도하는 개혁의 방향성 그리고 의지 선언(311) 모범적인 예비역 단
체로 남아야 할 성우회(315)

에필로그 *236*

"

21세기에 찬란히 빛나는
대한민국을 위하여!

"

제1부

70년
국방의 민낯

내 나라 내 국방이다. 이게 웬 말이냐?

"이런 한심한 군대로는 나라를 지킬 수 없다. 방산비리와 부정 부패, 위기 때마다 뒷북이나 치고 은폐·축소하고, 여군 부하 성추행에 공금이나 횡령하는 장군들, 국방부가 한심하다."

— 국방부와 지휘부를 보는 국민들의 따가운 시선

"장군들은 온갖 부정에 방산비리로 부정 축재하고, 간부들의 기강은 해이한 이런 군대가 제대로 전쟁할 수 있겠나? 믿을 수 도 없는 군대에 총을 쥐어 줄 수 있겠나?"

— 국방부와 지휘부에 대한 국민들의 불신의 목소리

"이렇게 해서 어떻게 자식을 군대에 보낼 수 있겠는가? 정말로 미치겠다. 아들을 둔 부모, 꽃다운 나이에 군대에 끌려가야 하 는 청년들이 무슨 죄인인가?"

— 군대에 가는 청년들과 그런 자식을 둔 부모들의 탄식

대한민국에는 30년 동안의 군사정권이 끼친 폐해들이 적체되어 왔다. 정치군인들이 도입한 군국주의 일본군의 퇴폐적인 군사문화가 국방과 국가에 만연하고 있다. 지금 그 현상들은 한국군 지휘부뿐만 아니라 모든 정부 조직에서 드러난다. 단지 모양만 다를 뿐 내용은 모두 같다.

위기를 관리하고 상황을 지배해야 하는 지휘부가 오히려 위기에 지배를 당한다. 위기 순간에 지휘부가 구성되지 못하고 의사결정자와 그를 지원해야 하는 참모들은 무엇을 해야 할지 몰라 허둥댄다. 컨트롤 타워(control tower)를 세워 보지도 못한 채 골든타임(golden time)은 저 멀리 자취를 감추고 만다. 그런 사이에 귀중한 국민의 생명과 재산은 물거품으로 사라진다. 낡아빠진 매뉴얼 타령과 책임 공방에 빠져들고, 책임을 져야 할 사람들은 위기 모면과 책임 회피의 탈출구만 찾는다.

국방에서 일어난 천안함 폭침이나 연평도 포격도발과 민간에서 일어난 세월호 참사와 메르스 공포 등의 대형 참사에서 오합지졸이 되는 지휘부의 모습은 정확히 닮은꼴이다. 현장 상황을 판단하지 못하는 지휘부, 지휘관의 소재가 파악되지 못하는 오리무중, 상황이 전달되는 과정에서의 시간 지연과 정보 왜곡, 결정을 주저하는 의사결정자까지 하나같이 닮아 있다.

국방개혁을 대한민국 선진화에 대입하는 이유는 국방에 기대어 언급하는 모든 상황을 다른 정부 조직에 대입해도 똑같은 모습이기 때문이다. 정책을 수립하거나 조직의 목표를 달성하는 일상적인 업무에서도 이러한 모습들이 발견된다. 권위주의, 옥상옥의 지배 구조, 의전과 예우라는 허례허식 등에 의해 정책과 업무는 혼선만 빚는다. 정치군인들이 폐쇄된 군대 조직에서 만든 이른바 '골방통치'의 유산이다. 골방통치의 결정적인 참사가 바로 국가를 송두리째 흔드는 소위 말하는 '최순실 게이트'이다.

민주시대에 걸맞게 대통령이 폐쇄된 공간을 벗어나 개방된 공간에서 장관들과 일하고 언론을 통해 국민과 소통해야 한다. 수시로 국민 앞에 직접 나서서 자신의 정책을 밝히며 비판을 거친 동의를 얻어야 비로소 대한민국이 올바로 성장하고 발전한다. 대통령은 봉황을 타고 하늘에서 내려온 사람이 아니라, 국민이 잠시 자신들의 권력을 위임해 준 대리인에 불과하기 때문이다.

부정과 비리는 어둠 속에서 잉태되고 자란다. 권력으로 조직을 덮으면 조직에 권력의 그림자가 짙게 깔리고, 권력은 그 어둠 속에서 전횡을 저지른다. 그 어둠을 말끔히 씻어 내는 유일한 수단은 '공개'라는 빛밖에 없다. 국방과 국가 조직은 권력 그 자체를 개방하여 투명성을 바탕으로 공정과 공평을 전제한 상태에서 체계와 제도를 발전시켜야 한다. 그래야만 국방과 국가가 진화하며 발전한다. 이것이 민주제도의 명제이다.

01. 국민의 공분을 사는 방산비리

　: 언제부터인가 한국 사회는 '방위산업=비리'라는 등식이 성립하는 비참한 처지에 놓이게 되었다. 최근의 한 여론 조사에서 국민의 86%가 방산비리 범죄가 '심각한 수준'이라는 응답을 보였다. 거의 모든 국민들이 국방부를 믿지 못할 정도로 신뢰가 추락했다는 믿기 힘든 사실이다. 지금 이 순간에도 방산비리자들에 대한 항구적인 개선책을 마련하라는 개혁의 목소리가 높다. 언론들은 방산비리를 도적질이라며 기사들을 게재한다. 국민들은 혈세를 낭비하고, 적을 이롭게 하며, 장병의 사기를 떨어뜨리는 중한 범죄행위라고 말한다. 방산비리를 법정최고형으로 강력히 처벌하라는 요구가 높다.

　과거부터 정부는 크고 작은 방산비리가 터질 때마다 강력한 처벌과 재발 방지를 위해 특단의 조치를 취하겠다는 약속을 반복해 왔다. 그러나 실효성이 없는 임기응변식의 조치에 불과했다. 비리자들을 제 식구라고 감쌌다는 비판이 진실로 들린다. 마치 연례행사처럼 터져 나오는 방산비리에 '비리 백화점'이라는 말까지 등장했다. 이제는 더 이상 어떤 말로 표현해야 할지도 모를 지경이다. 최근의 조사를 통해 드러난 방산비리 사실은 거론하기조차 힘들 정도로 많다. 군함에서 비행기, 장갑차, 수류탄, 군복, 침낭, 군화, 건빵에 이르기까지 장병들이 들고 싸우는 무기부터 의식주에 해당하는 물자들까지 돈이 있는 곳은 모두 부정과 비리가 연결되어 있다. 도대체 이 엄청난 문제를 어디서부터 어떻게 바로잡아야 할지 엄두가 나지 않는다는 탄식의 목소리가 높다.

비리는 단순히 현재의 문제로 끝나지 않는다는 점도 문제다. 그 모든 폐해는 두고두고 후배들이 감수해야 할 몫으로 남게 된다. 제원표에 기록된 성능보다 떨어지는 장비, 부속품이 제대로 확보되지 않는 장비, 무리한 개념을 적용하여 도입한 고가의 장비, 미래를 위한 발전성이 담보되지 못한 장비 등을 30~40년 동안 사용해야 하는 후배들에게 부담이 될 수밖에 없다. 그래서 장비를 도입할 때는 공개적인 검증 절차를 거쳐야 한다.

방위산업은 단지 국방의 한 분야라고 인식되지만 사실은 국가 차원에서 육성해야 할 미래의 먹거리 산업이다. 국가의 경제와 기술력의 발전에서도 방위사업은 큰 역할을 기대할 수 있는 산업 분야이다. 선진국의 사례에서 보듯이 산업기술의 발전은 방위산업에서 비롯된 것들이 많다. 예를 들어 지금의 발달된 통신전자 기술들도 군의 통신과 레이더를 연구하는 과정에서 발전되었다. 오늘날의 일상생활과 밀접한 GPS 역시 탄도미사일을 유도하는 목적으로 개발된 것이다.

한국의 전자, 기계, 조선, 화학 등의 우수한 산업을 활용하여 경쟁력이 있는 무기를 만들어 수출할 가능성도 있다. 또 그런 사례들도 있다. 비리라는 문제를 그대로 방치하면 이런 것들은 기대조차 못하게 된다. 국가 차원에서 보다 근본적으로 방산비리를 근절하는 강력한 대책이 요구된다.

→ 이래도 좋은가? 고위급까지 연루되어 반복되는 방산비리들

1993년에 발생한 율곡사업(전력증강 사업의 명칭) 비리는 국민에게 큰 충격을 주었다. 감사원에서 비리를 적발하여 검찰에서 조사한 결과 2

명의 육군 출신 장관, 공군참모총장, 해군참모총장 등 군의 최고위 인사들의 부정과 비리 사실이 드러났다. 이때 무기중개상, 현역군인, 공무원, 업체관계자 등 비리에 관련된 50여 명도 처벌받았다. 1995년에는 공군 출신 국방장관이 무기중개상으로부터 수억대의 뇌물을 받은 사실이 적발되어 구속되었다. 2011년에는 전직 공군참모총장이 후배 장교들과 공모하여 군사기밀을 빼돌려 해외 방위산업체에 넘겨준 사실이 적발되어 처벌받았다.

2014년 해군의 통영함 사건으로 촉발된 방산비리 조사에서는 전직 해군참모총장들이 죄수복을 입고 조사를 받았다. 일부 언론에서는 당시에 지적된 방산비리로 인해 국민의 세금 1조 원이 허비되었다는 조사 결과를 발표했다. 이 일로 장교, 공무원, 전·현직 장군 등 70여 명이 법의 심판을 받았다.

2015년 9월 국정감사장에서 한 국회의원이 방위사업청장에게 "요즘 방산비리가 끊이지 않는데 대표적으로 어떤 것이 있는가?"라는 질문을 했다. 그 질문에 대해 방사청장은 "하도 많아서……."라고 궁색한 답변으로 말꼬리를 흐렸다. 이 자리에 있었던 국방부 장관은 방산비리를 '생계형 비리'에 빗대어 여론의 지탄을 받았다. 언론에서는 그동안 밝혀지지 못한 의혹들을 포함하여 방산비리가 적발된 것은 빙산의 일각이라는 보도를 내놓았다. 이런 보도들은 과거의 정부에서 이루어진 비리의 형태와 배후가 명쾌하게 밝혀지지 못한 것들을 포함하여 국민들은 정부와 국방부에 대한 불신을 증폭시켰다.

목숨을 담보로 전투에 임하는 병사들의 무기와 장비 그리고 그들의 의식주에 해당하는 것들이 비리로 얼룩져 있다면, 병사들은 전쟁을 시작하기도 전에 전투 의지를 상실한다. 그런 의미에서 방산비리는 군대 조직의 중심을 파괴하는 악성 바이러스가 된다.

→ 무기 중개상에게 '일확천금의 기회'가 되는 해외무기 도입 사업

해외에서 무기를 도입하는 사업은 예산의 규모가 상상을 초월할 정도로 큰 것들이 많다. 물론 전체 사업 기간이 길다는 점은 있지만, 독일에서 잠수함을 도입하는 사업은 3조 원, 차기 전투기를 도입하는 사업은 8조 원, 이런 식이다. 이처럼 예산 규모가 크기 때문에 무기를 판매하는 업체들은 사활을 건 쟁탈전을 벌인다.

만일 미국에서 차기 전투기를 도입한다고 하면 국민들은 미국정부(국방부)와 한국정부(국방부) 사이의 전력증강 사업인 것으로 인식하는 경우가 많다. 그러나 전혀 그렇지 않다. 한국군이 미국의 방산업체에서 무기를 수입하는 일반적인 상거래 방식이다. 이 상거래의 과정에서 한국군과 미국의 방산업체 사이에 무기중개상과 로비스트들이 개입하여 이윤을 챙기는 구조이다.

해외에서 무기를 구입하는 사업은 군에서 소요를 제기하고, 기종을 선정하는 단계를 거쳐 최종사업자를 선정하는 순서로 진행된다. 이때 해외 업체는 자신들의 무기가 선정되게 하기 위해 갖은 수단과 방법을 동원한다. 여기에 방산비리에 자주 보도되는 무기중개상(agent)들이 등장한다. 무기를 수출하는 해외 업체는 자신들이 직접 나서서 로비를 할 수 없다. 불법을 자행했을 경우에는 자국의 국내법으로 처벌을 받기도 하지만 부정한 업체로 낙인찍혀 국제사회에서 무기 수출 업무에

타격을 입게 되기 때문이다. 대신 자신들의 무기를 확실하게 낙점되게 만들 수 있는 능력이 있는 중개상을 물색하여 대리인 계약을 맺는다. 이렇게 하여 동반자가 되는 해외 업체와 중개상은 무기를 판다는 동일한 목적을 갖지만 법적으로 완전히 별개다. 따라서 로비를 하는 과정에서 중개상이 불법을 저지르면 그것은 중개상의 책임이지 업체의 잘못은 아니다. 중개상은 에이전트를 수행하는 대가로 무기구입예산의 3~5%에 해당하는 중개수수료(commission)를 받게 된다. 물론 이것은 계약서상의 합의일 뿐, 실제로는 그보다 많다는 것이 일반적인 견해이다. 이명박 정부 초기에 무기중개상의 커미션이 20%에 달하여 이것이 곧 원가를 부풀리는 원인이 된다고 지적하며 대대적으로 시정하겠다고 나선 일이 있었으나 뚜렷한 성과는 없었다.

해외에서 도입하는 무기의 가격이 1조 원이고 수수료를 3%라고만 가정해도 무기중개상은 300억 원의 커미션을 받게 된다. 단 한 건의 사업 성사 대가로 엄청난 액수의 수익을 챙기는 것이다. 또한 무기를 한 번 도입하면 일반적으로 30~40년을 사용한다. 그렇게 사용하려면 수리에 필요한 부속품들이 필요하고 시간이 흐를수록 노후화가 가속되어 부품의 소요가 기하급수적으로 증가한다. 해외에서 도입한 무기는 당연히 필요한 부속품들도 해외에서 들여와야 한다. 이런 부속품들도 모두 무기중개상을 통해 들여와야 한다. 이뿐만이 아니다. 무기를 도입하는 원가의 30%는 절충교역(offset)이라는 예산으로 책정되는데, 이는 주로 기술이전 비용이 된다. 가령 1조 원짜리 사업이라면 3,000억 원의 예산이 기술이전에 사용되는데, 이것이 제대로 이행되는지 그리고 그 비용이 제대로 집행되는지는 제대로 검증할 방법이 없다. 10억 원짜리 기술이전 교육이 1억 원짜리로 둔갑할 수도 있다.

　무기를 들여오는 과정에는 초도보급이라는 명목으로 수리용 부속품과 공구들도 함께 들어온다. 일반적으로 무기가격의 5% 정도에 해당한다. 그런데 이 모든 수리용 부속품을 들여오는 과정에도 해외 업체와 중개상이 농간을 부린다. 해외도입 분이 많으면 많을수록 해외 업체와 무기중개상의 수입이 극대화되기 때문이다. 이런 상태로 무기들이 도입되었기 때문에 지금도 육 · 해 · 공군의 수리부속 창고에는 수천억 원에 달하는 수입물품들이 사용되지 못한 채 잠자고 있을지 모른다.

　막대한 예산으로 도입은 하였으나 기능도 발휘해 보지 못하고 도태되는 것들, 본래의 용도와 목적에 도달하지 못하는 장비, 제원을 그럴싸하나 실제로는 훨씬 미치지 못하는 장비들도 많다. 지금까지 이런 모든 것들을 합한다면 그동안 허비된 국방예산은 수십조 원에 달할 것이라고 주장한다.

　단 한 번의 사업 성사로 이런 엄청난 부를 챙길 수 있기 때문에 무기중개상들은 군에 막강한 인맥을 갖고 있어 영향력을 행사할 수 있는 예비역 고위급들을 활용한다. 물론 마당발의 친화력을 갖춘 로비스트들도 활용한다. 요즘은 이들의 활동이 매우 지능화되는 경향을 보인다. 예를 들어 의사결정에 영향을 미칠 수 있는 고위급에 직접 뇌물을 공여하는 것이 아니라, 그들의 부인이나 가족을 포섭하여 고가의 명품 선물이나 고급 음식 등으로 환심을 사는 것이다. 이렇게 되면 나중에 부정이 들통이 나도 뇌물을 먹었으나 대가성은 없었다는 변명이 가능하게 된다.

　한국의 무기획득사업은 보이지 않는 손에 의해 좌우된다는 말은 공공연한 비밀이다. 무기중개상의 능력은 도입하는 무기의 기종은 물론 수량까지 좌우하는 영향력을 행사한다. 사업에 관련되는 모든 문건들은 비밀로 보관되지만 이들에게는 아무런 장애가 되지 못한다. 굳이 비밀을 문건으로 넘겨받지 않아도 군인들과 술자리를 만들어 사업에 관련되는 정보를 얼마든지 얻을 수 있다. 그리고 그런 정보들은 고스란히 외국 업체의 손에 넘어간다. 국내 업체들은 모르는 특급정보를 외국 업체가 사업 초기부터 속속들이 알게 되는 것이다. 사업의 규모가 클수록 해외 업체는 군과 정부에 정보력과 영향력 큰 중개상을 선호한다. 그런 중개상일수록 사업 성사의 가능성이 높고 그만큼 커미션도 높게 책정된다. 규모가 큰 중개상들은 국내 굴지의 로펌 및 회계법인과 계약을 맺고 무기거래에 관련되는 서류를 작성해 두기 때문에 법조항을 적용하여 범죄사실을 들추어내기 어렵다. 또 비위사실을 조사하는 외풍을 막을 수 있는 막강한 인맥도 구축해 둔다. 무개중개상이 혐의를 받고 기소되는 사실이 보도되지만 이내 풀려나는 것은 이런 이유 때문이다.

이 모든 비리들은 근본적으로 폐쇄적인 방식으로 사업을 진행하기 때문에 발생하는 폐단이다. 무기를 도입할 때는 모든 정책과 의사결정 그리고 예산을 개방하는 방법으로 선진화해야 한다.

→ 방산(군납) 분야의 부정과 비리가 지속되는 이유

왜 방산 분야에서 이와 같은 부정과 비리가 끊이지 않고 지속될까? 물론 다른 이유들도 많이 있겠지만 다음과 같은 10가지 정도의 핵심적인 이유로 설명할 수 있다.

첫째, 처벌이 미약하다.

방산(군납)비리는 생계형 비리가 아니라, 국가를 좀먹는 중대범죄이다. 그럼에도 정작 방산비리를 처벌하는 법규조차 마련되지 못하고 있는 점은 이해하기 힘들다. 방산비리에 관련되면 관례적으로 업무상의 단순비리나 실수에 관한 법조항을 적용해 고작 3년 이하의 징역이나 금고 또는 700만 원 이하의 벌금을 부과해 왔다. 군형법에는 뇌물죄를 처벌하는 조항조차 없다. 또한 방산비리를 기소하는 군 검사가 죄를 저지른 현역군인을 제 식구로 인식하여 법적용을 느슨하게 하는 것도 문제를 키운 원인으로 지적된다.

둘째, 사업 진행 방식이 폐쇄 일변도이고 사후 검증이 허술하다.

모든 사업과 예산에 관한 사항을 비밀로 규정하면 다양한 의견을 반영할 수 없을 뿐더러 객관적인 검증이 불가능하다. 물론 제도상의 절차를 반영하여 의견제시나 검증의 기회를 갖기는 하지만, 이것 역시도 대부분 제한된 인원으로 한정한 요식행위가 대부분이다. 결국 어떤 장비나 무기가 도입되는지, 예산을 제대로 사용하는지, 성능을 제대로 검증하는지 등에 대한 공개적인 검증은 확보되지 못한 상태로 사업이 끝나 버린다.

선진국들은 특수한 경우를 제외하고 눈에 드러나는 하드웨어를 비밀로 치부하지 않는다. 예를 들어 제인연감(Jane's military)에는 한국군이 비밀로 보관하는 무기의 상세한 제원까지 그대로 설명되어 있다. 무엇보다도 해당 장비의 세부적인 내용과 예산 그리고 확보계획을 공개하여 참여자(stakeholder)들이 참고할 수 있도록 하고, 객관적인 검증을 거쳐 미비점을 보완한다. 작전이나 무기의 운용은 비밀이 되지만 금방 눈에 드러나는 장비(hardware)는 비밀로서의 가치가 없다. 장비를 비밀로 묶어 두면 내 눈을 가리고 내가 볼 수 없으니 적도 보지 못할 것이라는 착각에 빠진다.

특수한 안보환경을 방패막이로 방산업무의 폐쇄성을 강화하면 군의 입장에서 업무의 편의성은 증대될 수 있다. 그러나 객관적인 검증을 가로막아 부정과 비리의 온상이 된다. 막대한 액수의 예산이 흐르는 길목에는 그 돈을 가로채려는 검은 손들이 곳곳에 도사리고 있다. 공개를 통해 투명성을 확보해야만 그 검은 손들을 차단할 수 있으며, 제도 발전을 도모할 수 있다.

셋째, 권력기관(기무사령부)으로 부정을 감시하겠다는 전근대적인 의식구조를 가지고 있다.

고양이에게 생선을 맡기면 고양이만 포식을 한다. 권력기관의 감시로는 비리를 차단하지 못한다는 사실이 반복적으로 입증된다.

방위사업청이 출범할 때부터 비리를 감시할 목적으로 기무요원을 배치했다. 그러나 최근의 방산비리 사례를 통해 드러났듯이 그들이 비리를 방지하지 못함은 물론이고 오히려 비리를 자행했다. 특정 무기중개상을 담당하던 기무사 요원은 자신의 부인을 무기중개상의 복지재단에 취직시켰고, 전직 기무사령관 역시 특정업체에게 업무상의 편의를 제공하고는 그 대가로 무기중개상의 회사에 취직했다는 사실이 보도되었다. 실제로 무기사업을 하는 업체는 권력기관인 기무사 요원들부터 챙기는 것이 현실이다.

비리를 권력기관으로 감시하고 감독하겠다는 생각 자체가 매우 후진적인 발상이다. 권력으로 감시하고 감독하라면 그 권력기관은 감시를 핑계로 갑질의 횡포까지 자행한다. 선진국은 비리의 원천을 식별하여 불필요한 규제나 통제를 없애고 공개를 강화하는 방법을 사용한다. 예산이 사용되는 모든 사업은 무엇보다도 공개를 통한 투명성 확보를 우선시한다. 그런데도 한국군은 미련하게 과거의 낡은 생각에 사로잡혀 통제를 강화하는 것만 고집한다. 국방과 같은 외부의 손길이 닿지 못하는 폐쇄된 조직에서 권력으로 감시하고 통제하는 것은 부정과 비리의 전철만 반복할 뿐이다.

다른 한 가지 중요한 문제는 비리를 감시하는 규제기관의 요원들은 무기에 대한 전문 지식이 없다는 점이다. 오직 비리를 감시한다는 미명 아래 사업 진행을 방해하는 우를 범할 수 있다는 말이다. 정작 빠듯한 일정으로 진행하는 무기획득사업이 규제기관의 손에 묶여 일정에 차질을 빚게 된다. 또 불필요한 조사와 개입으로 30년 이상을 사용할 내실 있는 첨단무기가 아니라 사업의 형식에만 맞추어진 겉모양에 충실한 무기를 생산하는 우를 범하게 된다. 그런 점에서 방사청에 검사들을 상주시켜 비리를 감시하는 제도는 참으로 한심하기 짝이 없는 발상이다.

넷째, 선후배로 연결되는 유착관계를 가지고 있으며 비현실적인 대책을 강구한다.

대통령은 선후배로 연결되는 유착관계의 폐단을 일컬어 군피아(군대마피아)라고 명명했다. 그런 군피아를 잡겠다고 비현실적인 대책을 내놓는 것은 빈대 잡자고 초가삼간 태우는 격이다.

군은 특수하게 사관학교 선후배로 연결되는 특수한 고리를 갖는다. 군내에서는 선후배 간의 관계가 업무로 이어지기 때문에 선배가 예비역이 되어 외부에서 군납이나 방산업체에 종사하면 후배로서는 선배의 청탁을 무시하기 어렵다. 군 외부에서도 이러한 유착관계는 지속된다.

단순한 인간적인 관계를 떠나 그것이 이익과 연결되기 때문에 문제가 되는 것이다. 이러한 특수 관계에 의한 이익의 유착을 방지하기 위해서도 사업의 전반적인 공개가 필수적이다. 사업과 관련되는 정보를 비밀로 과도하게 보호하니 그 정보를 얻기 위해 무리한 방법이 동원된다. 모든 정보를 공개적으로 운영하는 한 가지 조치로써 부정과 비리를 원천적으로 방지할 수 있다. 말로만 병의 원천인 암덩이를 제거하는 것이 아니라 쉽고 간단한 행동으로 원인을 제거하게 되는 것이다.

공개를 통해 투명성을 확보하는 제도 발전을 모색하는 것에 생각이 미치지 못하니 엉뚱한 대책들이 속출한다. 군인들의 유착관계를 끊겠다며 공무원을 배치하거나 해군사업에 공군장교를 책임자로 배치하는 등의 저급한 조치가 일례이다. 방사청장은 수천억 원짜리 잠수함을 건조하는 사업을 공군대령에게 맡기면서 "하늘을 나는 잠수함을 만들라."라고 주문하기도 했다. 이러다가 진짜로 하늘을 나는 6,000억 원짜리 고물 잠수함이 탄생할 판국이다.

선진국은 어떤 사업에도 해당 분야의 전문가가 아니면 책임을 맡기지 않는다. 무기는 한 번 만들면 30년 이상을 사용하기 때문에 충분한 발전성을 보장해야 한다. 즉, 제작하는 단계에서부터 30년 뒤에 폐기하는 순간까지 성능을 개량해 가면서 사용할 수 있도록 만들어져야 한다. 또한 첨단기술의 복잡한 시스템을 통합하는 업무를 주관적으로 이끌어 가기 위해서는 전문 지식이 필수적이다.

우주선을 만드는 기술에 비견되는 첨단의 잠수함 건조사업의 책임자로 공군대령이 앉아서 할 일은 무엇이겠는가? 우선 잠수함을 모르니 부서의 장교들에게 묻는 일이 다반사다. 잠수함을 건조하는 데는 수십 개의 조직, 기관 그리고 업체들이 동원된다. 전문 지식 없이는 모든 업무를 장악하고 이끌어 나가 힘들다. 회의에 참석해서도 어떤 발전적인 대안을 제시할 수 있겠는가?

전문성 결여는 한국군의 모든 분야에서 만연한 고질적인 문제이다. 방사청을 마치 정부의 조달청으로 착각하여 외청화한 것도 군대의 특성을 도외시한 전문성 결여이다. 방사청장을 현역으로 유지하지 못하는 것도 전문성 결여이다. 지휘부에서부터 실무자에 이르기까지 이 문제는 한국군이 풀어야 할 숙제가 된다.

다섯째, 책임 소재가 불분명하다.

문제의 해결을 규제에 또 다른 규제를 가하는 방법으로 해결하면 절차만 복잡해지고 문제만 더욱 키우게 된다. 업무체계를 단순화하고 책임소재를 명확히 해야 한다.

실제로 한국의 무기 획득 과정은 마치 거미줄이 엉켜 있는 것과 다름없을 정도로 복잡하다. 비리나 부정이 발생할 때마다 이것저것 실용성 없는 감사나 통제의 기능만 더하다 보니 사업 절차가 아니라 마치 미로 찾기와 같다. 불필요하게 의사결정의 과정을 다단계로 만들고 여기에 별도의 전문가 의견을 수렴하는 과정을 두니 절차만 복잡해지고 시간만 허비된다. 여기에서 전문가라고 나서는 사람들 역시도 대부분은 전문 지식이나 전투부대의 경험이 부족한 사람들이다. 그런 전문가의 의견을 듣는 모임이나 행사는 장님이 코끼리를 만지는 식의 요식행위에 불과한 경우가 허다하다.

해군의 해상 헬기사업의 부정과 관련된 조사과정에서 실무를 담당했던 참모부장(소장계급)과 당시 참모총장 사이에 보고와 지시를 놓고 볼썽사나운 책임공방 모습이 언론에 보도되었다.

여섯째, 의사결정 체계에서 상부의 입김이 작용한다.

한국군의 직무가 미분화된 업무 체계와도 관련되는 문제이다. 먼저 사업을 진행하는 담당자는 방위사업청에 근무하고 있지만 소속군의 눈치를 보지 않을 수 없다. 무엇보다도 진급이라는 문제가 걸리고 또 조만간에 소속군으로 되돌아가서 근무해야 하기 때문이다.

이런 문제를 원천적으로 해결할 수 있는 항구적인 대책도 공개하는 방법밖에는 없다. 모든 사업에 관련되는 사항들을 공개하여 진행하면 상급자의 눈치를 볼 이유가 없다. 이런 불합리는 공개를 통한 공정성의 확보밖에는 없다는 점을 강조한다.

일곱째, 지휘부의 도덕성이 결여되어 있다.

지휘부의 도덕성 결여를 단적으로 표현한 것이 바로 국방부장관의 생계형 비리 운운이다. 허리띠를 졸라매며 세금을 내는 국민의 입장에서 보면 지극히 적을 이롭게 하는 매국적인 행위인데, 최고책임자인 국방부장관이 생계형 비리로 치부하는 말에 국민들이 분개한다. 국방부장관은 한국이 가난을 겪던 1960년대에 사관학교에 입학하여 그때부터 군 생활을 시작한 사람이다. '국방부 돈은 먼저 보는 사람이 임자다.'라는 말은 60~70년대부터 회자되어 왔다. 당시의 박봉에 시달리는 군인들 중에는 군대물품을 유용하거나 적당한 수준에서 이득을 취하는 사람들이 많았다. 미군이 거의 무한정의 군사원조를 지원하던 시절에는 그런 군사물자를 빼돌려 팔아먹는 것을 큰 죄로 여기지 않았다. 군부대를 끼고 있는 도시에서는 군에서 흘러나오는 물품들이 일반 가정집에도 쉽게 발견되는 시절이 그리 오래되지 않다. 이 시대를 겪어온 고참들에게는 비리 자체가 당연시되는 인식이 상존하고 있다는 뜻이다. 아직도 한국군 지휘부는 그런 혼돈의 시대에 살고 있다.

여덟째, 단기 성과주의 문화를 가지고 있다.

단기 성과주의 문화는 군대의 업무의 질을 저하하는 큰 원인 중의 한 가지이다. 자신이 책임지는 동안 무엇인가 성과를 남기려는 욕심이 과하다. 무기는 장기간의 연구와 제작, 그리고 실전과 같은 시험평가를 거쳐야 한다. 무엇보다도 실전에서 장기간 사용하여 그 성능을 충분히 검증받아야 한다. 또 그런 무기들은 하루가 다르게 변하여 그럴 때마다 성능을 향상시켜야 한다.

한국에서는 개발하는 무기들을 '명품 무기'라며 선전하는 모습을 자주 보게 되는데, 이는 결코 바람직하지 못하다. 선진국들은 100년이 넘는 무기 제조와 실전을 바탕으로 한 운용상의 노하우를 갖고 있어도 명품이라는 말은 잘 사용하지 않는다. 그런 나라들에 비해 무기 생산 경험이 일천한 한국에서는 명품이라고 과대하게 선전하지만, 얼마 지나지 않아 불량품이라는 오명을 뒤집어쓴다.

아홉째, 비리 수사가 배후에 접근하지 못하는 한계성이 있다.

수천억에서 수조 원으로 예산 규모가 큰 사업에는 정권이 직접적으로 개입한다. 예를 들어 209급 잠수함 사업은 신군부의 군사정권에서 인가된 것이다. 당시에도 정권의 비자금설이 나돌았지만 배후에는 접근하지 못했다. 사업 종목에서 비리가 적발되면 그냥 문서상의 책임자만 처벌한다. 그런데 군의 특성상 의사결정에 영향을 미치는 상부가 존재한다는 것은 누구나 다 안다. 실무자가 혼자서 정할 문제가 아니다.

대규모의 예산이 투입되는 사업이라면 당연히 공개적으로 수행해야 한다. 당장 1~2개월 뒤가 되면 모두가 아는 사실이 될 일을, 같은 건물에 있는 사람들조차도 모르게 할 정도로 보안을 강조한다는 것은 어불성설이다. 입이라도 벙긋했다가는 감옥에 보낸다는 기세로 실체와 예산 그리고 사업 일정을 감춘다. 이렇게 해 두면 권력자들은 사업을 마음대로 주무르고 이득을 챙길 수 있게 된다.

무기를 도입하는 것뿐만 아니라 국내 인프라를 구축하는 것까지를 더하면 실제로 소요되는 국가 예산은 곱절로 늘어난다. 권력자들은 그런 국내 업체들에게도 갑질과 뇌물협박을 자행한다. 결국 국민의 세금이 낭비되고 무기는 오물 범벅이 된다. 하드웨어가 비밀이 되어야 할 이유나 가치가 없음에도 불구하고 콘크리트벽보다 두터운 보안의 벽을 쌓음으로써 철저하게 국민들의 눈과 귀를 가리게 된다. 여기서는 잠수함 사업만 예로 들었지만, 특히 군사정권에서의 대형 무기사업들은 깜깜한 장막 속에서 이루어졌다. 선진국에 비교한 한국의 현실이다.

열째, 기타 제도적인 미비점이 상존한다.

제도상의 문제점에는 여러 가지가 있겠지만 여기서는 최저가 낙찰제, 하도급 업체에 책임이 전가되는 계약조건을 논의한다.

최저가 낙찰제는 한마디로 불량 무기, 부정 그리고 비리가 시작되는 시발점이 된다. 30~40년의 장기간 사용되어야 하는 무기는 개량해 가면서 사용할 수 있는 설계마진을 갖추어야 한다. 그런데 최저가 낙찰제가 되면 결국 참여하는 업체에서는 출혈을 감수하고 응찰해야 한다. 낙찰을 받게 된 업체는 어떻게 해서든 손실을 극복하고 적정 이윤도 남겨야 하므로 결국 제작 과정에서 하도급업체들에게 무리를 강요하는 등의 부정한 방법을 동원할 수밖에 없다.

한편, 규모가 큰 사업일수록 사업에 참여하는 업체가 늘어나고 관계도 복잡해진다. 특히 업체 주도로 국내에서 개발하는 사업을 추진할 경우에는 주계약업체가 독점적인 권한을 갖고, 사업에 참여하는 하도급업체들을 관리한다. 하도급업체에 책임이 가중되는 계약 조건에서 이른바 갑질 횡포 문화의 전형이 드러난다. 연구개발에 참여하는 하도급업체들은 연구개발 비용도 제대로 지급받지 못한 채 개발 실패에 대한 위험까지 감수하기도 한다.

지나치게 욕심을 부려 한국화를 진행하지만, 세포조직이 되는 소규모 업체들은 무기사업의 경험이 턱없이 부족하고 전문 인력 또한 제대로 갖추지 못한 실정이다. 이런 문제들로 사업에 대한 성공을 담보하기 어려울 뿐만 아니라 제품의 성능을 보장하기도 어렵다. 30년 이상 사용하는 과정에서 발전이나 안정적 사용 측면에서도 위험이 따른다. 결국 업체에서는 어떻게든 이윤을 남겨야 하니 불량 부품을 사용하거나 인건비를 속이는 등의 부정한 방법을 동원하게 된다.

→ 해외 도입이냐, 국내 생산이냐? 한국군의 고민

무기를 해외에서 도입할 것인가 아니면 국내에서 생산할 것인가? 한국군 지휘부가 거쳐야 할 숙명의 질문이다. 최근에도 총사업비 8조 원이 투입되는 차기 전투기 사업을 두고 의견이 분분하다. 여러 가지 측면에서 이 문제를 설명할 수 있지만 문제점 위주로 설명해 보자.

현대무기는 첨단의 기술이 필요하고, 국가산업과 인프라가 충분히 갖추어져야 하며 도입예산이 엄청날 뿐만 아니라 한 번 도입하면 30~40년 동안 사용해야 하기 때문에 신중을 기해야 한다는 점을 상기해야 한다.

해외에서 무기를 도입하면 단기간 내에 손쉽게 무기를 확보할 수 있다는 장점이 있다. 미사일이나 전투기 그리고 잠수함 등 고가의 첨단무기를 기술이 검증된 해외업체에 턴키(turn key) 방식으로 주문하여 가져올 수 있다면 손쉽게 무기를 확보할 수 있게 되기 때문이다.

이때는 무엇보다도 30년 이상 그 무기를 안전하게 사용할 수 있도록 보장하는 문제가 가장 큰 관심사가 된다. 물론 수출하는 업체에서는 수명 주기까지 확실한 서비스를 장담하지만 대부분이 립서비스에 불과하다. 무기를 사용하는 과정에서는 예기치 못한 고장도 발생하고 또 정기적으로 수리도 필요하다. 복잡한 첨단무기일수록 정비하고 수리하는 데 고도의 전문기술이 필요하다. 또한 기계장비라는 것은 사용해 갈수록 노후화되기 때문에 더 많은 수리 부품들이 필요하다. 사소한 수리 부속이 없어 고가의 첨단무기가 무용지물이 될 수도 있다.

이처럼 무기를 해외에서 도입하면 고장 날 때마다 외국의 전문기술자를 불러야 하고 수리 부속을 마련하는 데 많은 예산이 들어가는 위험을 감수해야 한다. 일반적으로 2년간의 보증수리 기간에는 무상 서비스가 제공되지만 그 이후에는 비용이 기하급수적으로 증가한다. 예를 들어 외국 기술자를 부르면 일당을 200~300만 원씩 지불해야 한다. 무기가 노후화될수록 간단한 수리 부속조차도 가격이 폭등하고 그나마 부품공급업체가 도산하면 해당 부품을 구하기조차 힘들어진다. 기술이전을 말하지만 그리 쉬운 일이 아니다. 이런 종속화의 문제를 해결하는 방법이 국내생산이다.

한편 해외 도입이냐 국내 생산이냐를 결정하는 단계에서는 해외업체들과 특히 무기중개상들이 매우 활발하게 움직인다. 단순한 논리로 한국군이 사용하는 모든 무기를 100% 해외에서 수입하면 중개상들의 이윤은 극대화된다. 그러나 모든 무기를 100% 국내에서 개발한다면 중개상들은 모두 폐업해야 한다.

무기중개상들은 군에서 전역한 장군이나 기무부대 출신, 방사청 출신 등 군에 영향력을 행사할 수 있는 이른바 권력 실세들을 많이 채용한다. 이들은 일종의 사외임원으로 사무실에 출근조차 하지 않지만 고가의 연봉에 여비를 포함한 차량 등의 지원을 받기 때문에 실제 연봉은 억대 이상인 경우가 많다. 최근 어떤 예비역 육군대장이 국방부장관의 물망에 올랐다가 무기중개업체에 취직했던 경력 때문에 청문회 과정에서 낙선한 사례가 있었다. 한국에 정의가 존재한다는 희망을 보는 장면이었다.

물론 개인에 따라 약간의 차이는 있지만 이들이 하는 일은 크게 두 가지로 볼 수 있다. 첫째, 무기 획득이 국내 생산으로 결정되는 것을 막는 일이다. 국내 생산으로 결정되면 자신들의 이윤을 창출하는 사업이 없어지기 때문이다. 둘째, 자신들이 계약한 해외 업체의 무기가 선정되도록 영업하는 일이다. 이 두 가지 목적을 달성하기 위해 상부에서 의사결정을 내릴 수 있는 사람들을 상대로 로비를 벌인다. 경우에 따라서는 불량언론까지 동원하여 해외무기의 우수성과 국내 생산의 취약성을 홍보한다.

물론 정상적인 영업수준으로 중개상을 하는 업체도 있지만, 그런 한계를 벗어나 국내 무기생산능력의 기반을 말살하고 원가에 비해 질이 떨어지는 무기를 들여오게 만드는 것은 매국 행위이다. 그들의 로비에 놀아난 고위급 인사들 역시 죄질이 그에 못지않다. 물론 커미션이 법이 정하는 테두리 안에 있고 로비도 정상적인 영업 활동이라고 강변하지만, 방법과 결과는 결코 그렇지 못하다. 어찌하여 무기를 중개하는 단순한 일로 일순간에 막대한 부를 축적하는가? 커미션이 원가에는 영향을 미치지 않는다고 주장하지만 그만큼의 돈을 지출한 해외 업체는 자신들의 나라에서 사용하는 것보다 질이 낮은 제품을 만들 소지가 크다. 이후의 수리 부속이나 기술 지원 등에서 보상받아 차익을 메울 것이라는 사실은 누구나 쉽게 알 수 있다.

앞에서 언급한 고가의 무기를 해외에서 도입하여 발생하는 리스크를 극복하는 대안이 국내 생산이다. 물론 여기에는 국내의 무기생산능력을 확보하고 관련 산업과 기술 발전을 촉진한다는 의도가 포함된다. 그런데 첨단무기를 국내에서 생산한다는 것은 그 자체로서 리스크가 크다. 왜냐하면 첨단무기는 첨단의 기술과 무기 생산의 노하우 그리고 생산 설비를 비롯한 충분한 인프라가 갖추어져야 가능하기 때문이다. 선행 연구와 기술 투자, 기술자 육성과 같은 현실적 문제도 대두된다.

 한국이 진정한 자주국방을 달성하고 또 국내 방산을 육성하기 위해서는 국산 장비의 성능이 해외업체에서 선전하는 성능의 51%만 보장된다면 모두 국내에서 생산한다는 방침을 확고히 정해야 한다. 왜냐하면 해외 업체가 선전하는 장비 성능은 실제로 전투 현장에서 제대로 발휘되지 못하는 이상에 가까운 수치들로 과도하게 부풀려진 것과 국내에는 불필요한 것들이 많기 때문이다. 이런 것들이 과도하게 장비의 단가만 부풀리는 요인이 되기도 한다.

 예를 들어 잠수함을 잡는 구축함 소나의 탐지 거리가 20㎞ 이상이라고 선전하지만 실제로 해상에서는 수 킬로미터에 도달하지도 못하는 것이 현실이다. 실제 전투 상황에서 구축함의 과격한 기동까지를 가정하면 이보다 더 짧다. 물론 이상적인 조건에서는 가능할 수도 있겠지만 현실이 아니라 이상에 가깝다. 이런 현실적인 문제를 잘 알고 있는 선진국들은 실전에서의 소나는 적의 잠수함을 잡는다는 것보다는 쫓아내는 수단으로 인식하고 잠수함들이 마음대로 활동하지 못하도록 하는 소프트 킬(soft kill) 전술을 발전시키는 데 중점을 둔다. 이런 점을 무시하고 무리하게 하드 킬(hard kill)만 고집하면 대잠전술의 발전은 없다. 야간에 경찰이 주택가를 순찰할 때 도둑을 잡기보다 쫓아내는 데 더 중점을 두는 것과 비슷한 이치이다.

 물론 도입한 이후에 성능을 검증하는 단계가 있지만 그 절차는 제대로 지켜지지 못한다. 로비와 사업 일정에 쫓겨 도입된 장비에 대한 검증이 소홀해진다. 해외 업체들과 무기중개상들은 제원상의 성능을 부각하고 이들과 경쟁하는 국내 업체는 이것을 따라가느라 무리를 감수한다. 이와 같은 해외 무기들의 과대선전의 악순환은 아마도 해외 도입이 존재하는 한 계속될 것으로 예상된다.

한국 국방이 진정한 자주국방으로 발전하기 위해서는 무기의 국내생산이 필수적이다. 해외에서 도입한 무기들은 시간이 흐를수록 부품 값이 기하급수적으로 증가한다. 지금의 첨단장비들은 소프트웨어가 성능을 좌우한다. 간단한 소프트웨어 업그레이드에 수천억 원의 비용을 지불해야 한다. 해군의 이지스 체계가 대표적이다. 사소한 부품이 없어 장비가 제 기능을 발휘하지 못하게 된다. 심지어 고가의 장비가 무용지물이 되기도 한다. 이런 것이 곧 무기의 종속이고 광의로 확대하면 안보의 종속이다.

그러나 첨단장비를 국내에서 개발하는 것은 결코 쉬운 일이 아니기 때문에 능력을 확보하고 기반을 조성하기 위한 투자와 인내가 필요하다. 국내 개발이냐 해외 도입이냐를 결정하는 과정에서 무리하게 해외 업체들이 주장하는 이론에 가까운 성능에 현혹되어서는 안 된다. 보다 현실적으로 과연 한국의 전장에서 필요한 성능이 무엇인지에 대한 주관적인 판단이 필요하다. 이를 위해서는 무엇보다도 의사를 결정하는 고위급 인사들의 전문가적인 식견과 능력 발휘가 중요하다.

이와 함께 업체를 선정할 때 지나치게 실적만을 따지는 문제도 개선되어야 한다. 실적을 따지면 굴지의 외국 업체에 실적으로 맞설 한국 업체는 단 한 곳도 없다. 이런 것 역시도 외국 업체들의 로비 대상이 된다. 이런 폐단을 없애기 위해서는 방사청이 보다 주관적으로 평가하는 절차를 만들어 국내 업체를 보호하고 육성할 수 있어야 한다. 한국의 전장에 필요한 무기는 한국의 실정에 맞게 만들어져야 한다. 제대로 검증되지도 못하고, 또 굳이 필요도 없는 기능들만 추가하여 가격만 높인 외국 제품을 들여오면 결국 세금만 낭비하는 꼴이 된다. 그만큼 국내 방산 능력은 저하하고 안보의 종속도는 커진다.

국내에서 질 좋은 무기를 생산하면 그 무기를 다른 국가에 수출할 수도 있다. 국제 무기시장은 한 해 100조 원에 육박할 정도로 규모가 매우 크다. 한국이 자랑하는 국제 수준의 조선, IT, 기계, 화학 등 산업의 기술력을 바탕으로 무기산업을 발전시켜 나간다면 얼마든지 성공할 승산이 크다. 국가지도자들은 보다 장기적인 안목에서 비전을 갖고 국내 방산산업을 육성하는 대책과 방안을 강구해야 한다. 한국에서 방산비리가 자주 발생하면 국제시장은 한국의 방산능력을 의심한다. 부정한 방법이 아니면 한국은 사업을 할 수 없다고 인식한다. 이런 일로 공들여 개발한 국내 무기들이 비리에 가려져 빛을 바랠 우려도 크다.

해외 도입의 리스크와 국내 독자 개발의 리스크를 절충하는 대안이 협력 생산이다. 여기에도 농간이라고 표현하기는 다소 무리가 있지만 해외 업체와 무기중개상의 이익을 극대화하는 꼼수가 숨어 있다는 점을 유의해야 한다.

첫째, 계약이 성사된 이후에 해외 협력의 범위와 영향력을 점진적으로 확대해 가는 꼼수 전략이다.

해외 협력은 국내기술이 미치지 못하는 부분에서 이루어지기 때문에 국내 생산 90%, 해외 도입 10%로 계약되는 사업도 시간이 흐르면 해외 업체에 좌우되는 여지가 충분히 크다. 시간에 쫓기면서 사업을 수행해야 하는 사업단과 국내 업체의 제한점을 충분히 알고 있기 때문에 계약부터 성사시킨 이후에 영향력을 확대하는 꼼수를 부릴 수 있다.

둘째, 제품은 해외에서 생산되나 조인트 벤처(joint venture) 형식으로 페이퍼 컴퍼니(paper company)를 만들어 국내 제품으로 둔갑시키는 편법을 구사하기도 한다.

국내의 업체에서 생산되기는 하나 제반 여건이 부족하여 핵심 기술이나 부분 장비를 해외에서 구입하여 국내에서 생산하는 경우가 있는데, 이는 엄격히 국내 생산으로 볼 수 없다. 무기를 사용하는 과정에서 고장이 발생해도 부품을 제때에 확보하지 못하게 될 뿐만 아니라 수리 기간이 과도하게 소요되는 문제가 발생한다. 이렇게 되면 예산만 허비하고 국내 생산 기술을 갖추지 못하게 된다.

셋째, 기술이전의 환상에 빠지지 말아야 한다.

해외 도입이든 협력 생산이든 해외 업체는 계약 단계에서 기술을 이전할 수 있다고 내세운다. 그러나 그 기술은 해외 업체의 강점을 유지하는 방편이기 때문에 쉽게 이전해 주지 않는다는 것이 지금까지의 사례로 증명된다. 실제로 무기를 도입하는 단계에서 실행되는 기술이전은 계약서에 명시되고 사업비로 지불된 액수에 비해 훨씬 저급한 수준이다. 또한, 그런 기술인력 마저도 제대로 관리되지 못하는 현실이다.

02. 허약한 국방 지휘부 그리고 지휘 구조

: 현재의 한국군 지휘 구조로는 전쟁이나 위기 대응이 불가능하다. 미군이 있어야만 북한군에 이길 수 있다. 이는 그동안 크고 작은 위기에 직면했던 국방지휘부가 국민에게 보여 준 사실이며, 국정감사에서의 국방부 답변이기도 하다. 결코 독자들의 관심이나 끌자고 자극적인 용어를 쓰는 것이 아니다. 현재의 한국군 지휘 구조가 위기에 대응하지 못하는 이유는 지휘권의 이원화, 지휘부의 지리적 업무적 이격, 지휘부의 전문성 결여 그리고 의전과 예우를 앞세우는 옥상옥의 관료화 조직으로 되어 있기 때문이다.

지금의 한국군은 서울의 국방부본부, 합동참모본부(이하 합참), 대전의 육·해·공군 본부(이하 각 군 본부)로 국방조직을 구성하고 군정(軍政, military administration)과 군령(軍令, military order)으로 이원화하여 군을 지휘하는 형태를 취하고 있다. 군정이란 간단히 말해서 군을 유지하는 데 필요한 행정 분야의 업무 즉, 사무실에서 이루어지는 업무를 말한다. 군령이란 군대의 작전수행에 관한 지시와 명령을 말하는 것으로 야전에서 이루어진다. 물론 지휘소에서 군대를 지휘하지만 야전군을 움직이는 지시와 명령이다. 다시 말해 군대라는 조직을 유지하고 전쟁을 수행하기 위한 업무의 영역을 구분 짓는 지극히 단순한 문제요, 그것을 지칭하는 용어이다. 거창하게 학설을 대입하고 제대로 알지도 못하는 선진국의 사례를 연구하는 그런 복잡한 문제가 아니다.

군정과 군령으로 이원화하여 군을 지휘하는 형태는 겉으로는 그럴싸해 보이겠지만 속이 빈 강정과 같다. 그렇다면 어떤 맹점들이 있는가?

최근의 천안함 폭침을 비롯한 위기 사례와 미국과 영국 등 선진국의 국방제도를 대입하여 실태를 파악해 보자.

무엇보다도 선진국의 군대들은 어떤 모습인지 궁금할 것이다. 미국은 한국과 유사하게 합참과 본부라는 구조로 되어 있다. 그러나 한국과 운영 방식이 완전히 다르다. 합참의장이나 참모총장은 지휘 권한이 없다. 군정은 국방부(합참과 본부는 의사결정에 참여) 그리고 군령은 대통령→지역사령관의 라인으로 수행한다. 이때 합참의장과 참모총장은 대통령과 장관의 지근에서 군사참모기능을 수행한다. 이 문제는 뒤에서 다시 설명한다.

영국을 비롯한 유럽의 선진국들은 3군 통합지휘 조직으로 운영한다. 각 군의 본부는 국방부 내에 하나의 부서 개념으로 귀속되어 있다. 따라서 군정은 국방부에서 그리고 군령은 총리(장관)→국방참모총장의 라인으로 수행한다. 각 군의 참모총장들은 아무런 실권이 없으며 최소한의 인력(15명 정도)만으로 각 군의 대표자 기능과 지휘부(총리, 장관, 국방참모총장)의 참모기능을 수행한다. 군정과 군령이 병합된 통합지휘조직이다.

이렇게 만든 이유는 본부라는 조직이 소모적이며, 통합성을 방해하기 때문이다. 수많은 전쟁 경험과 미래 지향적인 사고에서 지휘부와 지휘 구조의 단일화를 완성했다. 무엇보다도 대장 계급을 비롯한 장군들이 직접 일을 하는 일 중심의 조직으로 만들었다. 지금 한국군이 겪고 있는 모든 문제들을 선진국들은 오래전에 해결했다.

천안함 폭침 사건은 한국 국방의 취약성을 유감없이 드러내는 충격적인 사건이었다. 지휘부가 오합지졸이 되는 모습은 언론에 보도된 것 이상으로 상상을 초월하는 수준이었다. 처음부터 지휘부가 구성되지도 못했고, 무엇을 어떻게 해야 할지 몰랐으며, 전문성이 결여되는 대응으로 우왕좌왕했다. 아직까지도 천안함 문제는 미제 사건으로 남아 있지만 한국군의 지휘부는 그 숙제를 해결하려는 일말의 노력도 보이지 않고 있다. 만일 한국군이 지금의 국방지휘구조를 그대로 유지한다면 전쟁은 물론이고, 제2의 천안함 사건, 연평도 포격 사건을 당해서도 제대로 대응할 것이라는 보장이 없다.

한국의 국방 지휘 구조는 선진국의 전쟁에서 이기기 위한 구조가 아니다. 위기를 관리할 수도 없고 상황을 지배할 수도 없으며 북한의 비인간적인 도발을 속 시원하게 되갚아 줄 수 있는 조직이 결코 아니다. 전쟁을 빙자로 권력 조직과 권력자들이 '권력행세' 하기에 적합한 조직이다. 흔히들 이를 일컬어 '행정 군대'라고 말한다.

국방 지휘부는 전쟁을 이기는 데 필수적인 지휘권의 단일화, 상부구조의 통합성, 대장계급을 비롯한 장군들의 일하는 모습, 최고지휘관들의 전문성과 협동성 그리고 이기는 방법에 대한 고뇌조차 없다. 이기는 군대 지휘부에 필수적인 통합성보다는 자군 이기주의에 적합한 분리형 구조로 기득권 지키기에만 집착한다.

지금까지도 국방부장관이나 합참의장들은 전투형 군대나 전투군대 기풍 육성을 요구한다. 한국군 특히 지휘부가 아직도 전투군대가 되지 못했다는 방증이다. 온갖 구호로 선진강군을 강요하지만 지휘부와 지휘관들이 강하지 못한 군대는 영원히 행정 군대로 대변되는 후진약군으로 남게 된다.

"육군이 국방을 망쳤다." 이 말은 해군과 공군 장교들이 육군 중심으로 국방을 이끌어 온 데 대한 불만이다. "육사가 국방을 망쳤다." 이 말은 소위임관 비율로 5%를 차지하는 육사 출신 장교들이 육군 장군의 80% 이상을 차지하며 육사 중심으로 육군을 이끌어 가는 데 대한 불만이다.

육군 장군들은 해·공군 장군들이 자격이 미달이라 국방을 이끌 수 없다고 말한다. 해·공군 장군들은 육군이 국방을 독식하고 있다고 불평한다. 한국의 전장 환경과 임관장교의 다양성과 형평성을 무시하고 편향된 권력구조를 이루어 온 것에 대한 불만이다. 그 말의 저변에는 육사 출신 정치군인들의 권력 독점과 군 운영의 폐단을 지적하고 있다. 한국국방이 기득권과 이기주의에 몰입해 왔다는 증거들이다.

→ 국민들에게 더 큰 실망을 안기는 허세적 자신감

북한이 6·25전쟁을 일으키기 직전에 여기저기서 전쟁의 위험을 알리는 경고의 목소리가 높았다. 북한의 김일성이 남침 전쟁을 도발할 수 있으니 대비를 단단히 해야 한다는 것이었다. 이때 국방부장관은 "북한이 도발하면 하루 만에 평양을 점령하고 일주일이면 통일을 달성할 수 있다."라고 호언했다. 하지만 북한의 남침 이후 3일 만에 서울이 적의 수중에 들어갔다. 그리고 40일이 지나서는 낙동강 이북의 모든 영토를 북한에게 내주어야 했다. 정부를 믿었던 국민들은 일순간 모든 것을 잃게 되었다. 그렇게 3년간 지속된 전쟁은 동족상잔의 비극만 남기고 국토는 허리가 잘린 채 지금까지 분단된 상태에 머물고 있다.

휴전 이후부터 지금까지 북한은 3,000여 차례에 걸쳐 크고 작은 도발을 자행했다. 최근에는 연평도 포격이나 목함지뢰와 같이 영토를 직접적으로 공격하는 만행을 저질렀다. 물론 통일이 달성되는 날까지 전면전이라는 불상사는 없어야 하겠지만, 대놓고 도발하는 북한 정권에는 보복이라는 두려움을 안겨 주어야 한다. 그렇게 하기 위해서는 신속한 상황 판단과 즉각적인 대응이 무엇보다 중요한데, 지금까지 어떤 도발에서도 국민의 속을 후련하게 만들어 주는 대응은 단 한 차례도 없었다. 도발 사건들이 발생할 때마다 국방부는 '철통같다', '물샐틈없다'며 국민들을 안심시키고 다시 한 번 더 도발하면 10배, 100배로 보복하겠다는 결의만 다져 왔다는 점에서 국민의 실망은 횟수를 거듭할수록 커져만 간다.

국방부가 수없이 외쳐 왔던 세계 최강, 세계 최고의 모습은 실전에서는 단 한 번도 보여 주지 못했다. 오히려 뒤통수나 얻어맞고 뒷북이나 요란하게 친다는 여론의 핀잔만 받을 뿐이었다. 국민에게 희망을 주는 취지일 것이나 자칫 지휘부의 무능함을 감추고 책임만을 회피하는 면피용 꼼수로 보인다는 점에서 우려가 크다. 현장만 다그치지만 문제는 지휘부에 있다. 국민들은 국방부를 일러 '국뻥부'라고 조롱까지 보낸다.

→ 폐쇄된 국방의 한계성

국방을 군인들만의 전유물로 만들면 국방부는 국민과 범정부조직의 지원을 받지 못하는 이른바 왕따 조직이 된다. 이보다 더 중요한 것은 폐쇄된 국방 조직에 부정과 부패가 만연하고 비리가 독버섯처럼 자라는 허점투성이 조직으로 전락한다는 점이다.

세계의 선진국들은 국민을 향해 열린 국방을 만들어 강해지는 철학을 유지한다. 반면에 한국은 근대민주국가가 형성되는 시점부터 30년에 걸쳐 군사정권이 국정을 운영하면서 한국 안보의 특수성을 앞세워 폐쇄일변도의 국방정책을 이끌어 왔다. 이런 과정에서 정치군인들이 양산되어 한국의 국방을 지금의 후진적인 모습으로 만들었다. 국가의 안보를 진영을 나누는 도구로 사용하기도 했다.

국민의 지지를 얻지 못하면 전쟁이 불가능하다. 발전을 담보할 수도 없다. 한 나라의 안보는 정부와 국민의 총체적인 힘으로 발휘된다. 특히, 한국의 특수한 안보 상황에서는 국방이 범정부조직의 지원과 국민의 지지를 받아야 한다. 그러나 한국 국방은 모든 것에 울타리를 치고 국민의 눈과 귀를 막는 폐쇄 일변도의 정책을 유지하여 '군인의, 군인에 의한, 군인을 위한' 국방으로 여겨진다.

그동안 한국 국방부는 군대에서 일어나는 일들을 은폐하고 축소하고 책임을 모면하기에만 열중했다. 그런 과정에서 거짓과 의도적인 왜곡이 탄로나 창피를 당하기도 했다. 그런 모습에 국민들은 불신을 넘어 배신을 느낀다. 축소하고 은폐하면 국민의 비난을 모면할지는 모르지만 영원히 후진의 늪을 헤어나지 못한다.

국방에 관한 모든 일들을 개방하고 공개하여 국민과 함께 고민하고 해결해 나가는 지혜와 용기가 필요하다. 국민이 주인이다.

→ **불합리한 관료화 지휘 구조**

관료주의에 빠진 군대의 지휘부는 스스로 강해지기를 포기한다. 기득권은 강함을 표현하기는 두려워하면서 권력형 지배만 추구하기 때문이다. 선진국은 지휘부 스스로가 강함을 표현해야 하고 또 실현할 수 있는 구조를 갖추고 있다.

지금의 한국 국방의 상부구조는 비만증에 걸린 가분수형 조직이라는 지적을 받는다. 조직의 지휘 역량을 강화한다는 목적으로 상부구조를 키워 왔으나 이것은 상부구조를 슬림(slim)화해 나가는 선진국의 개혁과는 반대로 가는 현상이다. 이원화된 지휘 구조와 옥상옥의 관료화 조직으로는 신속한 대응이 불가능하다는 것이 이미 여러 차례 입증되었다. 이명박 대통령은 천안함 사태를 겪고 "군의 장군들은 관료주의에서 벗어나야 한다. 관료화된 군대는 군대도 아니다."라고 지휘부와 장군들의 관료주의를 강력하게 질타했다.

　관료화 지휘 조직에서는 위기에 대한 반응이 늦다. 정보의 전달 과정에서 왜곡이 발생하여 상황을 지배하거나 대응하지 못한다. 이른바 골든타임을 잡지 못할뿐더러 가장 중요한 컨트롤 타워로서의 기능도 수행하지 못한다. 현대의 정보화 시대에서는 작전의 템포가 급속도로 빨라지는 특징이 있다. 이런 환경 변화에 부응하여 서구의 선진국들은 이미 오래전에 모든 업무 조직을 슬림화하고 수평화하여 지휘관에게 정보가 전달되는 단계를 최소화하였다. 현장과 지휘소 간에 실시간으로 직접 연결되는 정보전달체계를 구축하여 동시 다발적으로 발생하는 다양한 위기에 대응한다.
　수직 계열화된 관료화 조직에서는 직무가 미분화되어 하부조직으로 업무가 가중되는 현상도 발생한다. 조직의 업무 구조를 선진화하기 위해서는 지위고하를 막론하고 개인의 직무를 세분화하여 임무와 역할을 명확하게 지정하여야 한다.

→ 한국의 실정에 맞지 않는 미국식 국방 지휘 구조의 고수

미국을 모방한 한국군의 지휘 구조는 합참과 육·해·공군이 각각의 성(城)을 쌓고 그것을 지키기 위해 치열하게 공방전을 벌이는 것과 흡사하다. 합참과 각 군의 본부 간에는 업무의 영역과 책임을 지배력의 권력(군정권, 군령권)으로 인식하여 무의미한 힘겨루기를 한다.

지금의 합참 그리고 3군 본부가 분리된 구조를 살리고 영원히 국방을 죽일 것인지 아니면 분리된 구조를 죽이고 국방을 살릴 것인지를 선택해야 하는 중요한 문제이다.

미국식으로 3군 본부가 분리되고 합참이라는 조직이 별도로 존재하는 국방만이 전부가 아니다. 영국을 비롯한 서구의 선진국들은 합참, 3군 본부가 모두 국방부에 귀속되어 하나의 부서조직으로 움직인다. 국방부가 곧 합참이 되고 또 3군 본부가 되는 3군 병립 통합군구조이다. 미국식의 국방 구조는 세계를 지배하는 미국이라는 나라에 필요하고 그 필요에 최적화된 조직이다.

한국의 상황에서는 지금의 합참지휘부 조직을 축소하고 3군 본부를 폐지하는 수준으로 축소하여 국방부에 귀속시키는 지휘부 단일화를 시급하게 달성해야 한다. 이와 같은 형태로 국방부를 구성하면 업무적·지리적으로 완벽하게 통합된 강력한 지휘 구조를 완성하게 된다. 물론 조직의 통합을 달성하는 데에는 몇 가지 걸림돌들이 있다. 그중에서 가장 큰 걸림돌이 정치군인들이 만든 '한국형 장군'을 '선진국형 장군'으로 쇄신하는 업무 체질 개선이 될 것이다. 이것은 선진 강군으로 도약하는 과정에서 반드시 거쳐야 할 관문이다.

3군 본부를 축소하고 통합하는 구조는 이미 선진국들이 30~40년 전부터 전쟁의 경험을 바탕으로 완성해 온 일이다. 특히 미래전은 지휘부가 통합되지 못하고 최고지휘관들이 즉각적으로 반응하지 못하면 전쟁이나 위기를 대응하지 못한다는 점을 인식하고 국방의 지휘 구조를 개혁해 왔다. 미국을 비롯한 서구의 선진국들은 각 군의 본부가 분리되어 제각각의 목소리를 높이면 전쟁에서 통합성을 발휘하지 못함은 물론이고 국방비를 분배함에 있어서도 자군 이기주의에 빠져 효율적인 예산 운영이 불가능하다는 판단에서 각 군의 본부와 국방지휘부에 대한 대대적인 조직 축소와 통합을 추진하여 오늘의 조직을 완성했다.

각 군 본부는 현대전에 불합리한 소모적인 조직이다. 이런 인식 때문에 미국은 참모총장의 권한을 대폭적으로 축소했고 한국과 규모가 비슷한 영국을 비롯한 서구의 선진국들은 본부를 폐지하는 수준으로 국방부에 귀속시켰다. 한국군은 자군 이기주의가 유별나게 강하여 선진국들보다 훨씬 더 소모적인 양상을 보인다. 이기주의에 더하여 서구의 합리주의에는 없는 관료화와 옥상옥의 지배구조라는 문제도 갖고 있어 비효율성이 증대한다. 아마도 이런 문제가 그동안의 한국형 국방구조에 익숙한 과거의 그리고 현재의 고위급 인사들이 이해하기 힘든 부분이 될 것이다.

미국의 국방구조를 모방하는 것이 한국의 실정에 적합하지 못한 이유를 다음과 같은 6가지 정도로 설명할 수 있다.

첫째, 한국과 미국은 전쟁의 개념이 다르다.

미국은 국제 질서 유지의 차원, 즉 국제정치의 수단으로 전쟁을 본다. 그런 차원에서 미국의 본토에서 전쟁을 수행하는 것이 아니라 국제 질서를 파괴하고 미국의 이익을 침해하는 외국에 기동군을 보내어 '원정전쟁'을 수행한다. 위협이 크다고 판단하면 군대를 외국에 주둔시키는데, 한반도에 파견된 미국의 원정 기동부대가 바로 주한미군이다. 한국에게 있어 전쟁은 한반도에 한정된 정치이고 한국의 영토에 형성되는 전선을 따라 '진지·공성전'을 수행한다. 전선이 남북으로 이동해도 거리가 짧기 때문에 본토나 전진기지에서 이동하는 미국식의 기동·원정 군사작전은 아니다.

주한 미군은 동북아의 질서를 유지하면서 미국의 이익을 지키고 한반도에서 미국이 의도하지 않은 군사 행동이 발생하지 않도록 억제하는 목적에서 존재한다. 따라서 한국에서 발생하는 작은 도발에는 큰 무게를 두지 않는다. 이에 반해 한국군은 한국의 영토를 지키고 북한의 사소한 도발이나 침투를 물샐틈없이 지켜야 한다. 이를 위해 300마일 휴전선 그리고 해상과 공중에 군사력을 배치한다.

미국에게 있어 한반도는 북한보다는 중국과 러시아(극동)에 더 무게를 둔 전략적 요충지이다. 미국이 중국과 대립관계를 형성하는 한 미군은 한국을 떠나지 못한다. 현재의 상황에서 미군의 주둔은 한국 안보에 유리하기 때문에 미국의 입장을 활용하는 정책이 필요하다. 미국은 국제정치의 전략적 요충지로서 한반도를 지켜야 하고, 한국은 영토를 보전하기 위해 한반도를 지켜야 한다. 이런 공통점의 연장선상에 한미안보조약이 있고 두 나라는 동맹국이 되었다. 그러나 누구나 인식하듯이 조약이란 조건이 맞아야 성립하는 것으로 만일 미국이 한반도가 전략적인 가치가 없다고 판단되면 즉시 한반도에서 철수한다. 한국이 애원한다고 해서 발길을 돌릴 문제가 아니다. 이런 경우를 대비한 것이 한국의 자주국방론이다.

한국은 북한이라는 적이 고정되어 있고, 언제 도발할지 모르는 북한의 전면전과 국지전 도발을 신중보다는 신속을 우선하여 대응해야 한다.

둘째, 주적(主敵)의 개념과 한반도 전쟁의 의미가 다르다.

한반도라는 동일한 공간에 미국의 군대와 한국의 군대가 존재하지만, 두 나라 군대가 인식하는 주적의 개념과 한반도와 전쟁을 보는 의미가 완전히 다르다.

한국군의 주적은? 두말할 나위 없이 북한의 3대 세습 독재정권과 그 추종세력이다. 주한미군의 주적은 한국과 개념이 다르다. '동북아의 국제 질서를 무너뜨리고 미국의 이익을 침해하는 행위'로 다소 포괄적이다. 이런 맥락에서 북한 정권은 동북아의 질서를 흩트릴 소지가 매우 크고, 특히 장거리 미사일을 갖춘 지금에는 관심도가 매우 높은 적이 된다. 또한 북한의 불량한 대량살상무기들이 다른 불량 국가들에 전파되는 것도 미국의 관심사이다.

한반도에서 전면전이 발발하면 미국에게는 세계 질서유지 차원의 국지전이 되고 한국에게는 사활을 건 전면전이 된다. 북한이 천안함 폭침이나 연평도 포격과 같은 국지전을 도발하면 미국 국민에게는 한국에서 발생한 해프닝이 되지만, 한국 국민에게는 국가가 흔들리는 위기상황이 된다. 미국 국방부에게는 한반도를 관할하는 태평양 사령부(하와이 소재)의 담당 부서와 주한미군에게만 해당되는 작은 사건이지만, 한국 국방부는 전군에 비상령을 선포하고 모든 군대가 동원되는 전면전의 전초전이 된다.

이와 같이 미국과 한국에게 있어 한반도 내에서의 전쟁은 너무나 다르기 때문에 미국의 전쟁 조직과 한국의 전쟁 조직이 같을 수 없다. 따라서 신중을 기하는 미국의 구조보다는 신속을 기하는 한국형 구조로 만들어야 한다.

셋째, 한반도에서의 전쟁에 대한 접근이 다르다.

미국은 국가안전보장위원회(NSC)를 통해 전쟁을 결정한다. 물론 한반도에서의 전쟁도 결정되는 중요한 곳이다. 여기에는 한국 국민의 정서를 자극하는 아주 예민한 부분이 포함되어 있다. 과연 미국이 한반도에서의 전쟁을 결정하는 과정에 얼마나 한국 정부의 의사가 반영되는가 하는 문제이다. 물론 외교 채널을 통해 한국의 의사를 반영하는 노력이 포함되지만, 한반도에서의 전쟁을 동북아 국제정치 질서의 차원으로 판단하는 미국의 입장에서는 중국과 러시아를 더 중시하는 전략을 펼친다. 따라서 한반도에서 미국의 전쟁은 미국의 판단에 따라 시작되고 종료되는 것이지, 결코 한국의 판단에 의존하는 것이 아니라고 볼 수 있다.

미국은 국제정치의 차원에서 전쟁을 보기 때문에 신속보다는 신중과 규모에 중점을 둔다. 국제정치이기 때문에 고려해야 할 사항들이 복잡하다. 예를 들어 북한과의 전쟁을 가정하면 북한보다는 중국과 러시아를 더 신중하게 고려한다. 미군이 외국에 원정하여 전쟁을 수행하고자 할 때는 대통령이 전쟁을 결심할 수 있도록 합참의장, 합참차장, 각군 참모총장, 해병대 사령관으로 구성되는 6인의 군사위원회에서 각자의 의견을 적어 대통령에게 제출한다. 대통령은 위원회의 의견을 참고

하고, 국가안전보장회의의 결정에 따라 전쟁을 결심한다. 대통령이 전쟁을 결심하면 전 지구를 5개로 나눈 지역사령관에게 전쟁을 명령하고 해당 지역의 사령관이 전쟁을 수행한다. 한국은 태평양지역 사령관의 관할구역에 포함되므로 그가 한국전쟁을 직접적으로 지휘한다. 전쟁을 수행하는 동안 합참의장과 참모총장은 전쟁을 지휘하는 기능은 없고 대통령의 군사참모 역할을 수행한다.

한국과 미국은 외교와 군사적인 차원에서 연례적으로 안보협의를 실시하고 있다. 그러나 이것은 안보에 대한 인식을 공유하는 차원이지, 전쟁을 결정하는 것은 아니다. 한국 국민이 한반도에서의 전쟁에 주관적으로 "YES 또는 NO"를 선언할 수 없다는 현실에 한국의 자존심과 자주를 강조하는 사람들은 '전시작전통제권(이하 전작권) 환수'를 주장한다.

이에 반해 지금같이 미국의 판단에 의존하자는 사람들은 '전작권 환수 거부'를 주장한다. 이들은 김영삼 정부에서 완성한 평시작전권 환수도 기를 쓰고 반대했던 사람들이다. 전시든 평시든 한국군을 지휘하는 권한을 한국군이 갖고 있으면 한국이 불안해진다고 생각하는 사람들이 많다.

미군이 한국과 맺은 안보조약과 자신들이 갖고 있는 전작권의 굴레 때문이거나 한국인을 무지하게 사랑해서 한국에 주둔한다고 생각하는 것은 합당하지 못하다. 미군은 한반도에서 미국의 이익을 지키는 것이지, 한국의 이익을 지키는 것이 아니기 때문이다. 나라와 나라 사이의 국제관계는 복잡한 조약이 아닌, 단순한 이익으로 움직인다. 어제의 적이 오늘의 동지가 되고 오늘의 동지가 내일의 적이 되는 것이 국제관계의 냉엄한 현실이다. 외교는 실용과 실리이다. 실용과 실리가 빠진 외교는 굴욕이다. 이에 대한 올바른 인식이 필요하다.

넷째, 전장의 크기와 전선의 개념이 다르다.

한국군의 전선은 휴전선이다. 한국의 입장에서 영토는 한 치라도 뺏겨서는 안 되고 전쟁이 나면 북한 땅을 반드시 수복해야 한다. 국제 질서를 보는 미국에게 있어 전선은 지역이고 관심이 있는 나라 그 자체이다. 한국군이 목숨을 거는 그 '한 치의 땅'은 미군에게는 큰 의미가 없다.

기본적으로 미국의 군대가 관할하는 전장은 전 지구이다. 5대양 6대주는 기본이고 남·북극의 극지방과 빙하 밑 그리고 광활한 우주 공간까지를 포함한다. 미국 우주사령부는 콜로라도에 있다. 한국군의 전장은 한반도라는 지역에 국한된다. 미국은 한국의 국방비에 비해 100배나 많은 예산을 사용한다. 지구를 5개의 구역으로 분할하여 지역사령관을 두고 전쟁을 관리한다. 한국은 지구면적의 절반을 관할하는 태평양 지역사령관의 관할에 놓여 있다.

그런 미국군에 비해 한국군의 전장은 비교조차 하기 힘들 정도로 협소하고 단조롭다. 육지는 좁고, 모든 육지가 바다와 맞닿아 있다. 바다로 둘러싸인 영토는 전투기가 이륙하면 바로 육지의 끝이 보인다. 한국의 전장 환경은 미국을 흉내 내어 육군과 해군 그리고 공군본부를 분리할 수 없다는 말이다. 육·해·공군이 제각각으로 놀게 되면 좁은 땅덩이에서 그 육·해·공군은 분열되어 전쟁을 수행하지 못한다. 미국에 비해 전장의 크기를 비교할 수조차 없는 한국군이 생각 없이 미국을 들먹이며 그들의 제도를 모방할 수 없다.

다섯째, 전쟁을 수행하고 군을 운영하는 방식이 다르다.

다양한 전력과 엄청난 파괴력으로 전 지구를 상대로 전쟁을 수행해야 하는 미국의 지휘관들이 극복해야 하는 전장 환경은 한국의 지휘관들이 극복해야 하는 것에 비할 수 없다. 방위비 규모가 100배의 차이가 난다는 것은 미국의 지휘관이 극복해야 하는 전장의 환경이 한국군의 지휘관에 비해 100배나 다양하다는 말이 되기도 한다. 한국의 지휘관들은 한반도라는 정해진 환경만을 극복하면 되지만 미국의 지휘관들은 아프리카 열대부터 북극의 빙하 밑에까지 알고 있어야 한다. 미국 지휘관들은 모든 국방 분야의 통합부대에 순환보직을 하기 때문에 세계 200여 개의 나라와 인종 그리고 문화까지 알아야 한다. 그래야 세계를 지배하는 수단, 즉 세계 제일의 군대를 지휘할 수 있다. 실제로 미국이나 영국의 장군들과 대화를 나눠 보면 군사적인 전문 지식은 물론이고 세계 각 나라에 대한 지식수준이 매우 높다는 것을 알게 된다.

세계를 상대로 전쟁을 수행하는 미국은 다양한 전투 환경에 직면한다. 육군만을 동원하여 사막에서 전쟁을 수행해야 하는 경우도 있고 공군만을 동원하여 기습타격을 가하는 전쟁도 있으며, 광활한 대양에서 해군이 전장을 수행하거나 해병대가 상륙작전을 감해해야 하는 전쟁도 있다. 물론 육·해·공군 그리고 우주전력까지 동원한 입체작전이 필요한 경우도 있다. 또 전략군도 있다. 그런 다양한 환경에 최적화된 군사 조직이 바로 미국의 3군 본부분리와 합동부대로 구성되는 군사 조직이다.

미국의 군사 제도에는 한국의 전장 환경과 군사력 운영 조건에 불합리한 점들이 너무나 많기 때문에 속내를 모르고 무턱대고 모방할 수 없다. 미국에서 모방해야 하는 것은 미국장군들의 혹독하게 일하는 모습 한 가지밖에 없다. 그런데 한국은 그 핵심을 빼 버리고 겉모양만 모방하는 실수를 범했다.

여섯째, 한국군에게는 한국적인 지휘 구조가 필요하다.

미국과 한국의 국방 조직의 양태를 비교하면 여러 가지가 다르지만, 그중에서 눈여겨보아야 할 것이 개인의 역할과 기능 그리고 업무를 보는 시각이다. 미국은 업무를 책임으로 보지만 한국군은 지배력과 권력으로 본다. 이로 인해 미국 장군들은 전쟁이라는 본업으로 바쁘고, 한국 장군들은 업무 외적인 일로 바쁘다. 이 점은 조직의 운영에서 매우 큰 차이를 보이는 것으로 뒤에서 설명한다.

국방을 이루고 유지하는 데는 막대한 예산이 필요하다. 서구의 선진국들은 각각이 분리되어 목소리를 높이면 예산의 효율적인 사용이 불가능하다는 판단에서도 통합 조직이 되어야 한다는 논리를 가지고 있다. 제한된 예산과 인력의 가성비를 따져 가장 효율적으로 사용해야 하는 당위성 때문이다.

3군을 아우르는 군사정책은 국방부에서 수립하여 발표하고 국민의 동의를 거쳐 시행해야 한다. 지금과 같이 3군이 분리되어 본부마다 각자의 입맛에 맞는 것만 추구하다 보니 국방의 전략은 아무 맛도 없는 잡탕 맛밖에 없다. 대양해군을 주장하면서 천안함 사태를 막지 못하고, 중심군을 자임하는데 목함지뢰와 연평도 사건이 발생하며, 하늘에 떠서 불침번을 선다는 전투기가 기름만 축내고 있으면 국민들은 군을 신뢰하지 못한다.

지금과 같이 대전에 본부를 지어 참모총장에게 거대한 조직과 권한을 주니 참모총장이 하는 일이 한국의 현실을 무시하고 근거도 부족한 정책들만 쏟아 내는 자군 이기주의에 함몰된다. 군에서 수립하는 정책들이 현실을 무시하는 것이 대부분이다. 아집에 가까운 잡다한 이론들을 대입하여 국가의 안보 상황에 견주어 근거도 희박하고, 3군 간에 합의도 없으며, 국민적 지지도 없는 과대망상적 이상주의를 추구한다. 그런 이상주의가 그것으로 끝나는 것이 아니다. 무기를 만드는 데에도 대입되고 또 근거가 희박한 철학을 합리화하느라 인력이 소비된다. 이런 폐단 때문에 현대의 모든 선진 국가들은 소모적인 조직인 각 군의 본부제를 폐지하고 통합지휘부를 구성했다.

지금과 같이 합참과 3군 본부가 국방부와 떨어져 존재하는 구조에서는 국방의 지휘 구조는 허점투성이가 된다. 위기 때마다 우왕좌왕 갈피를 잡지 못하며, 책임공방과 밥그릇 싸움이 그치지 않는다. 국방부가 곧 합참이 되고, 육군본부가 되고, 해군본부가 되고 또 공군본부가 되어야 비로소 위기를 관리할 수 있는 최소한의 조건이 완성된다. 이와 아울러 전쟁에서 이기고 미래의 발전을 담보하게 된다. 그동안의 수많은 전쟁 경험과 선진국의 사례를 통해 나타나는 명확하고 유일한 해결책이다. 결과적으로 선진국 군대의 지휘부는 진화하면서 발전하는 반면 한국군의 지휘부는 퇴화하며 퇴보한다.

→ 군정권과 군령권의 소모적 논쟁에 함몰된 이원화 지휘 구조

군정권과 군령권을 두고 소모적인 논쟁을 벌이는 것은 선진국에는 찾아볼 수 없는 한국만의 기이한 현상으로, 합참과 각 군 본부가 분리되는 거대한 상부조직구조에서 발생하는 문제점이다. 한국군은 군령과 군정을 분리하는 비현실적인 논리로 합참의장은 전투부대의 작전을 지휘하는 군령권을 행사하고, 참모총장은 그 전투부대를 육성하고 지원하는 군정권을 행사한다.

하늘을 날아다니는 전투기를 놓고 보면 그 전투기에게 작전임무를 명령하는 사람은 합참의장(군령업무)이고, 조종사를 육성하여 전투기에 배치하고 전투기가 날아다닐 수 있도록 기름을 넣어 주고 정비해 주는 사람은 참모총장(군정업무)이다. 따라서 하늘을 날아다니는 전투기의 조종사는 두 사람의 상전을 모시고 있게 된다. 이 두 사람의 상전을 모신다는 점이 논쟁의 중심에 있는 사항이다. 왜 한국군은 이토록 소모적인 논쟁에 빠지게 되었을까?

한마디로 군국주의 일본군의 군사문화를 모방하면서 벌어진 어처구니없는 일이다. 서구 선진국은 업무와 책임의 영역으로 인식하고 역할을 분담하는 것을, 일본군을 모방한 한국군은 초기부터 업무를 지배력과 권력으로 인식한 데서 비롯되었다. 정치군인들은 군정권과 군령권이 한 사람에게 집중되면 쿠데타의 위험이 있다고 으름장을 놓지만, 단지 방대한 조직을 만들어 장군 숫자를 늘리려는 꼼수에 불과하다. 5·16은 당시의 1군 부사령관이, 12·12는 당시의 보안사령관이 일으킨 것으로 이들은 모두 군정이나 군령에 아무런 관련이 없는 직위에 있던 사람들이다.

그렇다면 군정권-군령권 논쟁은 어떠한 문제를 발생시키는가?

우선 지휘권 이원화 구조에서 발생하는 문제를 살펴보자. 만일 북한이 아무런 도발을 하지 않거나 작전부대에서 중대한 사고가 발생하지 않는다면 지금처럼 분리되어 있어도 큰 문제는 없다. 국가 예산과 자원은 낭비되고 소모적인 논쟁은 지속되지만, 책임을 따져야 할 일이 없기 때문에 그럭저럭 시간을 흘려보낼 수는 있다.

앞에서도 간간히 언급했지만, 군정과 군령은 군대를 운영하는 데 필요한 업무 영역을 구분하는 것에 불과하다. 그동안 군의 일각에서는 군정과 군령의 분리가 무의미하고 현실에 맞지 않는다는 사실을 지적하는 사람들도 있었다. 합참의장이 작전을 수행하기 위해 육·해·공군 장교들을 거느리고 있지만 인사권(진급과 보직)을 참모총장이 쥐고 있기 때문에 본부의 눈치를 살피느라 합참의 일을 소홀히 대하는 경향을 보였기 때문이다. 이런 문제가 종합적으로 드러난 것이 천안함 사태였다.

천안함 사태를 대응하고 수습하는 과정에서 합참에 근무하는 해군장교들이 합참의장의 지시를 경시하고 해군참모총장의 지시를 받는 모습을 보였다. 당연히 합참의장은 격노했다. 그런 장교들을 '한쪽 발은 합참에 한쪽 발은 계룡대(대전)에 올려놓고 기회를 엿보는 처신'이라고 질책했다. 이에 덧붙여 "뼈를 깎는 노력을 통해 합동성을 강화함으로써 앞으로 다가올 미래전에 대비해야 한다."라고 강조했다. 그러나 합당한 조치는 전혀 없었다.

한편, 해군참모총장이 사고 현장으로 내려가 현장 지휘를 하는 것을 놓고 합참의장과 알력을 빚기도 했다. 지휘 구조가 이원화된 상태에서는 당연히 나타날 수밖에 없는 현상이다. 당시 현장에서 사고를 수습하는 과정에서도 지휘부가 혼란에 빠지는 모습이 언론에 많이 보도되었다. 사실 천안함 사태는 전면전에 비해 규모가 작은 국지도발에 불과하다. 그런 작은 사태에서조차 지휘부가 혼란에 빠지는 현상을 놓고 본다면, 전쟁이라는 초대형 사태에서는 어떤 모습일지 짐작할 수 있다.

이러한 문제는 한국군 초기단계에서 군정과 군령의 잘못된 인식과 적용에서 발생했다. 한국은 국방구조를 형성하던 초기에 군국주의 일본군에서 교육을 받고 제도를 익힌 군인들이 국방의 구조는 미국식으로 따르면서 제도와 문화는 군국주의 일본군의 그것을 도입하는 우를 범했다. 제2차 세계대전을 수행하던 당시의 일본군은 국방부와 군대의 요직을 일본 육사 출신의 육군들이 장악했다. 국방부를 모두 군인들이 장악하였으니 당연히 군인들 간에 역할의 분담이 필요했고 여기에 군정권(행정)과 군령권(작전)이라는 명칭을 사용했다. 군인들 간의 역할분담이 지휘 체계의 이원화로 귀착된 것이다.

이러한 지휘권의 이원화가 태평양전쟁이라는 감당하지도 못할 전쟁을 일으키고, 그 감당하지 못할 전쟁을 패전으로 이끈 한 가지 요인으로 지적을 받는다. 태평양 지구에서는 일본해군이 미국해군과 해전을 수행하는 경우가 많았으나, 국방부를 장악하고 전쟁을 지휘하던 육군들이 해전을 육전의 의식으로 접근하였기 때문에 전쟁은 혼선을 빚게 되면서 전쟁에서 패할 수밖에 없었다.

군사작전을 수행하는 군령 분야의 업무는 당연히 군인들이 수행해야 한다. 그러나 장기적이며 업무의 영역이 넓은 정책, 예산, 복지, 인력 운영 등의 군정 분야에 해당하는 행정업무는 군인들보다는 행정전문가들, 즉 민간인이 수행하는 것이 효과적이다. 선진국들은 처음부터 '군정=행정가', '군령=군인'이라는 등식에서 국방을 조직하였다. 또한 업무의 영역을 권력이나 지배력으로 인식하지 않았기 때문에 약간의 업무적인 마찰은 있었으나, 그 권력을 쟁취하려는 극단적이며 소모적인 권력싸움은 없었다.

만일 한국군 초기 형성 단계에서 미국의 국방구조와 함께 미국의 의식구조까지 국방에 적용했다면 오늘날과 같은 지휘권의 분산은 없었을 것이다. 군정의 행정업무를 수행해야 하는 국방부의 핵심보직까지 모두 군인들이 차지하였으니, 행정(군정)도 군인, 작전(군령)도 군인이 수행하는 모양새로 국방을 시작한 것이 결국 오늘의 이중화된 구조의 원인이 되었다.

의사와 약사는 각자의 기능이 다른 전문영역이다. 환자의 병을 진료하는 것은 의사의 몫이고 약을 조제하는 것은 약사의 몫이다. 환자의 병을 고치는 관점에서 의사는 약사보다 강자다. 약사의 조제가 마음에 들지 않는다고 약사의 몫까지 모두 의사가 하겠다고 나서면 의사들은 모든 의료계를 독단적인 권력으로 지배할 것이고, 그 피해는 고스란히 국민이 떠안게 된다. 군인이 자신들을 지원하는 행정가들이 마음에 들지 않는다고 모든 군정(행정)의 업무까지 독차지 하고 나선 것이 군사정권의 국방부가 보인 행태였다. 그런 권력을 앞세우는 독단적인 행동의 유산들이 한국 사회와 국방을 지배하고 있다.

또한 군사정권의 정치군인들은 업무 영역을 권력과 지배력으로 변질시켰다. 군정이나 군령은 그 자체로서 업무의 영역에 불과하다. 조직을 운영하기 위해서는 직위에 부여되는 권한을 발휘하여 업무를 수행해야 한다. 여기서 중요한 것은 권한을 가진 자는 반드시 그 권한에 해당하는 책임을 가져야 한다는 점이다. 권한이 책임보다 커지면 직무가 권력으로 변질된다. 그러한 권력들이 집중되면 '질이 나쁜 권력'으로 타락하고 부패한다.

이런 맥락에서 서구 민주주의 국가의 군대들은 직무를 수행하는 것을 '책임과 권한'으로 인식하고 반드시 책임을 우선시한다. 미국 군대의 지휘관은 책임을 다하기 위해 권한을 수행하는 주체로서의 권한자(authority)가 되어 개인의 책무에 매진한다. 이에 반해 전제주의 국가에서는 지배력을 앞세우는 권력(power)으로 인식한다.

제2차 세계대전 당시의 제국주의에 사로잡힌 군국주의 일본 군부는 권력과 지배력으로 군대를 장악하는 권위주의가 철칙으로 여겨지고 있었다. 그런 조직문화에서는 지배력을 앞세워 군대에 대한 장악력이 큰 지휘관일수록 존중받았고, 그런 지휘관의 과대 망상적 지휘철학이 존경받았다. 그런 일본군에서 교육을 받고 장교 생활을 했던 한국 사람들이 초기 한국군 건설에 앞장서고 군대를 지배했다. 군국주의 일본군의 망령이 한국군에 뿌리내리게 된 이유이다.

그들은 모든 일에 책임과 의무를 앞세우고 리더(leader)로서 군대를 지휘하는 미국의 국방구조를 모방하면서 권력과 지배력을 중시하는 보스(boss)가 지배하는 군국주의 일본군의 제도와 문화를 군대에 유입시켰다. 권위주의 권력이 지배하는 군대로 만든 것은 근시안적 영웅 심리에 사로잡힌 정치군인의 유산이다. 그들은 보다 장기적인 안목에서 비전을 갖고 국가와 군대를 올바르게 육성해 나가는 인내심보다는 다루기에 훨씬 편리하도록 권력을 앞세워 억압적으로 통제하는 지배력 구조를 택했다.

이런 이유로 현대사회의 업무 영역과 책임과 의무를 다해야 하는 직책이 극단의 지배력을 가진 권력으로 변질되고 권위주의가 만연하게 된 것이다. 권력과 권위주의를 앞세운 근시안적인 군사정권이 남긴 유산을 청산하는 것이 개혁이요, 국가적 소명이다.

군대라는 조직은 그 어떤 조직에 비해 훨씬 기민하게 움직이는 민첩성을 갖추어야 한다. 마치 사냥꾼의 작은 바스락거림에도 귀를 쫑긋 세우고 순식간에 점프해서 위치를 바꾸는 토끼와 같아야 한다. 한국군이 지금과 같이 지휘관의 권력과 지배력을 강조하고 의전과 예우를 모든 것에 앞세우는 구도에서는 행동이 거북이보다 둔한 수직계열화의 관료화 조직으로 남을 수밖에 없다. 거북이 조직을 토끼 조직으로 만드는 것이 선진국들의 국방개혁이다. 군대 조직의 기민성을 확보하는 유일한 방법은 통합지휘조직에서 자신의 일은 자신의 손과 머리로 가혹하리만치 일하는 미국이나 영국의 장군지휘관처럼 되는 길밖에는 없다.

업무와 권력을 명확하게 구분짓기 위해서는 지금 한국군이 보유하고 있는 모든 제도법령집과 예규 그리고 지령서에 적힌 지배력과 권력을 의미하는 '권한'이라는 글자를 '책임'이라는 글자로 바꾸어도 된다. 그렇게 해도 의미를 전달하는 데는 아무런 지장이 없다. 한국군이 사용하는 권한의 의미는 미국식의 '책임을 우선시하는 직무'가 아니라 군국주의 일본군의 '비뚤어진 지배력'이 함유된 것이다. 군국주의 일본 군대식의 '작전권자'와 '인사권자'라는 용어는 책임을 앞세우는 '작전책임자', '인사책임자'가 되어야 미국식의 의미가 제대로 전달되는 것이다. 책임이 없는 권한은 권력으로 변질되고 밥그릇으로 인식되며 반드시 부패하기 때문이다.

군정과 군령을 놓고 주장을 내세우는 자리에는 한국군의 전문가 또는 권위자라는 사람들의 우매함과 밥그릇 싸움의 치졸함이 여실히 드러난다. '책임을 다해야 하는 업무 영역'이 '지배력과 권력'으로 둔갑되어 있으니 그것을 놓치기 싫어 고집만을 앞세우는 것으로 밖에 볼 수 없다.

국방개혁의 본질이 희석되는 큰 이유 중에는 국방개혁이 막대한 예산이 소요되는 전략증강 사업으로 둔갑하는 문제도 포함된다. 내실을 다지고 근원적인 문제를 해결하기보다는 쉬운 외형을 키우기에 몰입하고 그것을 비전이라고 잘못 인식하기 때문이다. 그래서 국민들은 국방개혁은 돈이 드는 것으로 인식한다. 이 책에서 주장하는 국방개혁은 돈이 드는 것이 아니라 오히려 남는다. 또한 그 어떤 무기를 도입하는 것보다 더 효과적으로 국방을 강화할 수 있게 된다.

　돈이 많아 좋은 무기들을 들여왔다고 해서 군대가 이기는 것이 아니다. 1조 원의 예산을 들여 첨단무기를 사오는 것보다 지금의 지휘 구조를 통합형 지휘 구조로 만드는 것이 전쟁의 승리를 더 확실하게 보장한다. 1조 원짜리 첨단무기를 사용하여 적을 무찔러야 하는 순간, 즉각적으로 반응하여 상황을 판단하고 신속한 조치를 지시해야 할 지휘부가 분산되고 중복되어 있거나, 지휘관들이 무엇을 어떻게 해야 할지 몰라 어리둥절해하며 참모나 찾고 있고 매뉴얼이나 뒤적이고 있다면, 그 시간에 적은 공격을 성공하고 흔적도 없이 사라지고 만다.

　모든 정권에서 지휘 구조를 통합하는 등의 국방개혁이 시도되었으나 실효성이 있는 결과는 얻지 못했다. 노태우 정부에서는 '818계획'이라는 이름으로 국방개혁을 추진하였으나 이는 육군 중심의 통합군 개념으로 해군과 공군의 반대에 부딪혀 실현되지 못했다. 김영삼 정부에서도 통합군 구조가 논의되었으나 결실을 맺지 못했다. 김대중 정부에서는 육군의 작전부대를 통합하고 장군의 숫자를 줄이는 개혁이 추진되었으나 결실을 얻지 못했다. 노무현 정부에서는 국방부의 국방운영체계 선진화, 군 구조, 전력체계 및 3군 균형 발전, 병영문화 발전 문민화 등을 목표로 '국방개혁 2020'을 추진했다. 천안함 사태를 겪은 이명박 정부에서는 '307계획'으로 지휘 구조를 변경하고 장군의 숫자를 줄이는 계획을 추진했다.

과거 정부의 개혁 논의들이 실패로 끝난 것은 다음과 같은 이유 때문이다. 첫째, 대통령(국군통수권자)의 개혁에 대한 비전과 신념이 부족했다. 둘째, 국민의 호응을 얻지 못하게 추진된 대부분의 밀실행정 탓이다. 셋째, 장군의 숫자를 줄이는 현실적인 문제에서의 반대에 부딪쳤다. 넷째, 선진국형으로의 직무 구조 변화에 대한 기득권의 반대가 있었다. 다섯째, 해군과 공군의 합의를 끌어내지 못한 육군 중심의 개혁이었다.

천안함 사태를 겪은 이명박 정부의 307개획은 과거의 정부보다 훨씬 절박한 심정에서 추진되었다. 그러나 이 계획마저도 합참=군령, 본부=군정이라는 등식에 고착되었기 때문에 근본적인 논의의 진전은 불가능했다. 개혁을 모르고 의지도 없는 사람들이 모여 앉아 장님 코끼리 만지기식의 탁상공론에 몰입하는 모습만 되풀이 했다. 2014년 3월에 발표된 박근혜 정부의 국방개혁(2014~2030)도 여전히 통합화의 근본적인 문제는 접근하지 못한다. 이것은 개혁이 아니라 개악이며, 이런 상태이기 때문에 지도자의 인식이 중요하다. 왜냐하면 지금의 3군 본부를 그대로 두고 오히려 합참을 1차장과 2차장으로 비대화하는 것은 현대사회 개혁의 핵심인 지휘부 슬림화에 역행하기 때문이다. 한국군 지휘부가 '퇴화하며 퇴보하는' 또 다른 증거가 된다.

대통령이 군사지식이나 개혁의 비전이 없다는 문제도 있지만, 그런 대통령을 올바르게 안내하지 못하는 한국군 지휘부의 전문성 결여와 이기주의가 여실히 증명되는 문제이기도 하다. 육군의 군사령부와 군단을 그대로 두는 층층의 지휘계선을 유지하는 구조도 마찬가지다. 군단 중심으로 야전군을 편성한다는 내용도 있는데, 이것은 원정기동군을 운용하는 미국에게나 해당되지 공성전과 진지전을 펼치는 한국군에는 지휘계선만 증가시키는 부적합한 판단이다. 뒤에서 다시 언급하겠지만, 육군의 전투부대 조직은 군단과 군사령부를 없애고 대신 사단을 강화하는 구조로 변경해야 한다. 군대의 유일한 목표는 전쟁에서 이기는 것이지 모양이나 형식을 갖추는 것이 아니다.

한편, 한국에서 전면전이 일어나면 민사작전(civil operation) 분야의 업무가 많기 때문에 한국군의 지휘부를 방대하게 유지해야 한다는 어처구니없는 주장을 하는 사람들이 많다. 한반도 전쟁에서의 민사작전은 군사작전과 분리하지 않아도 무방하다. 필요하다면 예비역을 임명하는 구조로 유지해도 된다. 별로 할 일이 없는 민사작전 때문에 장군의 인원수만 늘이는 것은 어불성설이다.

손바닥을 보듯 훤히 아는 전장 환경에서 군대 생활 30년에 별을 2개까지 달게 된 소장계급의 사단장이라면 전쟁을 파악하지 못해 시시콜콜 군단장(별 3개)이나 군사령관(별 4개)의 지시를 받아야 하는 사람이 아니다. 소장(별 2개) 계급이라면 지휘부에서 사단장의 임무를 명시하는 지침 한 줄만 주면 목표를 달성하는 방책을 충분히 수립할 수 있고, 상부의 지시가 없이도 목표를 달성하는 목적대로 부대를 지휘할 수 있는 정도의 능력을 갖춘 사람들이다.

누차 강조하지만, 한국의 전쟁 양상이나 전장 환경은 원정기동작전을 수행하는 선진국에 비해 너무나 단순하기 때문에 작전의 목표와 목적도 훨씬 단순하다. 사단의 진퇴나 추가적인 전력의 배치는 통합지휘부에서 지시하고 명령하면 된다. 대신 그 사단장이라는 보직은 이것저것 불필요한 스펙이나 잔뜩 쌓은 요령꾼 장군에게 맡길 것이 아니라, 군복에 땀이 배고 군화에 흙이 묻은 야전장군에게 맡겨야 한다. 사단에 부사단장을 2명(행정부사단장, 작전부사단장)씩이나 두는 것도 한국군 관료화의 증거이다. 이러다가는 사단장도 이런 저런 이유를 대어 2명씩 둘 판이다.

최근의 사례를 들어 핵심에 접근하지 못하는 지휘부의 판단력을 논의해 보자. 연평도 포격 사건이 발생했을 때, 군은 느려터진 대응으로 비난을 받았다. 그와 같은 지적에 '서북해역사령부'라는 조직을 만들었다. 이것 역시도 변죽만 울리는 조직의 줄긋기에 불과하다. 그 사령부라는 새로운 조직을 만들어 책임을 전가하면 합참의장은 다소 마음이 놓일지는 모르나 실전에서는 결코 기능을 발휘하지 못한다.

북한과 맞닿은 접적 지역의 충돌은 항상 확전과 전면전까지 염두에 두어야 하는 민감한 부분이다. 그렇기 때문에 즉각 전군에 준비를 명령할 수 있는 합참의장만이 초기 대응을 지시할 수 있다. 일개 사령관이 어떻게 이것을 염두에 두고 대응하며 책임을 어깨에 질 수 있겠는가? 결국 처음부터 합참의 지시를 기다려야 하고 대응 하나하나에도 지시를 받아야 한다. 사령관이 대충해 보니 힘이 부친다고 합참의장에게 "내가 힘이 부치니 당신이 지휘하시오."라며 넘길 문제가 아니다. 천안함 사태나 연평도 포격사건으로 합참의장이 지탄을 받게 되니 슬

그머니 하부 조직으로 책임을 전가하는 모습으로 보인다.

한국군이 직면한 문제의 답은 한국 내에 있다. 미국에서 배웠다며 허접한 논리나 대입하는 우를 반복적으로 범해서는 안 된다. 세상은 하루가 다르게 변한다. 지휘관이 현장의 전투병사와 1:1로 대화하는 시대가 지금의 IT 정보화 시대다. 한반도에서의 전쟁이나 국지도발에 대비한 국방의 구조와 지휘계선 그리고 지휘관은 한국에 맞게 한국군 스스로의 노력으로 만들어 내야 한다. 미국식이 틀렸다가 아니라 미국은 우리와 너무나 다른 차원이기 때문에 한반도와 한국군에 적용할 수 없다는 말이다.

한국 국민의 자부심이 되고 외국인들까지 칭송하는 역사의 한 장면을 빌려 이 문제를 생각해 보자. 한 사람의 장군이 국가의 정체성이 되고 역사가 되는, 그래서 장군이라는 직위와 역할이 얼마나 중요한지를 일깨워 주는 일이기도 하다. 바로 이순신 장군의 이야기이다. 이순신 장군은 바다와 거리가 먼 내륙(서울)에서 태어나 성장하였고 29세의 늦은 나이에 무과에 합격했다. 함경도에서 소대장을 하고 33세부터 3년 정도 발포만로로 해군 생활을 했다. 이후에는 내세울 만한 경력도 없이 줄곧 미관말직으로 육군의 육지근무를 했다. 그리고는 47세의 늦은 나이에 기적적으로 유성룡에게 발탁되어 전라 좌수사를 맡게 되었으며, 이듬해 그가 48세가 되는 1592년에 임진왜란을 맞이했다.

그런 그가 어떻게 바다의 짠 맛을 제대로 아는 섬나라 일본의 거대한 함대를 맞이하여 23전 23승의 대승을 거둘 수 있었을까? 해군으로서 내세울 만한 거창한 스펙을 쌓은 것도 아니었지만 해전을 승리로 이끌 수 있었던 것은 바로 바다에서 오는 적은 어떻게 무찔러야 할 것인가라는 현실적인 문제에 집중했기 때문이다. 이순신 장군은 정확한 답을 구했고 그의 답은 나라를 구하고 역사를 구했다. 그의 답은 명쾌했다.

"바다에서 오는 적은 바다에서 무찔러야 한다."

왜냐하면, 바다에서 오는 적을 바다에서 무찌르지 못하면 육지에 올라 백성과 그들의 터전을 황폐화시키고, 천지사방으로 흩어져 잡을 수가 없으며, 독 안에 들어 있을 때, 즉 배에 있을 때가 잡기가 좋기 때문이다.

그리하여 이순신은 왜군이 눈치를 채지 못하는 거북선을 만들어 돌격전을 수행하고, 포전으로 왜군이 능한 등선전투(배를 맞대고 조총과 칼로 전투를 벌이는 백병전)를 막으며, 학익진, 장사진과 같은 전술을 적용하고, 조선수군이 잘 아는 물길을 이용하며, 백성과 수군을 단합하게 지휘하여 결사항전의 뜻을 세웠다. 무엇보다 장군이 먼저 적을 향해 돌진하여 병사와 국민들이 죽음의 공포를 떨치고 기꺼이 따라나서게 만들었다.

임진왜란 당시의 복잡한 국내 정치 상황, 파벌싸움, 조정이 수군을 폐지하는 조치를 취하며 육군 중심으로 방어 전략을 수립하던 열악한 상황에서 구한 답으로 의미가 크다. 그가 그 어디에도 문제를 묻지 않고 오직 자신이 처한 상황과 내부적인 분석에 충실하여 정답을 얻은 것은 시사하는 바가 크다.

다소 무리가 있는 역사의 사례를 든 것은 국방조직론이니 전략이니 전술이니 하는 것들이 그렇게 거창한 문제가 아니라, 한국의 문제만 제대로 인식하면 누구든지 쉽게 한국의 실정에 맞는 정답을 구할 수 있음을 말하기 위해서다

거대한 미국의 국방제도를 겉모양만 모방해서 한국군에 억지로 맞추

려고 하면 소화불량과 동맥경화에 정신분열까지 걸리는 완치가 불가능한 불치병의 중환자가 된다.

→ 국방 최고의사결정권자들의 지리적 이격 문제

한국군의 지휘부가 되는 국방부본부, 합참 그리고 각 군의 본부는 한 건물 안에 존재해야 한다. 어떻게 그 거대한 조직과 지엄한 별 4개들이 한 건물에 있을 수 있느냐고 반문할 것이다. 선진국의 장군들은 별이 4개가 되어도 자신의 일은 직접 자신의 손과 머리로 한다. 인사권을 비롯한 모든 권한의 일들은 기능별로 분리하여 독립된 부대장이 수행한다. 그 일을 맡은 책임자는 개방적이며 공개적으로 업무를 수행하고 제도를 발전시킨다. 참모총장이 권력을 버리고 혼자 다니면서 자신의 몫을 자신이 하는 것이 미국과 영국과 같은 선진화의 군대들이다. 그렇게 만들어 가는 것이 개혁이다.

전쟁을 결정하거나 국가적인 위기 상황에서 최고의 의사결정권자들이 단출하게 모여 머리를 맞대는 것은 영화에나 나오는 이야기가 아니다. 선진국들은 아무리 높은 자리에 있어도 자신이 책임지는 부분에서는 아무도 그의 영역을 침범하지 못한다. 그런 능력이 되고 그런 희생의 각오가 된 사람만이 장군이 되고 별 4개까지 진급한다. 계급이 조금만 높아도 수족처럼 부리는 참모와 보좌진부터 갖추는 조직으로는 전쟁에서 비기기도 어렵고 뒤통수나 얻어맞고 뒷북이나 치게 된다.

전쟁이나 위기는 예고 없이 시작되고 시나리오 없이 진행된다. 내가 가진 매뉴얼대로 움직이는 적은 이 세상에 없다. 적의 매뉴얼부터 무력화시키는 것이 전쟁의 상식이다. 계급이 낮으면 상부의 눈치를 살펴고 결심을 물어야 한다. 대장은 눈치를 살필 일이 없는 유일한 계급이다. 선진국들은 엘리트들을 그런 대장으로 육성하고 그렇게 육성된 대장들만 나서서 나라를 지킨다. 조그만 일이 생기면 참모부터 찾고 회의부터 소집하고 매뉴얼 타령하는 대장들은 무자격 가짜 대장들이다. 그 틈에 적은 도망가고 흔적도 없다.

지금과 같이 국방의 지휘부가 서울과 대전으로 흩어진 상태에서는 업무적·지리적 단절이 발생하여 즉각적인 지휘부 구성이 불가능하다. 업무의 질도 저하되며, 각자의 주장만 내세우는 이기주의에 국력이 소진된다. 특히 북한은 기습적이며 예상을 초월하는 공격이나 위기 상황을 조성하기 때문에 최고의 의사결정권자들이 365일 업무적·지리적으로 밀착해 있어야 한다.

지휘부가 한 장소에 있으면 적의 공격에 취약하다고 주장할지 모른다. 그러나 이는 골프나 치고 예우와 의전이나 따지면서 선진국 장군들처럼 혹독하게 일하기 싫다는 말을 달리 표현하는 것에 불과하다. 지휘부의 단일화는 적이 가장 두려워하는 최상의 방어책이다. 지금처럼 지휘부가 지리적으로, 업무적으로, 지휘 구조적으로 엉성하고 허점투성이이니 적이 도발을 하는 불장난을 서슴지 않는다. 단도직입적으로 말해서 북한군의 입장에서 가장 만만한 상대가 지금의 한국군 지휘부이다.

지휘부가 항상 같은 장소에서 하나의 개체로 움직일 수 있어야 최강의 방어책을 수립할 수 있고, 위기가 발생하면 즉각적인 대응이 가능하다. 일차적으로 국방부 지휘부 자체의 역량이 결집되는 것이며, 무엇보다도 국군통수권자인 대통령을 확실하게 보좌할 수 있게 된다. 비단 위기관리뿐만 아니라 국방의 정책과 업무를 효과적으로 수립하고,

또 국방예산을 효과적으로 사용할 수도 있다. 그래서 선진국들은 분리되어 독단적인 권한을 가진 참모총장과 각 군의 본부를 없애고 오늘날의 통합형으로 개혁한 것이다.

→ 한국군 지휘부의 전문성 결여 문제

한국군에 전문성이 결여된다는 문제는 이미 오래전부터 거론되어온 사항이다. 병사나 부사관의 전투 기량에 관한 문제가 아니라 특히 고위급 장교들의 군사업무에 관한 전문가적 소양에 관한 문제이다. 지휘관이나 의사결정자의 전문성이 결여되면 신속한 판단이 불가능하여 군의 전투력을 약화시킨다. 상황 판단에 둔하여 위기를 관리하지 못한다. 이른바 골든타임과 컨트롤 타워는 불가능하다. 물론 이런 주장에 많은 장교들이 거칠게 반대하겠지만 한국군의 선진화 차원에서 꼭 거론되어야 할 문제이므로 언론에 보도된 몇 가지 사례를 들어 이 문제를 논의해 본다.

2010년 11월에 연평도 포격 사건이 있었다. 천안함 사건의 마무리도 끝나지 않은 상태에서 연이은 북한의 초대형 도발과 피해로 국민들은 극도로 불안해했다. 포격이 있고 4일이 지나 뒤에 여당대표를 비롯한 정치인들이 피격의 현장을 방문했다. 안보 문제에 관심이 높다는 것을 국민들에게 과시하고 싶었을 것이다. 이 자리에서 여당의 대표가 불에 탄 잿더미 속에서 검게 그을린 보온병 두 개를 집어 들고 "이게 북한에서 날아온 포탄의 탄피입니다."라며 촌극을 벌였다. 군을 면제받은 여당 대표로 국가 지도층에 속하는 그의 군대 상식을 나무라기 위해이 문제를 거론하는 것이 아니다. 그의 옆에서 발언을 거들고 있는 사람의 전문성 결여에 대해 말하고 싶어 아픈 역사의 한 장면을 빌렸다. 그의 옆에 서서 "이것은 76.1㎜ 포탄, 이것은 122㎜ 포탄 같다."라며 말은 거든 국회의원은 육군의 포병 여단장 출신으로, 중장으로 예편한 사람이었기 때문이다.

포탄을 발사하면 사출탄은 날아가고 탄피는 포의 뒤쪽으로 떨어진다는 것은 삼척동자도 다 아는 사실이다. 군을 떠난 지 오래되어서 감이 없다고 말하기에는 너무나 상식적인 문제이다. 이 영상은 오랫동안 그리고 지금까지 인터넷에 남아 조롱거리가 된다.

천안함 사건은 한국군의 전문성 결여를 종합적으로 드러냈다. 천안함은 큰 상처를 주고 그만큼 많은 교훈을 남겼다. 그 아픈 상처의 교훈을 헛되게 할 수 없다.

천안함의 함미가 물속에 가라앉아 있을 때 과연 생존자가 있을 것인가에 관심이 집중되었다. 이때 해군에서 에어포켓(공기방 또는 공기주머니)이 존재한다며 구체적인 시간(최대 69시간)까지 거론했다. 이 한마디에 나라 전체가 들썩였다. 생존자가 물속에 있는데 왜 해군은 구조에 전념하지 않느냐면서 분노했다. 당연한 처사다. 한 가닥의 지푸라기라도 잡고 싶은 가족과 국민은 그 말에 의존하여 지휘부와 해군을 나무랄 수밖에 없었다.

이후에 국방부 장관까지 나서서 "수상함은 잠수함이 아니라서……" 라며 에둘러 사태를 수습해야 했다. 이미 생존한 승조원의 증언도 있었기 때문에, 당시의 상황은 추측이 아니라 현장을 생생히 눈앞에 그리는 정도로 명확했다. 천안함은 무가 잘리듯 두 동강이 났다. 선체에 강한 충격을 받았고, 그 충격으로 승조원들은 졸도했다. 두 동강이 난 선체의 함미는 무거운 쇳덩이가 되어 순식간에 물속에 가라앉았다. 과연 그곳에 공기방이 형성되겠는가? 물론 군함은 손상을 입어 물속에 가라앉을 때를 대비하여 수밀을 유지하는 방책을 수립한다. 그러나 그것은 정상적인 상태로 아주 천천히 가라앉을 때를 가정한 것이다. 천안함과 같은 형태로 선체가 두 동강이나면서 함미부가 순식간에 가라앉는 경우에는 어떤 승조원들도 공기방을 만들지 못한다. 특히, 함미 구역에는 엔진을 비롯하여 무거운 장비들이 많이 실려 있다. 기관실은 공간이 너무 크기 때문에 기관실 주변에서 두 동강이 난 상태에서는 모든 수단을 대비해도 공기방을 만든다는 것은 절대로 불가능하다.

전문성 결여는 지휘부에서 그 진면목을 드러낸다. 천안함이 침몰한 4일 뒤에 현장을 방문한 대통령은 그 자리에서 "천안함이 내부폭발로 선체가 두 동강이 났을 수 있다."라고 말했다. 이 말은 "나는 대한민국의 국군통수권자인 대통령의 입장에서 말하는데 우리 한국군은 절대로 전쟁이 불가능하다."라는 말로 들렸다. 여기서 군대를 면제받은 대통령의 군사 지식을 비판하는 것이 아니다. 그를 보좌하는 육군대장 출신의 국방장관, 합참의장, 해군참모총장을 비롯한 군의 지휘부가 안고 있는 전문성 결여 그리고 그 지휘부의 역할 부재를 비판하는 것이다.
도대체 군의 지휘부는 대통령에게 어떤 조언을 해오고 있었기에 아직도 국군의 최고통수권자인 대통령의 생각이 '내부폭발 두 동강'에 머물러 있단 말인가? 한국군 지휘부의 전문성 결여, 전쟁 지휘조직의 허술함과 역할의 부재와 같은 치명적인 문제를 종합적으로 나타나는 대통령의 한마디이다. 이미 천안함의 함장을 비롯한 생존 승조원의 증언도 있었고 현장 조사도 마친 상태였기 때문에 더욱 그러하다.

전쟁이나 위기의 대응이란 상황을 정확히 파악하는 데서부터 시작된다. 그 상황을 제대로 파악하지 못하면 대응은 절대로 불가능하다. 그래서 선진국의 군대는 전문가 중에서도 가장 능력이 검증된 장교들이 장군이 되고 군대를 지휘한다. 군대에는 너무나 많은 비상상황이 발생하고 대부분은 분과 초를 다투어 판단하고 결심해야 하는 문제들이다. 그래서 어설픈 아마추어들은 절대로 장군이 되지 못할뿐더러 스스로 포기하게 만든다.

이 문제와 함께 해군작전부대 지휘관들과 합참지휘부의 전문성 결여 문제도 짚고 넘어가야 한다. 당일 천안함 함장은 지휘부에 모든 상황을 상세히 보고했다. 그런데도 지휘부에서는 상응한 대응조치가 없었다. 지휘부가 보고를 받고 그와 동시에 "북한 어뢰"라고 올바르게 판단했다면 신속하게 작전전력을 투입하여 그 어뢰를 쏘고 도망가는 잠수정을 잡는 조치를 취했을 것이다. 2함대 사령관은 작전사령관의 지시를 바라고 작전사령관은 합참의장의 지시를 바라지만, 군대를 지휘해야 할 합참의장은 멀리 대전에서 술에 취해 있었다. 군대의 신속은 분과 초를 다투는 것이다. 2함대 사령부도, 작전사령부도, 해군본부도, 합참도 그 어디에서도 합당한 대응은 없었다. 상황 파악조차 제대로 이뤄지지 못했고 보고와 지시는 모두 오류투성이였다. 군의 대응은 처음부터 잘못되고 있었다. 한순간에 판단하고 대응을 지시할 수 있을 정도로 전문성이 없다는 것으로밖에 해석할 수 없다.

이미 군을 떠나 민간인인 상태였던 필자는 사고 당일 밤늦은 시간에 TV에서 대형 자막으로 나오는 청천벽력 같은 뉴스를 보았다. 그리고 바로 판단할 수 있었다. "어뢰를 맞았다. 북한 놈들 소행이다. 어뢰를 쏘고 도망가는 놈을 잡아야 한다. 어뢰를 쏜 놈이라면 멀리 가지 못했을 것이다." 1,500톤에 달하는 비교적 규모가 큰 군함을 일순간에 두 동강으로 자를 수 있는 파괴력은 오직, 오직, 오직 어뢰밖에 없다. 그것도 선체에 부딪혀서 발화하는 충격신관이 아니라 선저의 일정수심(통상 10~30미터 수심)에서 발화하는 근접신관에 의한 폭발력에 의해서만 발생하는 현상이다. 어뢰에 장착된 고밀도화약의 폭발력으로 발생하는 기체구(bubble jet)만이 선체를 꺾어서 두 동강 낼 수 있다. 똑같은 어뢰일지라도 선체에 충격되어 발화되는 경우(충격신관)에는 절대로 선체를 천안함과 같은 형태의 두 동강으로 자르지 못한다. 어뢰가 폭발한 현측에만 폭약의 위력만큼 손상을 줄 뿐이다. 그런 형태에서는 순식간에 가라앉지 않으며 군함이 크다면 손상을 극복하고 물위에 떠 있을 수도 있다.

그런 맥락에서 대통령의 '내부폭발 두 동강'은 생존자가 없었다는 상태에서도 가정하기 어렵다. 군함에는 탄약과 연료유(유증기)를 포함하여 폭발을 일으킬 수 있는 물질이 많다. 그러나 그 모든 폭발물들이 동시에 발화해도 절대로 천안함처럼 두 동강이 나지 않는다. 물론 그런 최악의 상태가 발생하지 않도록 폭발물을 분산하여 배치한다. 물속에 적이 부설한 기뢰가 폭발해도 절대로 군함의 선체가 두 동강이 나지 않는다.

특수하게 기동기뢰(mobile mine)라는 것이 있지만 북한은 가지고 있지 않고 이것은 기뢰가 아니라 어뢰라고 보아야 한다. 해저의 저질과 빠른 유속으로 기뢰를 부설할 수도 없다. 북한의 해저기뢰에는 선체를 두 동강 내는 정도로 폭약을 넣을 수 없다. 기뢰는 선체에 충격을 주어 선체에 파공을 유발하거나 충격으로 기계·전자장비를 무력화하여 일정 기간 동안 군함이 움직이지 못하도록 만드는 목적이다. 선체가 강한 현대의 군함을 두 동강 낼 수 있는 삼각파도는 세상에 없다. 잠수함이 수중에서 부상하면서 충돌해도 군함의 선체 외부에 손상만 줄 뿐이다.

그리고 군함이 전속력으로 수중에 있는 암초를 충격해도 선저만 찢어질 뿐 두 동강이 나지 않는다. 선체가 아무리 노후화되어 있어도 군함은 스스로 두 동강으로 잘리지 않는다. 무엇보다 중요한 것은 함장을 비롯한 생존 승조원들이 많이 있었고 그들이 사고 당시의 상황을 생생하게 설명했다는 점이다.

선진국들은 위기의 순간이 되면 가장 빠른 시간 내에 대통령을 비롯한 군의 최고 지휘관들이 모여 대응을 숙의한다. 천안함 사건이 만일 미국이나 영국에서 발생했다면 그다음 날 아침 제일 먼저 해군참모총장이 언론 앞에 나섰을 것이다. 이미 전날 저녁에 대통령과는 어떤 내용으로 발표할 것인지에 대해서는 지침을 받은 상태가 된다. 그렇게 해야만 국민과 가족에게 상황을 설명하고 그들의 궁금증을 해결해 줄 수 있다. 그 어떤 허접한 잡동사니 전문가도 범접하지 못하는 최고의 전문가로서 '바다에서 군함에 관하여 일어난 일'에 대해서는 모든 의구심을 말끔하게 설명한다.

한국에서 이런 위기의 순간에 참모총장이 국민 앞에 즉각적으로 서지 못하는 이유는 두 가지다. 첫째는 전문성이 없기 때문이고, 둘째는 지휘부가 무엇을 해야 할지를 몰라 허둥대고 있기 때문이다.

천안함 사건에서 해군참모총장이 최고의 전문가로서 국민 앞에 나서지 않으니 온갖 문외한들이 언론에 나와 국민을 현혹하고 국론을 분열시킨다. 너도 나도 전문가, 권위자랍시고 엉터리 논리들을 마구 주장해댄다. 지휘부가 제구실을 못하니 당연히 나타나는 현상이다. 이런 사태가 발생하지 못하도록 최고의 권위자로서 능력을 발휘하는 것이 선진국 지휘부의 가장 기본적인 임무이다. 전쟁과 위기 상황에서 국론이 분열되지 않도록 국민을 안심시키고 상황을 주도해 가는 것이 지도부의 역할이기 때문이다.

미래를 위해서라면 결코 지금도 늦지 않다. 당시의 최고 책임자들은 '국방부 조사보고서' 뒤에 숨지 말고, 국민(언론) 앞에 나서서 국론을 분열시키는 허무맹랑한 주장들과 맞서 진실을 밝혀야 한다. 국가의 녹을 먹고 지위와 호사를 누린 사람은 누구나 예외 없이 끝까지 책임지는 제도와 문화가 성숙되어야 비로소 민주국가는 발전한다.

국민들이 한국군 장군들의 전문성 결여를 쉽게 볼 수 있는 기회는 청문회나 국정감사 그리고 사건이 발생했을 때의 국회국방위 질의 등이다. 한국군의 전문성이 결여된 증거는 그런 현장에 홀로 나서지 못하고 대규모 군사들을 거느리고 나오는 모습에서 확인된다. 선진국의 조직은 대부분 혼자 나오거나 극히 일부의 참모만 대동한다. 병사나 초급장교로 군대를 마쳤거나 심지어 군대에 가 보지도 못한 국회의원들이 이것저것 따져 묻는 질문에 "예, 미처 생각하지 못했습니다.", "예, 그 방향으로 검토해 보겠습니다.", "예, 그것이 좋을 것 같습니다."와 같은 철학도, 지식도, 장군으로서의 오기와 배짱도 없어 보이는 무기력한 대답을 들을 때마다 한국군의 전문성을 의심하게 된다. 선진국의 장군들이 군대에 관한 한 어떤 문제로 그 누구와의 논쟁에서도 결코 지지 않는 모습과 너무나 대조되는 전문성 결여의 장면들이다.

고급 지휘관의 전문성 결여의 증거는 방대한 참모 조직에서도 쉽게 알 수 있다. 지휘관이 참모를 거느리는 것은 당연하나, 한국군의 참모는 선진국들과 비교할 수 없을 정도로 비대한 것이 현실이다. 한국군이 잘 아는 미군과 비교해 보자.

지구 면적의 50%를 관할하는 태평양 사령관(별 4개)은 장군계급의 참모를 4~5명만 거느린다. 한국은 그 태평양 사령관의 관할에 있다. 그 한국군의 일개 군사령관(별 4개)은 장군계급의 참모가 10명이 넘는다. 더 놀라운 사실은 태평양 사령관은 육·해·공군이 윤번제로 맡는데 한국의 군사령관은 육군대장으로 고정되어 있다는 점이다. 그뿐만 아니라 군사령관 지근에는 군단장(별 3개), 사단장(별 2개), 여단장(별 1개)들이 20여 명이 줄줄이 늘어서 있다. 그 사령관은 별 4개의 위용을 앞세우며 반짝이는 장군화를 신고, 번쩍이는 별 4개의 별판을 단 검은 세단을 타고 별들을 줄줄이 거느리고 지휘봉을 휘두르며 현장을 방문한다. 군대를 지휘하는 것으로 보이려 하는 것이겠지만, 단순히 수하를 지배하면서 '병정놀이'를 하는 것으로 여겨진다. 이런 모습들은 비단 군대조직뿐만 아니라 유사한 관조직에서도 어김없이 나타난다. 군사정권의 지배를 추구하는 권위주의 군대문화가 공조직과 사회에 이전된 모습이다.

과연 한국군의 군사령관이 미국의 태평양 사령관에 비해 얼마나 업무가 다양하고 방대하기에 지구의 절반을 관할하는 윤번제 지휘관보다 더 많은 참모를 거느리는지 이해할 수 없다. 방대한 참모 조직을 거느리는 것은 전문성 결여를 초래하는 문제로 귀착되며, 장군 자리 수 늘이기의 방편으로 볼 수밖에 없다. 장군의 자리 수를 늘이면 고급 일자리는 그만큼 늘어날지 모른다. 그러나 그 장군들을 층층으로 배치해 두면 전쟁에는 결코 이기지 못한다. 전쟁에서 지는 것을 뻔히 알면서도 고급 일자리들을 층층으로 쌓아 두는 것이 과연 옳은 일인가?

→ 아! 천안함……! 현대판 홍길동이 되어 버린 북한 잠수정

우선 천안함으로 인해 희생된 호국영령들의 영면을 빈다.

그들의 희생이 결코 헛되지 않기를 간절히 바란다. 그 무엇과도 바꿀 수 없는 고귀한 생명을 바쳐 웅변하는 값진 교훈들이 아무런 대가도 없이 빛을 잃고 그냥 흘러 지나가는 것 같아 안타깝다. 여기서는 천안함을 지금의 모습으로 계속 전시해 두는 것이 바람직한 것인지와 어뢰로 공격한 운반체의 실체에 대해 논의해 보겠다.

천안함은 한국군의 비참한 패배의 상징이다. 폭침으로 희생된 승조원들의 처절함과 나약한 한국군 지휘부의 비참한 현실이 적나라하게 드러난다. 이 문제를 국민과 논의하고자 한다. 천안함 문제를 단순히 해군이나 국방의 문제가 아니라 국민과 국가의 문제로 인식하기 때문이다.

먼저 천안함은 하루빨리 거두어 내려지고 철판을 녹여 추모의 뜻을 담은 조형물로 만드는 것이 올바른 조치일 것이다. 이렇게 주장하는 이유는 다음과 같다.

첫째, 북한의 의도를 더욱 고양하는 모습이기 때문이다. 비열한 테러를 자행하는 목적은 상대에게 충격과 공포를 안기기 위함이다. 흉측하게 선체가 두 동강이 난 모습을 보면 적개심에 앞서 공포부터 느껴진다. 개인적으로 두 번을 방문해 보았지만 적개심에 앞서 공포부터 느꼈다. 북한의 보잘것없는 작은 잠수정은 '현대판 홍길동'이 되고 북한군 지휘부는 무한의 능력자들로 인식된다. 그것이 천안함을 공격한 북한의 의도인데, 지금처럼 전시해 두면 북한의 의도만 더욱 고양하게 된다. 천안함을 바라보는 해군의 후배들이나 국민들 역시도 공포와 함께 북한의 강력함과 한국군의 나약함을 느낄 것이다.

둘째, 그곳에서 유명을 달리한 희생자들을 편히 쉬게 해 주고 유족들의 마음도 헤아려 주어야 한다. 지금처럼 마치 무슨 기념물을 보듯이 관광객까지 들어가 기념사진이나 찍어 대는 곳에서 영령들의 영면은 불가능하다. 또한 유족들은 그런 천안함을 볼 때마다 억장이 무너진다.

셋째, 후손들과 해군의 후배들에게 전달하는 메시지가 자극적이며 비극적이다. 물론 그날의 비극을 상기하는 의도는 있겠지만 득보다는 실이 비교할 수 없을 정도로 크다. 선체를 녹여서 비극의 절규와 그 적개심의 의도가 드러나도록 조형물을 만들면 된다. 유족들이 희생자들을 추모하는 것도 조형물이 더 적합하다.

비극의 천안함을 누가 침몰시켰나? 북한군 놈들이다. 어떤 무기를 사용했나? 어뢰다. 어뢰를 발사한 운반체는? 국방부 조사보고서의 '연어급 잠수정'이 아니다. 특수한 상황에 최적화된 제3의 어뢰 운반체를 사용했다. 1998년 노획하여 여수에 전시되어 있는 반잠수정을 진화시킨 대동-B급 형태의 '반잠수정'을 용의자로 본다. 물속으로 잠수도 할 수 있고 물 위에서는 고속으로 도망갈 수 있다. 당일 속초함에서 포격했던 그 '새 떼'가 주범이다.

국가는 진실만을 기록하여 역사로 남겨야 한다. 그것이 국가의 의무이다. 국가가 진실을 기록하지 못하면 국민은 국가를 불신하고 혼란에 빠진다. 그 불신과 혼란은 시간이 흐르면서 더욱 증폭된다. 만일 진실을 결론짓기 어렵다면 사실(fact)만을 기록하여 논의의 여지를 숙제로 남겨도 된다. 진실을 무시하고 허위를 기록하면 불신과 혼란의 거대한 유산(legacy)을 남기게 된다. 이 문제를 굳이 주장하는 이유는 무엇보다도 진실의 정의를 바로 세우는 것이 중요하기 때문이다.

물론 국방부는 천안함 조사 결과 보고서를 통해 잠수정(연어급)으로 외해를 우회하는 경로를 통해 어뢰 공격을 감행한 것으로 결론지었다. 만일 국방부의 발표대로 잠수정이 작전할 수 있다면 그 잠수정은 세계의 모든 잠수정 중에서 가장 능력이 우수한 것이 된다. 잠수함 선진국인 미국도 러시아도 독일도 일본도 흉내조차 내지 못하는 독보적인 능력의 소유자가 된다. 그리고 세계의 모든 해군들은 그들이 보유하고 있는 잠수정 능력평가서, 대잠전 전술서와 교범을 다시 써야 한다. 그 잠수정은 보잘것없는 작은 잠수정이 아니라 현대판 홍길동이 되기 때문이다.

해군과 합참이 조사보고서의 그 잠수정을 믿는다면, 사건 이후부터 지금에 이르기까지의 모든 지휘관들은 직무유기를 하는 꼴이 된다. 그런 무시무시한 잠수정을 대응하는 방책을 수립하지 못하고 있기 때문이다. 천안함을 공격한 그 홍길동 잠수정은 마음만 먹으면 언제든지 한국 동서남해의 물 위에 떠 있거나 부두에 정박하고 있는 모든 군함들을 공격할 수 있기 때문이다.

국방부 조사 결과 보고에 나오는 그 잠수정으로는 천안함 형태의 도발이 불가능하다. 그 이유는 다음과 같다. 참고로 필자는 초임 시절에 6년간 잠수정과 수중침투 분야에서 근무했고, 고참이 되어서는 10년 정도 잠수함과 관련 분야에서 근무했다. 이 과정에서 '여수 반잠수정'과 상어급, 유고급 잠수정을 조사했던 경험도 있다.

여기서 한 가지 알아야 하는 사실은 북한 잠수정의 목적이 특수전 침투이지, 수상함 표적을 정밀하게 어뢰로 공격하는 것이 아니라는 점이다. 즉, 잠수정은 경비함을 피해 은밀하게 목적지에 침투할 수는 있지만 바다에서 경비를 하는 대잠함을 정밀하게 어뢰로 공격하지 못한다. 특수전의 침투 목적으로 사용하면 북한 잠수정들은 남해안까지 도달할 수도 있다. 물론 발사관을 갖춘 것도 있지만 무용지물에 가깝다. 전시에 자살 특공대식으로 희생을 감수하면서 일차적으로는 한국해역에 전개하고 있는 미국의 항공모함을 공격하는 데 사용하고, 이차적으로는 해안에 밀집하여 한미연합군의 상륙작전을 저지하는 것이 목적이다. 한국해역에 전개하는 항공모함을 공격하는 것은 미국의 전쟁의지를 꺾는 가장 효과적인 방법이며, 이미 김일성이 잠수함을 확보하면서 내린 지상명령이다. 이 점을 혼돈하지 말아야 한다.

우선 사고해역은 결코 북한의 허접한 '깡통 잠수정'들이 마음대로 작전할 수 있는 조건이 아니다. 서해는 조류가 빠르기로 정평이 나 있다. 사고 현장의 주변에는 남북 방향으로 최대 5노트의 조류가 흐른다. 덩치가 작은 잠수정은 물속에서 빨라야 3~4노트로 기동하기 때문에 조류에 떠밀려 다니게 된다. 최고 속도는 이보다 빠르지만 1~2시간이 고작이다. 대잠경비를 하고 있는 군함에게 어뢰를 쏘기 위해서는 함장이 마음먹은 대로 잠수정을 조종할 수 있어야 한다. 그런데 잠수정은 그 '마음먹은 대로'가 불가능하다. 사고구역의 수심이 20~50미터로 아주 얕고 저질이 모래와 펄이라는 점도 약점이 된다. 이런 조건에서는 대잠함이 소나를 작동하면 가까이 있는 잠수함은 쉽게 잡히고 한 번 발각되면 숨을 곳이 없다. 북한의 침투요원들은 극한의 상황을 이겨 내기 위해 마약을 섭취한다. 그런 정신 상태의 승조원들이 자살특공대식으로 공격하려고 해도 잠수정이 능력을 발휘하지 못한다. 그 잠수정이 해저에 착저(bottoming)를 해 있다가 천안함이 통과하는 시점에 어뢰를 발사했을 것이라는 주장도 있으나, 이는 잠수정을 잘 이해하지 못한 주장이다.

서해에서 해군이 대잠항공기와 헬기를 동원하여 수면을 탐색하는 경비를 하고 있다는 사실도 중요한 사항이다. 그렇게 경비하면 서해의 조건에서 잠수함은 마음대로 배터리(축전지)를 충전할 수 없다. 잠수함을 잡는 군함을 대잠함이라고 한다. 천안함은 대잠함이다. 구축함보다는 규모가 작지만 잠수함을 잡는 소나를 달고 있고 잠수함을 공격하는 어뢰도 있다. 이런 상태에서 능력이 미흡한 잠수정으로 우회침투항로를 택하여 경비함을 어뢰로 공격한다는 가정은 비전문가들에게나 가능한 말이다.

다음은 잠수함(정)의 어뢰공격 전술에 관한 문제이다. 잠수함(정)이 넓은 바다에서 군함에게 어뢰를 발사하기 위해서는 표적을 탐지하고 표적에 가까이 접근해야 한다. 그 후 어뢰를 준비하여 최종적으로 발사한다. 이 모든 과정 하나하나가 매우 까다롭다. 만일 표적이 정지해 있지 않고 불규칙적으로 기동하고 있다면 더욱 힘들어진다. 이때는 성능이 우수한 소나와 전투체계 그리고 선유도(wire guide) 어뢰가 아니면 어뢰 공격이 불가능하다. 덩치가 작은 잠수정은 공격 문제를 해결할 수 있는 소나와 전투체계 그리고 이런 것들과 연동되는 선유도 어뢰를 구비하지 못한다.

잠수정을 조정하는 것도 한마디로 고통스럽다. 잠망경을 물 밖으로 내밀고 공격 문제를 해결하고 어뢰를 준비하여 발사하는 과정은 목숨을 거는 피를 말리는 과정이다. 어뢰를 쏘고 나면 심도유지도 어렵다. 이러한 것들이 덩치가 작은 잠수정의 피할 수 없는 한계이다. 소형잠수정은 모두 동력원으로 배터리를 사용하기 때문에 공격 문제를 해결하기 위해 조금만 과격하게 기동해도 3~4시간 내에 축전지가 소진된다. 물속에서 잠망경을 올려 사격 문제를 해결하면서 표적에 접근하고 멋지게 어뢰를 발사하는 모습은 영화에서나 가능하다. 특히 서해와 같이 조류가 빠르게 흐르면 이 과정은 불가능해진다.

국방부 조사결과보고의 그 연어급 잠수정이 굳이 힘들게 천안함이 지키고 있는 경비구역을 통과하고, 사고 당일 천안함의 전방에 매복해 있다가 어뢰를 발사하는 광경은 절대 불가능하다.

다음과 같이 북한의 천안함 어뢰공격을 재구성해 보자.

북한은 사건이 있기 전에 이미 오래전부터 이 일을 기획했다. 그들은 남북 간에 논쟁의 불씨가 남아 있다고 판단하는 서해 NLL 접적해역에 출동하는 군함을 쥐도 새도 모르게 공격하는 방안을 연구한다. 한국에 충격과 공포를 안기고, NLL을 무력화하기 위한 목적이다. 함정으로는 대항하기 어렵다는 점은 연평해전, 대청해전을 통해 증명되었다.

북한군 지휘부는 먼저 백령도 남방에 진입하는 경비함의 행동 양상을 관찰하여 움직임을 세세히 파악한다. 위기고조 상황별로, 계절별로, 시간대별로 어떻게 경비함들이 움직이는지 자료를 모은다. 상황과 계절과 날씨 그리고 군함에 따른 일정한 패턴을 발견하면, 공격이 가능한 침투 수단을 만들 수 있게 된다.

여수 반잠수정을 기반으로 천안함과 같은 패턴으로 움직이는 군함의 길목에 도달하여 어뢰를 발사할 수 있는 '단거리 침투용 반잠수정'을 개발한다. 북한은 특수한 상황에 유용하게 사용할 수 있는 침투 장비를 개발하는 기술이 매우 탁월하다. 여수에 전시된 반잠수정에는 일반적인 생각으로는 감히 엄두를 내지 못하는 북한만의 노하우들이 고스란히 담겨 있다. 한마디로 수중침투 분야에서는 세계제일의 기술을 자랑한다.

북한군은 기본적으로 침투용 반잠수정의 승무원을 인간이 아니라 기계로 치부한다. 그래야만 목적에 꼭 맞은 침투 장비를 만들 수 있다. 따라서 북한의 '침투요원=기계 또는 부품'으로 보지 않고 정상적인 인간이라고 치부하면 그들의 능력을 올바르게 판단하지 못한다. 북한군의 침투능력을 분석하고 평가하는 분야에서 근무하는 사람들이 꼭 명심해야 할 중요한 사항이다.

특히 북한은 자신들이 지대함(육지에서 바다의 군함을 공격하는 형태) 미사일을 발사하겠다고 위협했을 때, 백령도 근방의 경비함들이 어떻게 움직이는지를 면밀히 관찰한다. 북한의 구식 지대함 미사일인 실크 웜(silk worm)은 군함이 육지에 가까이 붙어 있으면 명중시키지 못한다. 이것을 전문용어로는 '거리분해능력'이라고 한다. 이미 잘 알려진 사실이다. 북한이 이 미사일을 쏘겠다고 위협하면 당연히 군함은 백령도 남쪽의 육지와 가까운 위치의 제한된 공간에서 기동하게 된다. 북한 쪽에서 바라보았을 때 형성되는 백령도의 그림자 안에서 군함이 움직여야 한다. 북한은 2010년 초부터 대남위협을 가하기 시작했고, 사건 직전에는 미사일을 공격하겠다고 위협 수위를 높였다. 북한은 한국해군의 전술을 노려 천안함을 백령도에 가까이 불러들이고 제한된 공간에서 움직이게 한 상태에서 반잠수정을 보내는 계략을 세운 것이다.

즉, 자신들의 단점을 극복하고 공격을 완성하기 위한 잔꾀에 휘말려들게 만든 것이다.

만일 국방부의 주장대로 사고당시 소형잠수정들이 미식별되었다면 이것 역시도 분석 과정에 혼란을 주기 위한 속임수다. 북한은 이미 눈으로 보이는 자신들의 모든 활동영상이 한국과 미국의 정보자산에 의해 분석되는 것을 알고 있다. 천안함 사건을 분석하는 과정에 자신들의 행동이 개입될 것이기 때문에 2~3일 전에 잠수정을 출발시켜 미식별되게 하면 한국군은 분석 과정에서 혼란에 빠지게 된다. 군함이 넓은 바다에서 임의의 형태로 기동하면서 경계하고 있으면, 현대식 잠수함이 아니라면 절대로 어뢰를 공격할 수 없다.

북한군 지휘부는 국방부 결과보고에 나와 있는 '우회침투로'가 아니라 장산곶에서 백령도로 직행하는 '직선코스'를 택하여 그 특수한 상황에 맞도록 만든 반잠수정을 사용하기로 결정한다. 그리고 마침내 변형된 어뢰발사관과 어뢰를 부착한 천안함 공격용 반잠수정의 개발을 완료한다. 인간어뢰에 가까운 모습이지만 승무원이 수밀격실에 존재한다는 점

| 국방부 주장 vs 필자 주장 침투/ 복귀로 |

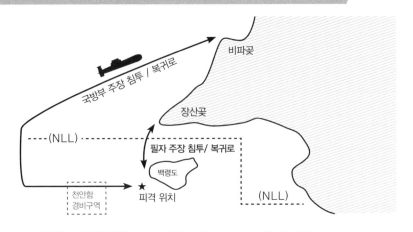

| 필자가 주장하는 반 잠수정 |

제원(추정)

길이	약 15m
폭	약 2.5m
높이	약 1.5m

정면도 / 단면

W.L
완전 잠수

W.L
흡기구(스노클)항해

흡기구

W.L
반잠수 항해

W.L
부상 항해

어뢰 발사관 ←

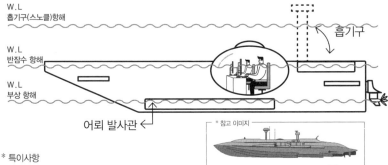

* 특이사항

  1. 여수 반잠수정은 발사관이 없으나 여기에는 발사관 추가

  2. 발사관은 5m 정도로 축소 / 단거리 어뢰용으로 연료 축소

  3. 발사관은 20m 수압을 견디는 정도로 경량화

* 참고 이미지

* 북한이 이란에 수출한 반잠수정(KAJAMI 급)

이 다르다. 앞 그림에서 보여 주는 것과 거의 유사한 형태가 된다.

발사관을 장착한 잠수정이 아니라 1~2개의 발사관을 움직이는 운반체, 반잠수정이다. 이 반잠수정은 작전반경이 20~40㎞ 정도로 짧기 때문에 모든 한국해역에 도달할 수 있는 능력은 없다. 그렇지만 이 반잠수정은 10미터 깊이로 완전히 잠수할 수도 있고, 스노클항해도 가능하며, 수면에 상부의 갑판만 노출한 '반잠수 상태로 은밀 기동'을 할 수도 있다. 또 완전히 수면 위에 떠올라 시속 60~80㎞의 고속으로 도망갈 수도 있다. 백령도와 같이 북한과 근거리에 있는 장소에 효과적이다. 여기에 사용되는 어뢰도 근거리에서 발사하므로 배터리를 줄이고 폭약량을 최대로 증가시켜 폭발력을 강화한다. 물론 바다의 군함이 정상적으로 대잠경계를 펼친다면 이런 조악한 운반체로는 절대로 군함을 공격하지 못한다.

운명의 그날, 2010년 3월 26일 밤 7시 30분경 백령도 불빛이 훤히 보이는 장산곶 기지에서 그 반잠수정이 출발한다. 장산곶과 백령도는 불과 12㎞ 정도로 가까운 거리이지만, 반잠수정은 물속에서 은밀하게 움직여야 하므로 편도 3시간 이상은 걸릴 것으로 예상한다. 어망과 같은 장애물을 회피하는 것과 물때와 물의 흐름도 고려해야 한다. 서해에는 물길의 흐름(조류)이 남북 방향으로 조성된다. 백령도와 같이 육지 부근에서는 지엽적으로 변화가 있지만 대체로 남북 방향으로 유지된다. 따라서 반잠수정은 장산곶에서 백령도로 내려올 때는 썰물을 이용하고 올라갈 때는 밀물을 이용한다.

반잠수정은 밤 9시경에 천안함의 예상 항로 앞에 도달한다. 그리고 천안함이 다가오기를 기다렸다가 9시 15분경 천안함에 1㎞ 이내의 아주 가까운 거리에서 어뢰를 발사한다. 어뢰를 발사할 때는 반잠수 상태로 천안함을 눈으로 보고 발사한다. 천안함의 예상 항로를 알기 때문에 어뢰는 20노트 정도의 저속으로 발사한다. 어뢰는 1분 정도를 항주하여 천안함 선저 아래 약 10~20m 수심을 통과하면서 근접신관이 감응되어 거대한 폭발을 일으킨다(여기서의 시간과 거리에 약간의 오차는 있을 수 있다. 그런 것으로 논란하지 말기를 바란다). 이 어뢰의 폭발에 의한 기체구(bubble jet)로 선체는 이등분되고 함미부위는 순식간에 물속에 가라앉아 해저에 고정된다. 한편 수밀격실이 많은 함수부위는 천천히 가라앉으면서 조류에 떠밀려 위치가 바뀌게 된다.

반잠수정은 선체 외부에 레이더의 전자파를 흡수하는 스텔스물질을 도장하여 전자파가 반사되지 않는다. 따라서 갑판만 수면 위로 노출되는 반잠수의 상태에서는 수상함의 레이더에 잘 포착이 되지 않는다. 수면에 완전히 올라왔을 때도 마찬가지이다. 천안함이 자신들이 예상했던 항로대로 움직여 주었기 때문에 가까운 거리에서 정확히 어뢰를 발사할 수 있었다.

그 반잠수정은 천안함에 어뢰를 발사하고 2시간 정도를 '잠수와 반잠수' 상태로 NLL을 넘기 위해 북쪽으로 도망가다가 11시경 수면으로 떠올라 고속으로 도망간다. 이미 배터리가 소진되어 잠수를 계속할 수 없기 때문에 수면으로 떠올라 선외기 엔진(OB 모터)을 돌려 고속으로 도망갈 수밖에 도리가 없다. 이때 현장에 도착해 있던 속초함이 레이더로 7~8㎞ 거리에서 고속으로 도망가는 그 반잠수정을 탐지하고 76㎜ 함포로 135발의 포탄을 쏘지만 명중시키지 못한다. 그 반잠수정은 포격을 갈지자로 피해 가면서 NLL을 넘어 버린다. 물체가 NLL 북쪽에 있을 때는 더 이상 사격을 하지 못한다.

깜깜한 밤중이라 그 물체의 실체를 알 수는 없다. 합참과 해군은 그 물체를 새 떼로 얼버무린다. 그리고 국방부의 조사보고서에는 사건 초기부터 가정했던 대로 천안함 어뢰의 운반체를 '(연어급) 잠수정'으로 기록한다. 지휘부가 폭침 사건 그 자체를 마무리하는 데 매몰된 나머지 어뢰 운반체에 대해 관심을 돌린 틈이 없었던 점도 있지만, 발사체에 대한 분석을 소홀히 한 것은 결정적인 잘못이다. 여기에는 음모론의 단초가 되기도 하는 몇 가지 궁금증이 남는다.

첫째, 왜 해군과 합참은 '새 떼'라고 우기나?

전문성 결여와 책임 회피 때문이다. 합참은 처음부터 잠수정이 어뢰를 쏘았을 것이라고 단정을 지었다. 여기서의 주장과 같은 형태로 반잠수정이 어뢰발사관을 탑재하는 것과 그 반잠수정이 물때를 이용하여 침투하는 것을 연결시키지 못한 것이다. 한편, 그것이 '반잠수정'이 되는 순간, 합참과 해군은 경계를 소홀히 했다는 책임을 면치 못하게 된다. 감사원에서 지적했던 합참의장을 비롯한 합참의 작전라인과 해군참모총장을 비롯한 작전사령관, 함대사령관 등 책임자들은 모두 처벌을 받아야 한다. 불명예스럽게 군을 떠나야 할지도 모른다. 그 책임을 모면하기 위해서는 절대로 반잠수정이 되어서는 안 된다.

둘째, 북한의 반잠수정은 물속으로 계속 도망가지, 왜 그 위치에서 고속으로 도망갔나?

바로 이 점이 반잠수정의 한계가 된다. 물론 그들은 최소한 NLL을 넘을 때까지는 물속으로 잠항하고 그 이후에는 물 위로 부상하여 기지로 복귀한다는 계획을 세웠다. NLL선만 넘으면 물 위에 떠서 유유자적하게 승전가를 부르며 기지로 들어가도 되기 때문이다. 그러나 그들은 예상보다 빨리 현장에 도달했다. 당일의 물때를 보면서 남쪽으로 내려오는 물길(조류)을 이용했으나 물에 떠밀려 예상보다 최소한 1시간 30분 정도 일찍 현장에 도착했다. 물속으로 잠항해야 하므로 정확한 위치를 산출하지 못한다는 제한점도 있다. 자신들이 의도했던 시간은 아니었지만 천안함이 공격할 수 있는 위치에 있었으므로 약간의 무리를 안고 공격을 감행했다. 공격을 마친 이후에는 물의 흐름이 북쪽 방향으로 바뀌어야 하는데, 이보다 일찍 공격이 이루어진 것이다. 당일의 물 흐름이 바뀌는 시간은 23시경이었다. 어뢰를 발사한 뒤에도 물의 흐름은 계속 남쪽 방향으로 흘렀기 때문에 역방향의 조류를 받으면서 북쪽으로 가야 하는 반잠수정은 생각처럼 그렇게 움직이지 못했다. 이런 과정에서 배터리가 소진되어 더 이상 잠수를 할 수 없게 되자, 하는 수 없이 수면으로 떠올라 고속으로 도망가야 했다. 고에너지 밀도의 리튬 배터리를 사용해도 재충전이 불가하기 때문에 잠수항해 거리는 제한된다.

　셋째, '새 떼'가 아니라 '반잠수정'이라고 주장하는 다른 근거는?
　현장에 가장 가까이 있었던 속초함의 함장도 그 물체가 반잠수정이라고 판단했다. 깜깜한 야밤에 레이더에 포착되는 물체는 함장이 혼자 판단하는 것이 아니라 여러 분야의 숙련된 부사관 직별장들이 참여한다.

이들은 군대 생활 10~30년을 오직 자신들이 책임지는 한 가지 분야에만 전념하기 때문에 전문 지식이 탁월하다. 이런 전문가들이 대공, 대함, 사통 레이더의 접촉상태를 두고 판단했을 때 새 떼의 형태가 아니었다. 결국 그들은 함대에 반잠수정이라고 보고했고 사격을 실시했다.

물론 새 떼가 레이더에 포착되기는 하지만 그 시기에, 그런 모양으로, 그렇게 빠른 속도로, 그 방향으로 날아가지 않는다. 만일 진짜로 새 떼가 있었다면 다른 군함들에도 포착되어야 한다. 갑자기 바다의 한 지점에서 물속에서 튀어 오르듯 홀연히 나타나 그런 형태로 날아가는 새 떼는 없다. 반잠수정이 수면에서 고속으로 달릴 때는 경기용 쾌속정과 같은 모양이 된다. 이때는 선미와 떨어진 후방에 물줄기가 크게 형성되는데, 이 물줄기는 레이더에 쉽게 포착된다. 특히 반잠수정의 선체에는 방탐용 스텔스 도료를 바르기 때문에 깜깜한 밤에 속초함의 레이더에는 선체보다는 후방의 물줄기가 더 선명하게 포착된다.

덩치가 작은 반잠수정이 깜깜한 야밤에 시속 70㎞ 정도의 속도로 요리조리 갈지자로 피하면서 달리면 포를 명중시키기 어렵다. 만일 속초함에서 레이더에 잡히는 표적의 40~50미터 전방에 사격을 가했다면 반잠수정을 명중시킬 수 있었을지도 모른다.

감사원에서도 이런 사실을 알고 감사보고서를 통해 그 표적은 새 떼가 아니라 반잠수정이라는 결론을 내렸다. 그리고 관련자에 대한 처벌을 요구했지만 국방부는 묵살했다. 오히려 합참과 해군은 정보부서에서 결과보고서의 그 잠수정이 움직이는 데 대한 정보를 주지 않았다고 책임을 떠넘겼다. 어떠한 이유에서도 작전을 지휘하는 지휘관은 모든 결과에 책임을 질 줄 알아야 한다. 만일 작전을 수행하는 정보가 부족하다면 정보를 달라고 구체적으로 요청해야 하고, 그런 정보가 없다면 건전한 판단을 대입하여 합당한 조치를 취해야 한다. 정보가 부족하여 작전이 실패했다고 책임을 회피하려는 것은 어불성설이다.

넷째, 왜 군은 연어급이라는 결론에 함몰되어 있나?

어뢰는 잠수함이나 잠수정에서만 발사하는 것이라는 생각에 고착되어 있기 때문이다. 반잠수정의 형태로는 어뢰를 발사할 수 없다는 자신들만의 편협된 생각이 문제다. 한국이나 정상적인 국가들이 가지고 있는 수중 침투정(SDV), 반잠수정 등을 섣부르게 대입하여 그런 형태로는 어뢰를 공격하기 어렵다는 아전인수식의 결론을 짓기 때문이다. 무겁고 긴 어뢰발사관과 표준형 어뢰에만 생각이 고착되어 변형된 발사관과 어뢰를 간과하는 측면도 있다. 북한은 이런 면에서 상상을 초월한다. 북한의 침투 무기를 판단할 때는 섣불리 판단하는 우를 범해서는 안 된다.

다섯째, 반잠수정은 완전히 잠수하기 어렵고 승조원이 견디지 못한다?

이것이 한국적인 사고방식으로 분석하는 한계이다. 북한의 반잠수정은 '극소형 잠수정'이라고 해야 옳은 표현이 된다. 승무원(2명)을 위한 완전히 밀폐된 공간, 즉 수밀격실이 있어 승무원은 건식 상태로 유지된다. 수심 10m 정도를 잠항하는 수밀은 조잡한 형태로도 수압을 견딜수 있다. 기존의 반잠수정에 어뢰발사관을 부착하는 형식으로 만드는 것이 아니라 발사관을 깔아 놓고 그 위에 반잠수정의 구조를 쌓아 가는 형태로 전조한다. 이런 것들은 북한만의 사고방식에서 가능하다. 북한이 이란에 수출한 반잠수정(kajami급)과 유사하나 크기를 줄였을 것으로 예상한다.

여섯째, 왜 한미연합훈련 기간을 택했는가?

두 가지 이유가 있다. 우선 한국과 미국이 모두 보는 앞에서 충격을 주어야 북한의 의도를 배가할 수 있다. 또한, 앞에서와 같이 경비함정을 백령도에 가까운 육지로 불러들이기 위해서는 위협을 가해야 한다. 미군이 훈련을 실시하기 위해 서해에 진입한다는 사실은 북한에게 있어 위협을 가하게 만드는 기회가 된다. 즉, 그것을 트집삼아 미사일발사 위협까지 수위를 높이고 경비함을 백령도 가까이에 불러들이는 데 역이용할 수 있게 된다.

일곱째, 어뢰 추진기에 매직펜 글씨가 남을 수 있는가?

충분히 가능하다. 물속에서 화약의 폭발은 공기 중에서 화약이 폭발하는 것과 완전히 다르다. 공기 중일 때 발생하는 발열은 물에 흡수되고 분쇄파열도 다르며, 팽창에 의한 충격 에너지가 물이라는 매질을 통해 작용한다. 군함은 물 위에 떠 있는 상태이기 때문에 전달되는 충격 효과도 다르다. 이것은 수류탄이나 포탄이 지면이나 공기 중에서 폭발하는 것에 익숙한 사람들이 혼동하는 부분이다.

폭발 시에는 화염이 없다는 점도 다르다. 어뢰는 절반 정도는 배터리와 추진엔진이고, 두부에는 센서, 중간부에는 폭약이 있다. 따라서 추진기가 있는 뒷부분은 폭발의 충격과 동시에 분리된다. 즉, 폭발의 열기가 미치기 전에 이미 충격으로 이탈되어 튕겨나가 버리므로 물속에

온전히 남게 된다.

여덟째, 기타 제기되는 의혹들은?

많은 사람들이 프로펠러(추진기) 휨, 선체의 잘린 모양, 어뢰 화약이 폭발한 현상, 선체의 흠집, 함정 격실의 형광등 상태, 어뢰추진기 부식, 승조원의 신체 손상 등에 대해 의혹을 제기한다. 모두 명쾌하게 설명될 수 있는 것들이다. 최고 지휘관이 전문가로 나서지 못하는 틈에 온갖 잡동사니들이 의혹을 제기하고 그 의혹들은 음모론으로 발전한다. 한국군 지휘부의 전문성 결여가 낳은 어처구니없는 결과들이다.

천안함 사건과 관련하여 이렇게 장황하게 적는 이유는 동일한 방식으로 당할 수 있기 때문에 대비책을 강구할 필요성이 있으며, 이와 같은 결론으로 인해 엄청난 숙제들이 영구히 남게 되었다는 사실 때문이다. 따라서 그 운반체를 정확히 밝혀내는 것이 무엇보다도 중요하다. 사실 해군의 잠수함 전문가들 중에서는 그 잠수정의 한계를 지적하는 사람들도 있었다. 그러나 이미 지휘부의 방침이 수립된 상태였기 때문에 공개적으로 이견을 제시하지는 못했다.

사건 이후에 드러난 해군과 합참의 전문성 결여를 결부시켜 이 문제를 논의해 보자. 앞에서도 언급했지만 국방부의 결과보고서에 나오는 그 잠수정은 현대판 홍길동으로 둔갑했다. 지휘부가 그렇게 만든 것이다. 한두 사람의 문제가 아니라 국방 지휘부에 팽배한 전문성 결여 문제이기에 구체적인 설명을 붙여 논의해 보는 것은 의미가 크다.

천안함 사건이 일어난 이후 상당한 기간 동안 한국 해군의 군함들은 바다에 경비를 나가면 북한의 깡통 잠수정을 피하는 것에 몰두했다.

이것은 경비를 하는 것이라기보다는 경비구역에서 도망을 다니는 것으로 보아야 할 형편이었다. 항구를 이탈할 때는 고속으로 빠져나가고 외해에서는 마치 도망을 다니듯 고속으로 비뚤거리며 다녔다. 심지어 두 척씩 짝을 이루어 다니기도 했다. 한국 해군이 '꿈의 구축함, 바다의 제왕'이라고 자랑하는 이지스 구축함의 함장들조차 북한의 저질스런 깡통 잠수함(정)을 무서워하는 형편이다. 한국군의 전문성 결여 문제는 결코 단순한 지엽적인 문제가 아니다. 군함이 바다에 나가서 도망을 다니고 있으면 승조원 모두가 공포를 느낀다. 거창하게 떠들어대는 적의 능력 판단이니 전략이니 전술이니 대응책이니 하는 것들이 아무런 가치가 없는 종이쪽지에 불과해진다.

한국의 구축함을 비롯한 군함들이 최소한의 대잠경계만 펼쳐도 북한의 깡통 잠수함과 잠수정은 제대로 한국 해군 군함들을 공격하지 못한다. 북한의 잠수함(정)은 사실상 그럴 능력이 없다. 북한의 주축세력인 R급 잠수함은 1950년대 기술로 60~70년대에 만든 것들이다. 북한이 자체로 개발한 상어급과 유고급 등의 소형 잠수함과 잠수정들은 어뢰발사관은 갖고 있으나 어뢰를 제대로 발사할 수 있는 체계를 갖추고 있지 못한다.

해군들조차도 인식이 부족한데 어찌 합참에서 지휘하는 육군이나 공군이 바다와 해군을 제대로 알겠는가? 모두가 인식하는 사실이지만 합참은 육군이 지배한다. 물론 해군이나 공군장교들이 합동으로 근무하지만, 육군부대에 파견을 나온 것 같은 분위기를 느낀다. 그래서 물리적 · 화학적 통합이 필요하다.

북한군은 한국군의 허점을 노리는 명수들이다. 전력이 열세이고 미국이 두려워 전면전을 못하기 때문에 한국군의 빈틈을 찾아 테러형의 국지도발을 감행한다. 천안함을 격침시킨 그 운반체의 실체를 밝혀내는 것이 지금의 지휘부가 할 일이다. 그 운반체를 규명하지 못하면 결코 효과적인 대응책을 마련하지 못한다. 그리고 한국군은 영원히 현대판 홍길동을 만드는 북한군의 두려움에서 벗어나지 못한다.

정말로 그 '연어급 잠수정'이 옳다고 결정되면 다른 해결해야 할 숙제가 많아진다. 지금 갖고 있는 모든 전술서와 교범을 다시 고쳐 쓰고 방어책도 고쳐야 한다. 진짜 홍길동을 막는 대책을 제대로 수립해야 하는 것이다. 그런 맥락에서 합참과 기무사 그리고 모든 부대에서 비밀로 보관하고 있는 당시의 자료들을 공개해야 한다. 작전을 수행하고 사고를 수습하는 과정에서 발생했던 모든 문제들을 최고의 지휘관들이 모두 모여 낱낱이 분석하고 미비점을 보완해야 한다. 문제점을 정확히 분석해야 제대로 대응할 수 있기 때문이다. 천안함의 문제를 풀지 못하고 미제로 남기면 한국군은 영원히 후진약군을 벗어나지 못한다.

→ 스스로 강해지기를 포기하는 지휘 구조

한국군 지휘부가 안고 있는 문제들이 집약되어 나타나는 결론은 '스스로 강해지기를 포기하는 현상'이 될 것이다. 이중화된 옥상옥의 지휘 구조와 관료주의, 전문성이 결여된 사람들이 의전과 예우만 앞세우며 권위주의에 빠진 지휘부가 필연적으로 도달하는 종착역이다.

연평도 포격 사건에서 대통령이 즉각 대응하라는 지시에, 합참의장이 한미연합교전규칙을 이유로 미군과 협의해야 한다는 의견을 제시했다는 보도가 있어 국민들이 분개했다. 이유도 없이 적에게 기습을 당하여 생명과 재산을 잃은 군대의 지휘관이라면 누가 시키지 않아도 당연히 10배 정도를 보복하여 국민과 병사들의 눈물을 닦아주고, 적에게는 복수의 공포를 느끼게 해야 한다. 상부의 추가적인 지시나 절차를 따질 문제가 아니다. 그것이 군복을 입은 지휘관의 최소한의 도리이다. 북한이 말로는 온갖 위협을 가해 오지만 '전면전=정권멸망'이라는 것을 안다. 북한이 사소한 도발을 하더라도 모른척하고 10배 정도 쏟아부어 복수해도 된다. 그 일 때문에 미국이 한국을 떠나지는 않는다. 미군에게는 영어가 좀 부족해서 전달과정이 늦었다고 말하면 그만이다. 지휘부가 나약하면 스스로 강해지기를 두려워하여 즉각적인 보복은 불가능하다. 상황을 신속하게 판단하지 못하고 책임과 눈치만 살피며, 어떻게 대응해야 할지를 모른다.

2013년 국방부 국정감사에서 어떤 국회의원이 "북한과 전쟁하면 이길 수 있느냐?"라고 질문했다. 이 질문에 국방 정보본부장은 "한미동맹으로 싸우면 이기지만 1:1로 싸우면 우리가 진다."라고 답한 것으로 언론에 보도되었다. 나약한 지휘부라면 이 말에 수긍할지 모르지만 국민들은 분개할 일이다. 대한민국 70년 국방을 모두 부정하고, 지금까지 젊은이들이 군대에서 흘린 피와 땀의 대가를 아무런 가치도 없는 헛된 일로 매도하는 말이기 때문이다. 후진적인 관료주의와 권위주의에 젖어 전사의 기질이 빠져버린 사고방식과 스스로 강해지기를 포기하는 나약한 지휘부의 실상을 증명하는 말이다. 전쟁은 국민과 함께하는 국가 총력전이다. 이 점을 간과하고 국방이라는 거대한 이슈를 자신만의 잣대로 측량해서는 안 된다.

지금의 산만한 지휘구조 속의 관료화된 '한국형 장군'의 눈에는 북한 군이 무섭게 보이고, 한국군이 이기지 못할 것으로 보일 수 있다. 물론 단순하게 수치만 비교하면 북한이 유리해 보이기도 한다. 그러나 한국 군이 보유한 군함, 잠수함, 전투기, 탱크, 미사일, 야포 등은 북한이 보유한 것들과 비교할 수 없을 정도로 성능이 우수하다. 더구나 한국 의 국력은 북한에 비해 20배 이상 강하다. 국가의 전쟁능력을 단순하 게 군사장비의 개수가 많고 적음으로 비교하는 것은 어불성설이다. 이 런 점에서 북한의 실상을 잘 아는 국민들은 이긴다고 보는데 국방지휘 부만 진다고 우길지도 모른다. 핵심을 파악하지 못하고 단순하게 수치 만 놓고 우열을 가리는 지휘부는 무능하다고 단정 지어 말할 수 있다. 국력의 차이가 곧 국가 전쟁수행능력을 가름하는 척도이다. 적의 능력 을 정확히 파악하고, 비록 적이 수적으로는 우세할지라도 최선의 대응 책을 수립하며 집결된 국력으로 전쟁을 수행하는 방책을 마련하는 것 이 현존하는 국방지휘부가 수행해야 할 유일한 책무이다.

가장 단순하게 이 책이 주장하는 개혁을 완성하면 한국군의 산만한 지휘부와 고질적인 패배주의를 탈피하여, 지금의 군사력과 국력으로도 북한을 이기고도 남음이 있다. 권위주의와 관료화에 물든 나약한 지휘 관이 함부로 국가의 전쟁능력을 논할 일이 아니다.

2017년 정유년(丁酉年)은 임진왜란 중 정유재란이 일어난 지 420년 이 되는 해이다. 약 2년간 지속된 이 전쟁에는 유명한 명량해전과 마 지막 노량해전이 포함된다. 이때 시시각각으로 몰려오는 거대한 왜군 함대를 맞이하는 이순신 장군은 단 12척의 초라한 전선(戰船)들을 앞에 두고서도 결코 굴하지 않았다. 오히려 "나에게는 아직도 12척의 전선이 남아 있다. 죽을힘을 다하여 싸운다면 능히 이길 수 있는 일이다." 라며 백성과 병사들을 이끌었다. 그런 "필사즉생 필생즉사(必死卽生 必生卽死)"의 정신으로 명량해전에 임했기에 단 12(+1)척의 전선으로도 무려 133척의 왜군함대를 수장시킬 수 있었다. 그리고 죽음으로 맞선 마지막 노량해전에서는 200척의 왜선들을 수장시켰다. 백성 그리고 군사들과 뜻을 모아 이룩한 역사이다. 장군이 스스로 적 앞에 나서면 백성과 병사들이 죽음의 공포를 떨치게 되고, 그 죽음의 공포만 떨치면 비록 보잘 것 없는 전력으로도 거뜬히 전쟁에서 이길 수 있다는 것을 증명해 보이고 역사에 기록으로 남겼다. 그리고 지금 이 시각에도 서울 세종로거리를 비롯하여 전국 각지에 세워진 장군의 동상은 묵묵히 백성들을 굽어 살피고 있다. 그의 모습은 올바른 장군은 한 나라의 거대한 역사를 만들 수 있다는 사실을 웅변한다.

물론 북한은 기습을 감행할 수 있다는 강점이 있다. 그러나 그들의 전쟁지속능력은 한국에 비한 국력의 차이만큼 짧다. 또한 지금의 중국과 러시아는 1950년대의 중국과 소련이 아니다. 지금의 상태로 북한과 전쟁하여 진다고 말하면 도대체 언제 무엇으로 그들과 전쟁하여 이긴다고 말할 수 있게 되는가? 국방 지휘부는 안보로 국민을 위협하는 근시안적인 포퓰리즘 정치인들의 주장에 현혹되지 않고, 오직 국민의 편에서 의연하게 강함을 표현할 수 있어야 한다.

여기에서 간략히 북한의 핵무기 문제를 고찰해 보자. 복잡한 외교관계는 생략하고 현재의 남북한 문제로만 축소한다. 북핵문제를 말하는 사람들은 이 정도의 내용에 정통한지 모르겠지만, 국민들은 제대로 인식하지 못하는 점이 많고 혼란해 하니 간략히 언급한다. 이런 기초적이며, 핵심적인 것들은 대입하지 않고 무턱대고 핵의 위협만을 강조하는 사람들이 많아 안타깝다.

과연 북한이 핵으로 한국을 괴멸하는 선제공격을 시작할 것인가? 아마도 모든 논의에서 이 질문이 가장 먼저 거론될 것이다. 그렇다고 한다면 북한은 핵을 발사한 이후에 맞이하는 한·미 동맹(또는 한국 단독)의 반격을 견디고 승리를 장담할 것인가? 한·미 동맹(또는 한국 단독)이 반격을 하지 못하게 만들 정도로 무력화하려면 얼마나 많은 핵을 사용해야 하나? 그렇게 방사능으로 오염된 한국지역에 북한군은 무엇을 위해 어떻게 진입하나? 그런 공격이 이루어져 방사능으로 오염되고 이후 100년 동안 사람이 접근할 수 없게 폐허가 된 그 땅은 누가 어떻게 무엇에 사용하나? 서울에 그 핵을 투하했을 때 발생하는 방사능 낙진의 피해는? 북한이 선호하는 하계절은 주로 남풍이 불어 낙진이 곧 바로 북한 땅으로 떨어진다. 그 핵을 한·미동맹의 정보자산의 눈을 피해 기습으로 투발하는 능력은?

북한이 핵으로 한국을 괴멸한다는 가정은 승자도 패자도 없이 남북한이 공멸하고, 좁은 국토를 사람이 살지 못하는 땅으로 만들어 버리는 전쟁을 기정사실화했을 때 성립하게 될 것이다. 그런 전쟁의 가능성을 어떤 정도로 가정해야 하나? 그런 전쟁을 기정사실화한다면 막대한 예산만 허비되는 전력건설은 무슨 의미가 있나? 사실 북한은 지금까지 보유한 스커드와 노동 미사일만으로도 그들이 원하는 기습의 목적을 충분히 달성할 수 있다. 특히 화학전이나 생물학전 탄두를 장착하면 공격효과는 더 커지고 땅의 방사능 오염도 방지할 수 있다. 이 점은 북한이 핵으로 공격을 시도할 것이라는 가정이 성립되지 못하는 중요한 논점이다. 북한의 투발시설들은 전략폭격기, 전략잠수함 등으로 고도화하지 못하여 선제타격에 매우 취약하다. 따라서 정보자산과 정밀 유도무기를 사용하면 지상의 핵 투발시설은 언제든지 타격할 수 있다. 북한의 핵을 거론하려면 북한이 공멸의 길을 걷기 전에 먼저 정밀 유도무기를 사용하여 그 핵무기를 제거하는 선제타격의 방법부터 연구해야 한다.

여기까지 둘러보면 북한은 핵무기를 전쟁초기에 먼저 사용하는 것이 아니라 자신들이 점령될 위기를 느끼는 전쟁의 종식단계에서 이판사판으로 사용할 가능성이 크다는 결론도 유추할 수 있다. 정치인들은 오직 자신의 이득에만 집착하여 북한의 핵을 등에 업고 국민을 협박할 것이 아니라 '그 핵의 지향점'과 앞에서 논의한 문제들부터 명쾌하게 말할 수 있어야 한다. 그럴 자신이 없는 사람은 '북핵'이라는 그 단어 자체를 거론할 자격이 없다.

이런 모든 가정에 국방부의 입장에서 가장 효과적으로 대응하는 방법은 오직 이 책이 주장하는 지휘부 개혁밖에는 다른 방도가 없다. 시시각각으로 변하는 북한의 기습적인 핵공격을 유효하게 반응할 수 있는 유일한 방도이기 때문이다. 지휘부가 그 일에 결집되고 24시간 생각을 공유해야 위기의 상황에 즉각 대응할 수 있다. 우선은 국방부 자체의 역량이 결집되고 국군통수권자인 대통령을 확실히 보좌하며, 상황이 발생하면 즉각 대응하고, 최고 지휘관들이 국민들을 안심시키며 전쟁을 수행할 수 있게 된다. 군에서 대응하는 최선의 방법은 징후가 포착되었을 때 즉각 반응하여 선제타격하여 무력화하는 것이며, 차선은 피격 이후의 유효한 반격이다. 이런 행동과 조치는 지금의 지휘구조로는 불가능하다.

국방지휘부의 개혁이 없다면 국론을 분열시키고, 중국과의 긴장만을 부추겨 막대한 경제손실을 가져오는 그 사드(THAAD) 역시도 아무짝에도 쓸모없는 무용지물이 된다. 여기서 사드를 배치하는 국가지도부는 반드시 관철시켜야 하는 문제가 있다. 사드의 발사명령은 반드시 한국 대통령의 결심을 거쳐 한국군 지휘관의 입에서 나오게 지휘구조를 구축해야 한다는 점이다. 북핵을 말하면서 발사명령이 미군 지휘관의 입에서 나오게 한다면 한국은 북핵이 존재하는 한 미국의 종속을 벗어나지 못한다. 사드를 미군이 발사하는 경우에도 마찬가지이다. 지금과 같은 한국군의 산만한 지휘구조로는 유효하게 미군에 협조할 수가 없고, 미군 지휘관이 발사를 명령하는 그 순간에도 무엇을 해야 할지 몰라 허둥대면서 바라만 보고 있게 된다.

다음에서는 잠수함의 사례를 들어 북한과의 전력비교 그리고 지휘부의 유약성 문제를 논의한다.

최근 들어 북한의 잠수함발사 탄도미사일(SLBM)을 실은 신포급 잠수함 이야기로 나라가 시끄럽다. 그 문제를 놓고서도 잠수함의 문외한들까지도 근거가 희박한 주장을 내세워 국민을 혼란케 한다. 북한이 그 신포급으로 정상적인 SLBM을 발사할 수 있다고 결코 장담하지 못한다. '예', '아니오'로 답하라면 당연히 '아니오'이다. 이를 이해하려면 잠수함 자체의 성능과 'SLBM+수직발사대로서의 잠수함능력+운용술', 물속의 잠수함과 육상지휘소간 의사전달 그리고 현재의 북한 미사일 능력에 대비한 전략적인 가치 등의 복합적인 지식이 필요하다. 지금의 신포급 잠수함이 한국해역의 물속이나 물위에서 서울을 향해 유효하게 SLBM을 발사하는 장면은 연상할 수 없다.

세계에서 SLBM과 그것을 실은 전략잠수함(SSBN)을 보유한 나라는 미국, 러시아, 중국, 영국, 프랑스 밖에 없다. 혹시 그런 나라들의 SLBM을 염두에 두고 북한의 SLBM 위협을 평가한다면 큰 오산이다. 참고로 미국의 오하이오(Ohio)급은 18,000톤(길이 180m)으로 24기의 미사일을 탑재한다. 각각의 미사일들은 5개의 분리형 재돌입(MIRV)탄두를 갖기 때문에 사실상 5개의 미사일과 같은 효과를 발휘한다. 따라서 잠수함은 물속에서 미사일 1기를 발사하여 세계 각지의 서울만 한 도시 5개를 동시에 파괴할 수 있다. 이 잠수함이 싣고 있는 24기 미사일의 총 파괴력은 히로시마 원자탄의 1,000배 이상으로 1, 2차 세계대전에서 사용된 모든 재래식 폭약을 합친 것보다 크다.

앞에서 북한 잠수함들을 모두 '깡통 고물잠수함'들이라고 규정했다. 왜냐하면 고철 깡통으로 만들어져 있기 때문이다. 물론 물속으로 잠수할 수 있는 능력은 있다. 그러나 오늘날의 현대식 잠수함이 갖추어야 할 성능은 없다. 현대식 잠수함이란 최신의 소나를 비롯한 탐지체계, 복합적인 전투체계, 선유도 어뢰, 추진체계, 소음방지대책 등을 갖추어야 한다. 북한은 현대식 잠수함에 요구되는 성능을 종합적으로 갖춘 잠수함을 만들 능력이 없다. 최근에 북한이 자랑하며 언론에 등장시키는 신포급 잠수함 역시도 현대식 잠수함이라고 볼 수 없다.

현대식 잠수함을 만들기 위해서는 기본적으로 세계 일류의 선박건조능력과 기계, 화학, 전자 등 모든 산업분야의 인프라를 갖추어야 한다. 그런 상태에서 1척을 만드는 데 1조 원 정도의 예산을 투입해야 비로소 현대식 잠수함이 만들어진다. 한국에 비하면 북한은 철공소 수준의 조선소와 낙후한 산업인프라로써 그들이 만들어 낼 수 있는 것은 결국 잠수할 수 있는 깡통이다. 북한이 자랑하듯 보도하는 사진과 영상을 통해서도 그들이 모두 깡통 잠수함이라는 수 십 가지의 핵심 증거들을 판독할 수 있다.

지금 한국 해군이 보유하고 있는 잠수함들 중에서 한 척만 신포항 입구에 보내면 북한의 신포급 잠수함을 꼼짝도 못하게 만들 수 있다. 군이 선유도 어뢰로 그 잠수함을 침몰을 시키지 않고 야간에 그들이 보는 앞에서 잠시 부상하거나 마스트를 올려 잠수함의 존재를 나타내도 북한은 두려움에 떨 것이다. 한국의 잠수함들은 언제든지(any time) 북한의 그 깡통 잠수함들을 쥐도 새도 모르게 처치하거나 꼼짝 못하게 봉쇄해(any mission) 버릴 수 있다. 단 한 가지, 지휘부의 의지와 강당이 있어야 한다. 잠수함은 우군이 있는 곳에는 가지 못하고, 오직 외로운 늑대처럼 적이 있는 곳에만 간다. 그것이 잠수함의 숙명이다.

바다를 항해하는 모든 선박들 중에서 오직 잠수함에게만 물속을 항해하는 권리가 주어진다. 그것을 잠수함의 독보적인 능력이자 바다의 제왕이라고 불리게 하는 '은밀성'이라고 한다. 잠수함은 물 위가 아니라 물속에서 자유로운 존재이다. 특히 현대의 잠수함들은 물속에 들어가야 제대로 능력을 발휘하고, 속도가 빠르며, 파도에 흔들리지도 않고, 주변의 장애물에 신경을 쓰지 않아도 된다. 현대의 발달된 소나와 전투체계를 이용하여 물속에서 완벽하게 전투를 수행한다. 그런 잠수함들만이 선유도(wire guide) 어뢰를 10㎞ 이상의 거리에서 표적에 발사한다. 나약한 지위부는 그런 잠수함이 물속으로 들어가는 것조차 마치 섶을 지고 불속으로 들어가는 것으로 착각한다.

자신의 존재를 숨기기 위해서 위험을 무릅쓰고 마지못해 물속으로 들어가는 것은 구식 '깡통 잠수함'이고, 강함을 표현하고 자유롭기 위해 기꺼이 물속으로 들어가는 것은 '현대 잠수함'이다. 북한의 모든 잠수함(정)들은 전자에 매우 가깝고, '독일제 한국 잠수함'들은 후자에 매우 가깝다. 후자의 끝단에는 핵잠수함이 있다. 이 차이를 모르는 사람들은 잠수함 그 자체를 논할 자격이 없다. 한국의 모든 잠수함들은 그 독보적인 은밀성과 전투력을 이용하여 북한 해역의 물속 그 어디든 자유롭게 다닐 수 있고 엄청난 압박을 가할 수 있다. 그것이 잠수함이 존재하는 유일한 이유이다.

육지에서 바라보는 바다의 영역은 영해(territorial sea)와 공해(international waters)로 나뉜다. 영토와 같이 아무나 들어오지 못하는 영해의 범위는 육지의 끝(기선)에서부터 12해리(대략 20㎞), 즉 저 멀리 수평선의 끝 정도이다. 영해를 벗어나는 구역은 모든 선박의 항해가 자유로운 공해가 된다. 한편, 접속수역, 배타적 경제수역, 어업수역, 군사목적의 작전구역 등의 경계가 있으나 특수 목적을 위한 구역들이다. 물론 국제법으로는 잠수함이 타국의 영해를 통과할 때는 부상하여 국기를 게양해야 한다. 그러나 물속에서 작전을 수행하는 잠수함에게는 사실상 물위에 그어진 경계선이 모두 무시된다. 한국의 잠수함들은 북한의 잠수함 본거지의 앞마당까지 손쉽게 갈 수 있다. 북한이 한국의 잠수함을 방어하거나 바다에서 잡을 수 있는 능력은 제로에 가깝기 때문에 더욱 자유롭게 갈 수 있다.

바다에서 잠수함을 잡는 군함을 구축함이라고 한다. 한국의 1조 원짜리 이지스 구축함이 대표적이다. 북한은 한국 잠수함을 상대할 수 있는 구축함이 한 척도 없다. 북한의 고물 군함들로는 한국의 현대잠수함을 잡지 못한다. 북한은 한국의 P-3와 같은 대잠 초계기도 없고 육상에 배치된 구식 헬기 3대 정도가 전부이다. 물론 잠수함으로 잠수함을 잡을 수 있지만 북한의 깡통 잠수함들은 모두 물속에 있는 잠수함과 교전을 벌이지 못한다.

특히 한국의 잠수함들은 재래식 잠수함 분야의 강대국인 독일에서 만든 잠수함들이다. 물론 한국의 조선소에서 만들고 있지만 한국산이라고 생각하면 오산이다. 설계도와 핵심 장비는 모두 독일에서 가져오기 때문이다. 214급 잠수함 1척의 건조비용은 대략 6,000억 원 정도이다. 그 잠수함을 한국의 조선에서 건조하면 4,000억 원 정도는 독일로 보내고 한국의 조선소는 2,000억 원 정도를 지급받는다. 북한이 지금 당장 한국의 잠수함들을 잡겠다고 대잠전력을 확보하려면 최소한 10조 원 이상의 예산과 엄청난 인력을 투입해야 한다. 그런 상태로 10년은 지나야 한다.

비록 북한의 깡통 잠수함이라도 넓은 바다로 나와 물속으로 숨어 버리면 찾기가 어려워지는 문제가 발생한다. 물속에서 잠수함을 식별하고 추적하는 것은 첨단의 기술과 장비가 필요한 매우 어려운 분야이다. 잠수함끼리 물속에서 싸우는 것은 밀림 속에서 탱크들이 싸우고, 짙은 구름 속에서 전투기끼리 싸우며, 인파 속에서 경찰이 도망가는 도둑을 찾는 것에 비유할 수 있다.

그래서 잠수함은 넓은 바다로 나오기 전에 항만 입구에서 잡는 것이

유리하다. 북한의 신포항이나 마양도 앞에 갈 수 있는가의 문제인데, 한국의 모든 잠수함은 모두 그곳에 갈 수 있으며 그곳에서 자유를 누릴 수 있다. 북한은 한국 잠수함들이 그곳에 들어와도 잡을 수 있는 능력이 없기 때문이다. 적의 잠수함이 항구에서 출항할 때 잡을 수 있기에 잠수함은 가장 효과적인 대잠세력이 된다. 그렇게 사용할 때에만 한국 잠수함은 위력을 발휘한다. 그렇게 사용하기 위해 만든 것이 잠수함이다. 그래서 잠수함은 '공격무기'라고 하며, 적의 지휘부에게 공포를 주는 정도로 위력적이기 때문에 '전략무기'라고 한다. 아무리 고가의 현대식 잠수함일지라도 지휘부가 공격적으로 사용하지 못한다면 쓸모없는 장식품에 불과하다. 잠수함은 '오직 공격'을 위해서만 태어났고, 그 목적으로 유지되어 왔으며, 그렇게 사용할 때만 의미가 있다. 잠수함을 방어적으로 사용하는 것을 염두에 둔다면 그것은 잠수함을 제대로 모르는 사람들의 오산이다. 미국의 핵잠수함을 예로 들며 방어적인 용도를 주장하는 사람들 역시도 잠수함을 제대로 모르는 사람들이다. 스스로 강해지기를 포기하는 지휘부에게는 잠수함이라는 것이 한낱 고가의 장식품으로 전락하고 만다.

지휘부만 강하다면 그 북한 잠수함과 미사일은 바닷가에서 어린 아이가 갖고 노는 폭죽의 장난감에 불과하게 만들 수 있다. 북한의 해역에서 무한의 자유를 누릴 수 있는 214급 잠수함과 어뢰 한 방이면 북한의 신포급 잠수함은 흔적도 없이 사라진다. 물속에서 사라진 잠수함은 왜 사라졌는지 이유조차 모른다. 특히 한국 해역은 수온 변화가 심하여 음파의 전달이 왜곡되며, 배들도 많이 다니고 해역의 해양생물들도 많아 물속이 시끄럽기 때문에 북한 잠수함이 넓은 바다로 나오기 전에 잡는 것이 유리하다. 그들이 출항하지 못하도록 봉쇄하는 것이 최선이다. 오직 잠수함들만이 그런 일을 할 수 있다. 그런 목적으로 태어났기 때문이다. 북한이라는 상대에 비교했을 때 무한의 능력을 갖고 있는 한국의 잠수함들이 목적과 용도에 맞게 사용되어야 한다.

비참한 주장이지만 한국 잠수함들이 왜 존대하는지에 회의를 느낀다. 한국은 잠수함을 국방지휘부의 합의나 전략과 철학도 없이 무턱대고 도입했다. 밀실에서 결정되고 밀실에서 사업이 진행되었다. 독일 조선소와 무기 수입업자의 주머니만 채워 주고 정치인들의 비자금과 고위급들의 뇌물에만 보탰나 하는 의구심마저 든다. 실제로 당시의 신군부에서 정치비자금을 확보하기 위해 잠수함 사업이라는 아이템을 사용했다는 설이 파다했다. 그 설은 군사정권의 서슬에 묻혀 지나갔다. 그런 이유로 지금까지도 잠수함 전력을 직접 사용할 줄 알아야 하는 국가와 국방 지휘부는 그것이 무엇에 쓰는 물건인지, 어떻게 사용해야 하는지를 모른다. 적지의 물속에서 천의 위력을 발휘하여 적을 두려움에 떨게 만들어야 할 잠수함일지라도 지휘부가 그 용도를 정확히 모르고 강단이 없으면 바다를 배회하고 있어야 한다. 군대에서 사용하는 모든 무기들 중에서도 유독 잠수함이라는 존재는 지휘부가 강단이 있어야 위력을 발휘할 수 있는 무기이다. 현실에만 안주하며 전사 기질이 빠진 군대와 국가의 지휘부에는 아무짝에도 쓸모가 없는 장식품에 불과해진다.

평시에 목적대로 사용하지 못하면 전시에는 더욱 그러하다. 적에게는 평시작전을 통해 전시라는 상태를 만드는 엄두를 내지 못하도록 만들어야 한다. 평시에 능력을 발휘해야 하는 기회에는 유감없이 그 능력을 발휘해야 한다. 그리고 그 전시라는 상태는 영원히 오지 않을 수도 있다. 전시와 평시부터 따지고 구분하는 지휘부는 행정 군대로 전락한다.

국방지휘부가 스스로 강해지기를 포기하면 그것은 엄연한 직무유기다. 그런데 지금까지의 한국군 지휘부는 스스로 강함을 표현하지 못하고 강함을 표현하는 명령과 지시의 책임을 서로에게 떠넘기고 있는 것 같다. 호언성 발언은 쏟아 내면서도 현실적인 조치가 없기 때문이다.

예를 들어, 지금 당장 북한의 그 신포급 잠수함 위협을 무력화하기 위해 지휘부가 직접 명령을 내리는 전략적인 임무를 수행한다고 가정하고, 잠수함을 운용하는 책임은 누구에게 있느냐고 장관이나 합참의장에게 물으면 해군참모총장에게 있다고 말할 것이다. 자신들은 잠수함의 '잠'자도 모르는 육군이라고 말할 것이다. 해군참모총장에게 물으면 합참의장이 작전을 지휘하는 사람이라고 말할 것이다. 이들에게 따져 물으면 대통령이 그런 공격적인 작전을 수행하라는 지시가 없었다고 말할 것이다. 대통령에게 물으면 장관, 합참의장, 해군총장이 그런 사실을 보고하지 않아서 잠수함이 그런 무시무시한 능력이 있는 줄 몰랐다고 말할 것이다. 결국 10조 원을 쏟아부어 독일에서 들여온 20척에 가까운 잠수함들이 상부의 지시나 명령 한마디가 없어서 부두에 묶여 있거나 바다를 배회하고 있게 된다.

한마디의 명령만 있으면 당장에라도 신포항 입구에 가서 출항하는 북한 깡통 잠수함들을 꼼짝하지 못하게 만들 수 있는 잠수함들이 '바로 지금' 한국군에 무려 16척이나 있다. 그런 잠수함들의 임무는 대통령이 극도의 제한된 참모(참모총장 한 사람)만 거느리고 잠수함 사령관과 함장에게 직접 지시해야 한다. 중간에 다른 지휘관과 조직들이 어설프게

끼어들면 사전에 작전이 탄로가 나고 사후에도 누설된다. 그래서 잠수함의 지휘체계는 군함과 다르게 중간 지휘계통을 없애고 지휘부가 직접 지휘하는 체계로 운영된다. 합참, 해군본부, 작전사령부, 일선부대 등 곳곳에 잠수함 작전이 게시되고 병사들까지 훤히 들여다보게 하는 그런 잠수함 작전은 없다.

지휘관이 스스로 판단하지 못하는 군대의 능력은 아무런 의미나 가치가 없다. 대장이 되는 사람은 전사 기질이 충만한 군사 전문가가 되도록 제도를 유지해야한다. 모든 판단을 자의적으로 할 수 있는 최고의 군사 전문가 지휘관으로 육성해 가야만이 진짜로 강한 군대가 만들어 진다. 전시와 평시를 막론하고 군이 존재하는 이유를 확실히 증명해 보여야 한다. 특히 물속에서 은밀성을 무기로 작전하는 잠수함만이 그런 독보적인 특성을 가진다.

잠수함에 대한 생각이 짧은 정치인들이 신포급과 SLBM을 들먹이며 무턱대고 핵잠수함 보유를 주장한다. 그런 일방적인 주장은 안보로 국민을 위협하는 것으로 여겨진다. 지금 갖고 있는 잠수함 1척만으로도 북한의 위협을 잠재울 수 있기 때문이다. 그런 잠수함을 목적대로 써 보는 시도조차 없는 상태에서는 핵잠수함은 결국 초고가 장식품이 된다. 또, 그런 논리라면 지금 1척에 1조 원씩을 들여 만들고 있는 3,000톤급 장보고-3 잠수함들은 모두 한 번 써 보지도 못한 채 고가의 고철 덩어리가 되고 만다.

핵잠수함을 건조하려면 최소한 1척당 1조 3,000억 원 정도의 막대한 예산과 첨단의 기술을 투입해야 한다. 그런 이유로 건조 인프라 구축을 포함한 초기 투자비용까지를 전부 합친다면 최초에 건조되는 3척의 핵잠수함은 척당 단가가 갑절이 될 수도 있다. 문제는 국방과 국가 지휘부가 잠수함을 어떤 용도로 사용하는지를 모른다면, 핵잠수함 수십 척을 들여와도 북한은 꿈쩍도 하지 않다는 사실이다. 잠수함을 모르는 포퓰리즘의 정치인들이 무턱대고 핵잠수함을 내세워 진영싸움의 도구로 이용해서는 안 된다. 지휘부 스스로가 나약해지는 우를 범하지 말아야 한다. 그것 때문에 국방은 허약체질을 벗어나지 못하고 국력만 허비된다.

잠수함은 해군의 핵심 무기체계로써 적정 수준으로 확보해야 한다. 여기서 잠수함은 전략적인 무기라는 점에 유념해야 한다. 전술(전투)무기는 소속 군에만 한정되지만 전략(전쟁)무기는 소속 군의 범위를 벗어난다. 그 대표적인 사례가 바로 잠수함이다. 물론 잠수함은 해군에서 운영하지만 오직 해군을 위한 용도에만 사용되면 '고가의 장식품'이 되고, 필요하면 언제든지 국방과 국가 지도부가 직접 사용할 수 있을 때 비로소 '막강한 무기'로서 위력을 발휘하게 된다. 북한의 깡통 잠수함들이 무서워 보이는 것은 그들의 국가지도부가 직접 사용할 줄 알기 때문이고, 한국의 초현대식 잠수함들조차 초라해 보이는 것은 지도부가 용도를 정확히 모르고 필요할 때 직접 사용할 수 있는 강단이 없기 때문이다. 따라서 잠수함은 해군 참모총장뿐만 아니라 육군과 공군의 참모총장, 합참의장, 국방장관 그리고 무엇보다도 대통령이 그것의 목적과 용도를 제대로 알고 또 사용할 수 있어야 비로소 그 진가를 발휘한다. 특히 한국의 전장환경은 더욱 이런 점이 부각되기 때문에 이런 위치에 뜻을 두는 사람이라면 다른 것은 몰라도 잠수함만은 올바르게 깨우쳐야 한다. 이 책에서 통합성을 주장하는 핵심적인 내용이기도 하다. 국가지도부의 전략적인 공감대나 국방부 차원의 합의도 없이 무턱대고 잠수함전력의 외형만 키우는 것이 능사가 아니다. 특히 잠수함은 다른 무기체계에 비해 예산과 기술이 엄청나게 많이 필요하기 때문이기도 하다.

주변국 견제나 미래전을 대비하려면 핵추진 잠수함도 필요하다. 그러나 지금처럼 무턱대고 확보를 주장할 것이 아니라 원자로(reactor)와 잠수함을 분리하여 만드는 전략적인 접근을 시도해야 한다. 즉, 잠수함에 탑재할 수 있는 핵추진 원자로를 잠수함과 분리하여 만들어 기존의 잠수함에 삽입(plug-in)하는 전략을 말한다. 이렇게 하면 무리하지 않고 손쉽게 핵잠수함 능력을 갖게 된다. 핵잠수함 보유에 대한 반대나 주변국의 견제, 핵잠수함 운용에 따른 국력소모를 줄이고 필요할 때 즉각 사용할 수 있도록 핵잠수함을 보유하는 고급 전략이다. 잠수함은 수상함과 달리 선체의 중간부를 절단하고 그 사이에 필요한 모듈을 삽입할 수 있는 특징이 있다. 일본은 이미 1980년대부터 이 전략을 유지하는 것으로 알려져 있다. 이렇게 하면 소리 소문도 없는 핵잠수함 보유국이 된다.

이런 맥락에서 엄청난 예산이 소요되는 장보고-3급 잠수함의 건조 사업이 전략적으로 접근하지 못한 점은 아쉬움이 크다. 선체의 장폭비(길이 vs 폭 비율)를 줄인다면 3,000톤급의 잠수함들은 언제든지 원자로만을 추가 삽입하여 핵잠수함으로 변형할 수 있기 때문이다. 장-3급 잠수함 사업에 투입되는 막대한 예산과 노력에 비해 철학과 전략이 매우 미흡하다. 시험용으로 만들어 본다는 관점에서는 너무나 예산이 많이 소요되고, 시리즈로 여러 척을 만들기에는 개념과 설계 그리고 사업방식에서 오류가 많다. 그러다 보니 배치(batch)라는 개념도 새롭게 만드는 수준이다. 잠수함은 외형이 바뀌면 다시 설계해야 하는 특징이 있다. 그 작은 변화가 잠수함의 수중운동특성을 바꾸기 때문이다. 국산화 100%는 처음부터 무리수였다. 기초설계도 조차 스스로 검증을 못해 외국의 검증을 받아야 하는 기술로 어떻게 미래지향적인 대형 잠수함을 건조하며, 척박한 인프라로 어떻게 그 잠수함에 필요한 장비들을 만들어 공급할 수 있겠는가? 잠수함을 제대로 모르는 사람들이 국가의 전략적인 합의도 없이 결정한 사업의 무리수들이 여기저기서 드러난다. 의사를 결정해야 하는 사람이 마치 '장님 코끼리 만지기 식'으로 이사람 저사람 의견을 들어 결정하는 것은 결코 바람직하지 못하다. 우월적 지위에 있는 사람의 의견에 반대하지 못하는 의사결정체계의 맹점도 있다.

이런 문제는 최근의 209급 성능개량(upgrade)에서도 나타난다. 전체 약 3,000억 원이 소요되는 사업이 대상장비 범위부터 사업방식까지 허점이 많다. 물론 저급한 장비를 개량하거나 기하급수적으로 치솟는 노후화 외국장비의 수리비를 절감하기 위해 해당 장비를 국산화하는 것도 필요하다. 그러나 특히 잠수함에서는 그 범위와 방식을 면밀하게 연구해야 한다. 지금의 방식은 마치 노후한 F-16전투기에 장비를 추가하여 F-15전투기로 만들겠다는 생각과 흡사하다. 209급 잠수함이 갖는 고유의 제원과 목적, 선체특성 그리고 도태시점을 고려하지 못한 낭비적인 발상이다. 214급과 장-3급까지를 고려하면 전력운영의 불합리성은 더욱 부각된다. 그리고 그 어려운 과제를 업체주도 사업으로 진행하여 조선소에 책임을 전부 맡겨버렸다. 정부주도 사업으로 진행했어야 올바른 처사였다. 단순히 내부적인 장비를 개량하는 수준을 벗어나 그 잠수함 모델고유의 안정성을 흩트리는 중요한 성능개량은 잠수함을 새로 건조하는 관점에서 추진되어야 한다. 의사결정자들의 전문성이 결여되니 단순하게 "성능이 향상된다."는 말 한 마디로 모든 것이 허술해진다. 사업을 기획하는 해군이나 그것을 인가하고 사업화하는 합참과 방사청의 지휘부가 잠수함의 근본을 모르기 때문에 예산낭비와 209급의 고유 목적을 저해하는 우를 범하는 것이다. 무조건 외형을 키우는 것을 공적으로 여기면서 그것으로 자신의 입지를 높이려는 풍토도 없애야 한다.

03. 도를 넘는 고위급의 기강 해이

: '기강이 해이하다'는 말은 조직이나 개인이 본래의 목적과 의도와는 다르게 행동하는 것을 말한다. 군대에서 기강을 세우는 것은 엄청나게 공을 들여야 하는 힘든 일이다. 그러나 그것을 허무는 것은 순간이다. 특히 장군들이 앞장서서 기강을 문란하게 하면 군의 명예를 한순간에 실추시키고, 군에 대한 신뢰를 말살하고 불신의 벽을 키우며, 전투력을 약화시키고, 장군들이 병사들의 조롱거리가 되어 계급과 지휘관의 권위가 무너지며, 기강이 해이된 모습을 부하들이 본받는다. 그리고 그 군대는 적 앞에 서기 전에 패망한다. 장군이 음주 추태를 벌이는 것은 음주 추태가 만연하다는 말이고, 장군이 부하를 성추행한다는 것은 성추행이 그만큼 만연하다는 말이며, 장군이 공금을 횡령한다

는 것은 공금 횡령이 그만큼 만연하다는 증거가 된다.

물론 군의 기강해이에 관한 문제는 오래전부터 지적되어 온 광범위한 문제이지만, 특히 근간에 들어서는 대장계급을 비롯한 고위급 장군들까지 기강이 해이되고 도덕적으로 문란한 모습을 보였다. 그리고 국민들은 그런 어처구니없는 모습을 보면서 분노와 안타까움을 표시했다. 언론에 보도되는 것은 빙산의 일각에 불과하다는 점에서 우려가 크다. 물론 당사자들은 궁색한 변명으로 구실을 삼지만 국민의 입장에서 용납하지 못할 일들이다.

입으로는 안보를 외치고 경계태세를 말하지만 정작 고위급부터 매너리즘에 빠져 스스로가 안보불감증에 빠진 것이 아닌지 의심된다. "추호의 흐트러짐도 없어야 한다."라는 말은 책에서나 나오는 말이 아니다. 군대를 지휘하는 지휘관은 어떤 면에서도 흔들리지 않는 마음가짐을 지녀야 한다. 그래야 국민이 군을 신뢰할 수 있다. 여기서는 언론에 보도된 사실만으로 고위급의 기강 해이 문제를 논의하고자 한다.

지금 한국의 국민들이 묻고 있다. "응답하라, 국방지휘부여! 도대체 당신들은 누구를 위해 어느 시대의 국방을 이루고 있습니까? 한국의 국방태세 이상이 없습니까? 말이 아닌 행동으로 보여 줄 수 있습니까?"

→ 최고의 지휘관 대장들의 음주 사건

"한국군 별 4개의 수준이 이 정도라니 한심스럽다. 한국군은 전쟁 나면 6·25전쟁 때보다 더 처참하게 당하고 말 것이다. 힘 한 번 못 써보고 우왕좌왕하다 전멸당하고 말 것이다. 세금이 아깝다."

"대통령 순방기간, 경계강화 지시가 나온 상태에서 대장이 음주 추태라니, 왜 굳이 대통령이 없는 시간에 모교를 방문하나? 몸도 못 가누고 군복을 풀어 헤치고 화장실을 왜 통제하나? 화장실까지 통제하는 것이 대장이 할 짓인가?"

"적은 항상 우리의 허점을 노린다. 유비무환으로 경계해야 하는 것이 지휘관의 도리이다."

"도대체 사관학교에서 무얼 배우는 거야?"

이상은 2014년 6월 육군 1군 사령관(육군대장)의 음주 추태 사건 보도에 대한 네티즌 반응이다. 물론 다소 과장되어 표현되는 부분도 있지만, 육군대장이라는 높은 계급의 지휘관이 벌인 어처구니없는 행동과 그 뉴스를 접한 국민들의 심정이 반영된 글이다. 군이 그동안 국민들에게 보여 준 신뢰할 수 없는 일들에 대한 심정을 복합적으로 표현한 말들일 것이다. 이런 말들을 적는 이유는 그런 불신들이 국방지도부가 인식하는 것과는 비교할 수 없을 정도로 크고 광범위하다는 것을 인식시키기 위함이다.

1군 사령관의 음주 사건에 국민이 분노하는 데에는 그만한 이유가 있다. 천안함 사태 당시에 군을 지휘해야 할 합참의장이 사건 발생 시점에 대전까지 내려가 술에 취하는 바람에 군을 지휘하지 못했기 때문이다. 한편, 2015년 8월 휴전선에서 목함지뢰 사건이 발생할 당시에도 합참의장이 음주를 하고 있었다는 사실이 보도되어 곤욕을 치러야 했다. 물론 당사자가 행동의 정당성과 보도내용이 사실과 다르다는 것을 몇몇 예로 들어 해명했다. 그러나 분명히 따져야 할 몇 가지 문제들이 있다.

첫째, 이미 수개월 전에 (육군참모총장에게) 보고를 했기 때문에 위수구역을 이탈한 것은 문제가 없다는 억지 주장이다. 대통령이 해외순방을 가고 합참에서 경계 강화를 지시하면 계획되어 있는 행사도 취소해야 하는 것이 지휘관으로서의 올바른 판단일 것이다. 계급이 높을수록 건전하게 판단해야 할 일들이 더 많아진다.

둘째, 부축이 필요할 정도로 술을 마셨다는 점이다. 적이 도발하는 상황이라면 분초를 다투어 상황을 판단하고 조치해야 하는 것이 지휘관의 기본적인 임무이다. 그런 점을 망각하고 취하도록 술을 마셨다는 점은 어떤 의미에서도 비난을 피하기 어렵다.

셋째, 위수구역을 이탈했다는 점이다. 지휘관이 되면 가장 힘든 부분이 행동에 제약을 받는다는 점이다. 한국 지상군의 지 휘구조 문제에도 이 일을 대입해 보자. 군사령관은 군단장과 사단장을 거느린다. 만일 국지전인 도발이나 부대에서 사건이 발생했다면 합참에서 가장 먼저 찾을 지휘관은 사단장이다. 합참과 사단장 사이에 있는 군사령관과 군단장은 평시에도 전시에도 불필요한 조직이다.

→ 장군들의 부하 여군 성추행

장군들이 앞장서서 성군기를 문란케 하면 60만 군대의 성군기가 문란해진다. 언론은 한국군의 여군들은 성군기의 사각(死角)지대에 놓여 있다고 우려한다. 그동안 간간이 군대의 성추행 사건이 보도되기는 했지만, 고급 지휘관들의 부하 여군 성추행 사건은 한국군의 여군 문제를 다시 한 번 더 돌아보게 한다. 그중에서 대표적인 사례가 특전사령관(2012년), 사단장(2014년) 그리고 여단장(2015년)의 부하성추행 사건이었다.

최근 한 여군 장교가 상관의 성관계 요구를 거부하며 자살하는 안타까운 사건이 보도되기도 했다. 책임지고 부하를 관리해야 하는 고급장교들이 앞장서서 부하 여군을 성추행하는 것은 기강이 해이된 극단적인 사례이다. 고급 지휘관들까지 여군을 부하로 보지 못하고 여성으로 보고 있다는 것은 성추행이 만연하다는 반증이다. 언론에 보도되는 것은 빙산의 일각에 불과하다는 사실에 더욱 우려가 크다.

일순간에 전격적으로 전투병과에 이르기까지 여군에게 문호를 개방한 정부와 국방지도부의 무책임한 행동에 대해서도 비판한다. 당연히 20년, 30년의 충분한 기간을 두고 점진적으로 개방했어야 옳은 일이다. 아직도 성에 대해 폐쇄적인 한국군이 전투병과에까지 전격적으로 문호를 개방하여 얻는 전투력의 상승보다는 이로 인한 부작용과 전투력 손실이 더 크다. 단 한 명의 여군 때문에 부대의 시설을 다시 고쳐야 하고, 99%의 남자 군인들의 행동이 제한되는 문제도 발생한다.

물론 선진국들은 여군에게 문호를 개방하고 대부분의 제한을 철폐했지만, 한국처럼 하루아침에 갑자기 시행한 것이 아니라 오랜 준비와 논의를 거쳐 오늘에 이르렀다. 미군도 먼저 지원부서부터 여군에 문호를 개방했고 점진적으로 전투병과에까지 여성을 진출시켰다. 그렇게 완성하는 과정에는 30년이 걸렸다. 그러나 아직까지도 제한이 계속되고 있다. 특히 한국의 사회구조와 문화, 이성에 대한 인식이나 성적 평등은 선진국들과 비교할 수 없을 정도로 취약하다. 그만큼 더 오랜 기간을 두고 충분한 준비와 논의를 거쳐 점진적으로 문호를 개방하고, 군에서도 충분히 대비하여 여군을 받아들이는 것이 올바른 선택이었을 것이다.

대부분의 한국군 지휘관들은 자신이 지휘하는 부대에는 여군이 없기를 바란다. '여군 받기를 꺼린다.'는 표현이 더 정확할 것이다. 성추행과 같은 성군기 문제에 신경을 쓰느라 정작 본업인 전투 문제 해결이 뒷전으로 밀리기 때문이다. 성군기 문제가 발생하면 부대전체의 업무가 마비된다. 이 사람 저 사람이 조사기관에 불려 다녀야 하고 부대의 분위기도 일순간에 얼어붙는다. 불필요하게 지휘관까지 의심을 받는다.

어떻든 한 번 시행된 정책이니 다시 되돌리기는 불가능한 일이고, 향후 이런 일들이 되풀이되지 않기를 바라면서 이와 관련된 몇 가지 문제를 논의해 보자.

첫째, 한국군 지휘관의 폐쇄적인 사무실 구조이다.

선진국들은 업무 효율성 증진과 여성의 진출을 대비하여 지휘관의 사무실을 포함하여 모든 사무 공간을 개방형으로 만들었다. 영국의 국방부나 미국의 지휘관 사무실을 가 보면 얼마나 개방적으로 사무 공간이 구비되어 있는지 한눈에 볼 수 있다. 영국국방부는 장(차)관 그리고 대장계급만 유리벽(2~3면) 사무실이고 나머지 모든 장군들은 파티션 구조의 개방형 사무실에서 근무한다. 한국군 지휘관들의 집무실에는 내실까지 마련하는데, 이것 역시도 반드시 없애야 하는 불필요한 공간이다. 실제로 문제가 되었던 지휘관은 내실에서 부하 여군을 성추행했다는 말이 있었다.

둘째, 한국적인 업무 구조와 군대 조직의 특성이다.

선진국은 권력으로 인식되는 조직 구조와 업무를 모두 개방하여 공개적으로 운영한다. 한국군은 지휘관이 마음만 먹으면 부하의 인생까지 바꿀 수 있다. 가장 중요한 근무평정과 진급 등을 결정하는 권한을 가지고 있기 때문이다. 선진국의 군대는 이런 후진적인 상하관계를 없앤 상태에서 여군을 수용했다. 여군을 부하로 둔 한국군 지휘관은 그 부하 여군을 지휘하는 것이 아니라 소유하려는 욕심을 보인다는 지적을 받는다.

지휘관의 인성도 문제가 있지만, 그렇게 인식하게 만드는 수직적인 업무 구조가 더 큰 영향을 미친다. 한국 사회의 성에 대한 인식이 아직도 여군을 수용하는 선진국들에 비해 턱없이 부족한 현실이다. 특히 군대 조직의 특성에 비춰 보면 여군을 수용하기에는 너무나 척박하다. 예를 들어 생존훈련이나 비상훈련 등에서는 남녀를 구분 지으면 훈련 그 자체가 불가능하거나 의미가 없다. 성에 대한 사회적인 인식이 성숙되어야 비로소 군대에 여군을 수용할 수 있다.

셋째, 충분한 여유 인력을 확보하지 못한 문제이다.

이 문제는 제목과는 동떨어진 것이나 여군과 관련된 중요한 문제이고 또 잘못된 정부의 정책을 비판하는 측면에서 거론한다. 한국군의 지휘관들이 여군을 꺼려하는 이유는 출산(육아)이라는 한 가지 문제로도 설명이 된다. 여군이 출산휴가를 떠나게 되면 그 자리는 다른 장교를 보충하는 것이 아니라 공백의 상태로 남겨진다. 그 장교를 대체해 줄 여분의 인력이 없기 때문이다. 예를 들어 어떤 초임의 위관장교가 2명의 자녀를 출산한다고 가정하면 위관장교 생활의 대부분을 출산휴가로 보내게 된다. 자녀 1명 출산에 최대 3년까지 출산(육아)휴가가 법적으로 보장되기 때문이다. 위관장교는 군을 익히고 또 가장 바쁘게 일해야 하는 중요한 시기이다. 출산휴가를 떠나면 그런 일은 불가능하다. 자녀 2명만 출산하면, 그 자녀를 출산하고 양육하는 것으로만 위관장교 기간을 보내는 경우가 된다. 부대의 규모가 크다면 1~2명의 위관장교가 없어도 빈자리가 드러나지 않는다. 그러나 부대의 규모가 작을수록 지휘관을 중심으로 하나의 팀으로 움직이는 조직이고 한 사람의 장교는 팀의 주축이 되기 때문에, 그 빈자리는 고스란히 전투력의 공백으로 남게 된다. 마구잡이식으로 여성에게 군대를 개방하기 전에 이런 구조적인 문제들부터 해결하는 노력이 필요했다. 포퓰리즘 정치인들의 근시안적인 정책은 군대에 크나큰 피해를 야기한다. 정권에만 아부하며 그런 근시안적인 정책을 막지 못하는 무능한 국방지휘부는 결코 책임을 면치 못할 것이다. 여성을 비하하는 측면에서 주장하는 것이 아니니 오해가 없기를 바란다. 여성을 위한다는 정책이 여성 피해자를 양산하는 결과를 초래하기 때문이고, 그런 사례들이 수없이 많은 현실이 안타까워 거론한 것이다. 또한, 장기적인 안목에서 모든 문제들을 세밀히 검토하여 점진적이며 흡수가 가능한 수준으로 여군정책이 시행되지 못한 점을 비판한 것이다. 물론 여성의 입장에서는 군인이 준공무원 신분으로 안정적이며 대우와 혜택이 좋은 직업으로 선호할 수 있다. 그러나 그 '선호'라는 것에만 초점을 두고 현실을 무시하는 정책은 결코 바람직한 것이 아니다.

군대는 전쟁을 하는 곳이지 결코 정치인이 표를 얻는 표밭이 아니며, 밥벌이의 호구지책도 아니다.

→ 장군(제독)의 공급 횡령

한국군은 부정과 부패가 일상화되고 정의가 사라진 지 오래다. 더 큰 문제는 그것들에 대한 불감증이 도를 넘는 수준이라는 점이다. 장군이 군함의 유류비, 병사들이 먹어야 할 부식비를 착복했다는 한 가지 사실만으로도 입증된다. 단순히 한두 사람의 비리를 들추기 위해 글을 쓰는 것이 아니다. 한국군 전체의 예산이라는 것에 대한 잘못된 사고방식을 비판하고 개선책을 촉구하기 위한 목적이다.

해군의 청해부대를 지휘하던 해군제독이 공금을 횡령했다는 보도가 있었다. 군함의 기름을 사야 하는 예산과 장병들의 부식을 구입해야 할 예산을 빼돌려 양주를 비롯한 목적 외의 물품을 구입했다는 내용이다. 이런 일이 어찌 이번뿐이겠는가? 물론 본인은 돈으로 구입한 양주를 부대원을 격려하는 데 사용하는 등 개인적으로 착복할 의도는 아니라고 주장하지만, 변명의 여지가 없는 명백한 범죄행위이다. 예산을 사용하는 데 있어 정의가 무너져 있고, 도덕성이 결여된 도적(盜賊)성만 무성해 있으며, 뇌물은 일상이 되어 있고, 감시조직(기무사)이 기능을 못하고 있다는 반증이다. 해외로 나가는 지휘관은 그 부대를 운영하는 데 필요한 예산을 갖고 나간다. 그 예산들은 극한의 상태를 예상하여 상정된 것으로, 현실에 비추어 여유가 있다. 예를 들어 부식비는 병사들이 365일 부대에서 밥을 먹는 것으로 예상하여 예산을 책정한다. 그러나 외국에서 병사들은 외출과 같은 사유로 영내에서 밥을 먹지 않는 경우가 발생하므로 그만큼의 예산이 남게 된다. 현지인과 작당하거나 외국어로 된 영수증 한 장만 남기면 쉽게 예산을 빼돌릴 수 있는 여지도 충분하다. 항목별로 남는 예산은 모두 국고로 환수시켜야 하는 것이 엄연한 규정임에도 불구하고, 이렇게 남는 예산에 지휘관이 꼼수를 부려 소진시킨다.

가장 많이 사용되는 용처가 이미 보도된 것과 같은 양주나 여성들이 사용하는 고가의 명품 선물 구입이다. 그런 물품들은 당연히 귀국하여 자신의 이름을 팔아 상부와 권력기관에 보내는 뇌물로 사용된다. 예산이 남았다고 국고에 환수하는 정의파 지휘관은 오히려 조롱과 멸시의 대상이 된다. 나(군대)의 돈을 타인(정부)에게 내주었다는 것이고, 그만큼 이후에 책정되는 예산이 삭감되어 나오게 만들었다는 이유이다. 정의가 매장당하는 현실이다.

국방부는 지금까지 수많은 해외파병을 해왔다. 그중에서도 해군이 가장 많다. 사관학교 원양항해, 해외훈련, 친선방문 등이다. 이런 일로 해외에 나가는 군함들의 부정을 차단하기 위해 권력기관의 감시요원(보안요원)들을 군함에 동승케 했다. 지휘관이 공금을 유용하거나 뇌물성 물품을 구매하지 못하도록 감시하는 한 가지 목적으로 고급 인력들이 수개월 동안 할 일 없이 군함에 타고 나간다. 그러나 부정에는 그들도 예외가 아니었다. 지휘관은 감시요원부터 챙겨서 입을 막고 감시요원들은 눈을 감는다.

한국군은 그 부패마저 부패가 아닌 관행으로 착각하는 경향이 높다. 한국군이 잘 아는 미군과 비교했을 때도 그 차이가 확연히 나타난다. 미군 장교들은 공금을 천금같이 여긴다. 단 1달러만 유용하거나 착복해도 중대한 범죄를 저지를 것으로 인식한다. 그래서 1달러짜리 영수증도 소중히 챙긴다. 연합훈련이나 회의 등에서 만나는 미군의 지휘관들은 정말로 가난하게 논다. 세계에서 가장 부유한 국가의 군대 지휘관이 저렇게 옹졸한가 오해할 정도이다.

예를 들어 한미장교들 간의 친선운동을 미군이 주관하면 공금이 아니라 장교들 개인 호주머니에서 추렴한다. 반면에 한국군 지휘관은 미군 지휘관에게 밥 사 주고 술 사 주는 돈이 풍족하다. 양주로 폭탄주를 만들어 억지로 마시게 하고, 한우고기를 풍족하게 사 준다. 미군은 한국군 장교에게 공금으로 햄버거 한 개 사 주는 것도 정확하게 영수증을 첨부해야 한다. 한국군 지휘관들은 미군 지휘관들에게 거창해 보이는 선물을 아끼지 않지만, 미군의 지휘관들은 동전처럼 생긴 코인(coin) 한 개나 작은 것들을 선물한다. 지금의 한국군 지휘관에게 지급되는 격별비와 같은 소모성 경상경비를 90%를 삭감하고 10%로 줄여서 지급해도 군대를 유지하는 데는 아무런 문제가 없을것이다. 오히려 부정의 소지도 사라지고 예산을 소중히 여기는 의식이 강해진다. 참모총장을 비롯한 모든 지휘관들이 허비하는 선물비는 한국군의 예산에 대한 인식을 그르치는 주범 중 하나다. 선진국은 아무리 계급이 높아도 선물로 사람의 환심을 사겠다는 저급한 발상은 하지 않는다. 오직 실리와 실력만을 주장한다.

모든 예산과 관련된 비리를 감시와 규제를 통해 없앨 수는 없다. 그 사람의 윤리나 도덕에 의존하면 도적의 심리만 자극한다. 그 예가 공금 횡령이다. 비리를 원천적으로 차단하는 방법은 오직 공개를 통한 투명성 확보밖에 없다. 권력기관으로 감시를 하라면 오히려 그 권력기관이 부패를 조장한다. 비리를 막겠다고 업무체계를 복잡해지면 그 복잡한 업무를 처리하는 데 인력만 낭비되고 공금이 빠져나가는 구멍의 개수만 늘어난다.

결국 공금이 유용되는 것을 막으려면 예산의 시작부터 끝까지 낱낱이 공개해야 한다. 오늘날의 전자 플랫폼 시대에는 식은 죽 먹기와 같이 쉬운 일이다. 결과보고서에 간단히 액수만 적어 넣는 방법은 아무런 가치가 없다. 몇 사람을 지정하여 영수증을 챙겨 보라고 말하는 것도 의미가 없는 짓이다. 이는 감시가 아닌, 부패를 합리화하는 방편으로 전락한다. 예산에 확실하게 꼬리표를 달아서 예산에 관계되는 모든 관계자들이 세세하게 확인할 수 있도록 전자플랫폼 체계와 같은 방법으로 공개해야 한다.

국방의 모든 부정과 비리는 작은 것에서부터 시작된다. 그리고 그것은 조직이 확장되고 계급이 높아지는 과정에서 기하급수적으로 확대 재생산된다. 군대라는 조직을 폐쇄하고 기무사라는 권력조직으로 비리를 감시하는 전근대적인 시스템에서는 국방과 관련된 그 어떤 부정이나 비리는 절대로 없어지지 않는다.

국방의 예산은 먼저 보는 사람이 임자가 아니다. 할당된 예산이라고 모두 소진해야 하는 것이 아니다. 예산을 사용하는 사람은 뭔가 남는 것이 있어야 한다는 의식도 팽배하다. 떡을 만지면 손에 떡고물이 묻는 것을 당연한 처사라고 생각하는 의식을 그 떡고물은 영구히 손에서 지워지지 않는 물질이라는 의식으로 바꾸어야 한다.

→ 군사기밀 유출 문제

방산비리를 조사하는 과정에서는 예비역 장군을 포함한 고위급 장교 출신들이 무기 도입과 관련하여 외국 업체에 군사비밀을 넘겨 왔던 것으로 밝혀졌다. 이런 비밀들은 모두 방위사업청이나 군대에 있는 현역이나 감독하는 기관의 종사자들을 통해 외부로 유출된 것들이다. 비밀을 간수해야 하는 문지기들이 비밀을 유통시키는 창구가 된 것이다.

특히 무기 중개업에 종사하는 업에 종사하는 경우에는 앞에서 언급했던 것과 같은 이유로 사업과 관련된 비밀들을 캐내기 위해 군에 있는 후배들과 연줄을 활용한다. 그런 로비에 놀아나는 모습에서 한국군의 기강이 해이된 모습이 여과 없이 드러난다.

최근에는 군사비밀의 유출을 막는 일로 업을 삼고 있는 기무사 소속의 영관장교가 중국에 군사기밀을 넘기는 일이 있었다. 또한 무기중개업자의 사무실을 수사하는 과정에서는 업체의 창고에서 다량의 군사기밀이 발견되었다는 보도도 있었다. 군사기밀을 헌신짝처럼 버리는 군의 기강 해이로밖에 볼 수 없다.

누구나가 인식하듯이 군사비밀이라는 것은 군이 목숨과 같이 소중하게 여기는 보호의 대상이다. 로비를 통해 비밀을 빼돌리겠다고 나서는 사람들도 지탄을 받아 마땅하지만, 군의 내부에 있는 공모자들은 어떠한 이유에서도 용서받지 못할 범죄자들이다. 나사가 풀려도 한참 풀려버린 모습이다.

이미 앞에서도 논의한 바 있지만, 획득사업과 무기의 하드웨어를 지나치게 비밀로 간수하는 정책에도 문제가 있다. 내용상으로 볼 때 전혀 비밀이 될 수 없는 것들도 그냥 보안 유지라는 맹목적인 목적에 비밀로 분류하고 간수하니 그것을 빌미로 특정 조직이 권력을 행사하고, 로비를 통해 그 비밀을 빼돌릴 수 있는 무기업자들만 이익을 얻게 된다. 그에 반하여 많은 예산을 투입하여 획득하는 무기는 예산에 비해 턱없이 성능이 부족하게 된다. 폐쇄를 통해 얻어질 것은 비리와 무기의 질적 저하밖에 없다.

→ 정의롭지 못한 군 골프장의 꼼수 운영

군이 본래의 목적과 의도와 다르게 행동하는 것은 모두 기강 해이에 해당된다. 군이 골프장의 건설과 운영에 꼼수를 부리고, 골프장을 둘러싼 잡음이 거치지 않는다. 또한, 한국형 골프문화에 몰입하고 고급인력을 골프장 운영에 투입하는 것은 본연의 목적인 전쟁 업무를 도외시하는 것으로 엄연한 기강 해이의 모습이다. 골프장에 대한 분명하며 근본적인 개혁이 필요하다.

군이 골프장을 운영하는 것이 정의롭지 못하고 전투력 향상에 도움이 되지 않는다는 점은 군의 지휘부도 스스로 인정한다. 당장 위기상황이 닥치면 제일 먼저 골프금지령부터 내리는 것으로 군의 골프에 대한 속내를 알 수 있다.

"한국군 장교가 주중에 골프 이야기로 소일하고 주말마다 골프장에나 나갈 것이면 골프선수가 되지 왜 장교가 되었나?" 이 말은 업무를 뒷전으로 미루고 골프에 몰입하는 장교들을 나무라는 어느 육군참모총장의 말이다.

군대의 골프장은 고위급 정치(성향이 높은) 군인들, 권력기관, 예비역(고위급 위주), 고위급 현역과 예비역의 가족 그리고 그들의 지인들의 놀이터라는 비판을 받는다. 그런 놀이터를 짓고 운영하는데 한 해에 수백억 원의 장병복지예산을 유용하고 갖은 꼼수로 유지하는 것은 정의롭지 못하다. 지휘부와 고위급의 명백한 기강 해이에 해당한다.

군은 골프장의 직접운영에서 손을 떼야 한다. 지금의 '한국형 골프'에서 건전한 레저로 자리매김할 수 있도록 시급하게 개혁해야 한다. 그것은 국방개혁으로 가기 위해 거쳐야 하는 필수적인 관문이기 때문이다. 수익금을 복지금이라면서 참모총장이 이 사람 저 사람 불러 모아 성대한 만찬을 열지만, 그것은 참모총장의 위신 세우기에 불과하다. 그렇게 술을 마시는 여유, 돈과 시간을 즐기는 것이 한국군의 폐단이다. 그런 모습에 현혹되어 너도나도 장군이 되고 참모총장이 되고자 기를 쓰고 덤비는 것이 현실이다. 선진국의 그 어떤 나라에서도 찾아볼 수 없는 한국형 골프의 부산물들이다.

→ 장교들의 사조직 결성, 정치군인 그리고 군의 정치화

장교들의 기강 해이의 결정판이 사조직 결성과 군의 정치화이다. 정치군인들은 군인이 아니라 군복으로 위장한 정치인들이다. 그들은 군을 위하는 것이 아니라 군을 자신들의 정치적인 목적에 이용했다. 군대의 지휘 구도를 권력과 지배력의 구도로 만들어 보스로 군림했다. 권력기관으로 지휘관들을 옥죄는 비열한 방법으로 군조직을 지배했다. 대표적인 군의 사조직으로 신군부의 하나회를 비판한다. 그들은 군대의 요직을 자신들만의 리그로 만들어 모든 권력을 독식하면서 참군인들이 국가를 위하는 길을 막아 버렸다. 오직 정권을 잡기 위한 한 가지 목적으로 군대를 동원하여 국가와 국방의 지휘체계를 무너뜨렸다. 그런 과정에서 국민과 전우의 가슴에 총부리를 겨누었다. 나라를 수호하는 일을 미군에 맡긴 채 전선을 지켜야 할 병력을 동원하기도 했다.

군사정권의 폐해는 국민의 지판을 받아 마땅하다. 왜냐하면 정치군인들이 이룩한 오늘의 국방은 비정상적인 것들이 대부분이며, 이를 정상화해야 하는 거대한 유산을 남겼기 때문이다. 따라서 이 책을 통해 모든 분야에서 정치군인들의 유산과 이를 청산하기 위한 개혁을 되풀이하여 논의하고 있는 것이다. 이것은 비단 군대라는 조직에만 국한된 것이 아니고, 한국의 모든 관조직과 한국 사회 전체에 해당되기도 하는 중요한 문제이기도 하다.

하나회는 군사정권의 군인 출신 대통령들의 비호 아래 권력을 독식하였다. 특히 12·12로 권력을 움켜 쥔 이후에는 군부의 요직을 독차지하며 자신들만의 리그로 만들어 전횡을 일삼았다. 하나회 회원들은 참모총장을 비롯하여 기무사령관, 수방사령관, 특전사령관, 청와대경호실, 육군본부의 인사요직을 독실하다시피 차지하면서 특권을 누리고 진급과 이권에서 각종 특혜를 누렸다. 군의 정치화와 사조직은 나머지 99%의 침묵하는 장교들의 사기를 저하하고 군대를 이간질하는 것으로 결코 용서받지 못할 일이다.

→ 고위급의 '공(公)과 사(私)'에 대한 분별력 저하

고위급 장교들의 공과 사를 구분하지 못하는 모습들은 너무나 흔한 일이지만, 언론에 보도된 사실 한 가지로 주장을 펼쳐 보겠다. 어떤 참모총장이 대학에서 '명예박사학위'를 취득했다고 행사 사진과 함께 기사가 게재되었다. 업무 시간에 수행원들을 거느리고 대학에 방문하여 수여식을 하는 것이 과연 공적인 일인지 따져 보자.

조직을 위한 공적인 일이 아닌 참모총장 개인의 사적인 일로 업무 시간에 수행원들을 거느리고 하루를 소일한 것이라면 당연히 위법사항에 해당한다. 참모총장이 명예박사학위를 받는다고 조직의 명예나 지적 수준, 조직원들의 사기가 상승한다고 강변하는 것은 어불성설이다. 국방부 장관에게 보고하여 허락을 얻었다고 변명할지 모르지만 별 4개를 단 최고계급이 시시콜콜 누구의 허락을 받아야 하는 것이 아니다. 보고를 받은 국방부 장관의 입장에서 어이가 없는 일이라고 느끼더라도 알아서 하라는 식이지 따져 물을 일이 아니다. 스스로 판단하고 올바르게 행동할 줄 모르면 그것은 별을 허투루 달았다는 증거다. 이와 같은 일은 절대로 공적이지도 정의롭지도 못하다. 그 이유는 다음과 같다.

첫째, 참모총장이 그렇게 하루를 소일해도 된다면 모든 장병들도 동일한 모양으로 하루를 소일할 수 있다. 업무의 시간을 준수하는 것은 아무리 계급이 높은 참모총장이라고 해도 결코 소홀하지 못할 일이다.

둘째, 별 4개를 단 참모총장이 명예박사를 받으면 누구에게 이득일까? 그리고 그 대학은 왜 참모총장에게 학위를 수여하기를 원할까? 당연히 본인에게는 상당한 명예가 될 것이 분명하다. 대장에 박사 타이틀까지 더하면 금상첨화가 된다. 다음은 그 대학이다. 별 4개를 단 참모총장이 동문이 되니 군에 미치게 되는 영향력은 당연히 커지게 된다. 그 대학의 총장은 장교(武)들에게 문(文)의 힘을 발휘하는 계기를 마련한다. 왜 그 대학은 별 4개에게 근거도 희박한 명예박사를 수여하겠는가? 대학들은 군인학생을 유치하고 군에서 연구 용역사업을 따내기 위해 경쟁하는 이권관계가 형성되어 있다. 이런 환경에서 과연 참모총장이 특정 대학에서 수여하는 명예박사를 받는 것이 명예로운 일인가?

셋째, 총장을 수행하는 수행원들은 하루를 업무 외적인 일로 소일해야 하며, 거대한 본부라는 조직은 하루 동안 의사결정자가 없어 업무를 미루어야 한다.

넷째, 학위를 주고받는 그 행사만으로 끝난 일이 아니다. 그 일 때문에 대학 관계자가 본부를 방문하고, 만찬이니 친선행사니 업무 연락과 선물 교환 등의 일로 인력과 예산을 사용해야 한다. 그 낭비된 인력의 공시와 예산이 얼마나 될지는 모르지만, 결코 공적인 일이 아닌 순수한 참모총장의 개인적인 일에 인력과 예산이 낭비된 것이 자명하다.

다섯째, 장교와 집단에 학위에 대한 동경을 불러오게 한다. 전쟁이나 위기관리와 같은 군 본연의 업무와는 아무런 관계가 없는 지극히 참모총장의 사적인 일로 인력과 예산을 낭비하고 업무시간을 허비하는 것은 그 어떤 이유에서도 변명하지 못할 일이다. 고위급 장군의 공과 사를 구분하지 못하는 기강 해이이다. 만일 참모총장 일을 하면서 박사급의 지식에 버금가는 전문성을 발휘하였고 그 성과가 인정된다면, 임무가 끝나고 야인이 되어서 그 학위를 받으면 된다. 개인의 성과를 누가 가로채 갈 일도 아니다. 무엇이 그렇게 급하고 위중해서 굳이 현직의 참모총장이라는 신분에서 그런 모양내기 행사를 해야 하는가?

이 모습을 예로 드는 것은 '참모총장의 그런 허례허식'을 후배들이 본받는다는 것을 강조하기 위함이다. 개인의 명예박사학위를 조직과 분리할 줄 모르는 고위급의 기강해이를 냉철히 생각해 보자는 의도이다. 한국군은 지위가 높아지면 '내가 하는 일은 모두 공적인 일'이라는 자아

도취에 빠져 하부조직원들을 수족처럼 부리려고 하는 경향이 매우 강해진다. 권한이 집중된 직위를 무소불위의 권력으로 인식하는 후진적인 문화가 팽배하기 때문이다.

04. 잘못된 제도와 후진적 관습 그리고 문화

: 5·16 이후 30년 동안 지속되어 온 군사정권은 군대와 한국 사회에 군국주의 일본군의 퇴폐적인 군사문화를 뿌리내리게 했다. 그동안 전투형 부대 육성을 강조해 왔지만 여전히 집단 이기주의가 팽배하고 관료형 행정 군대라는 지적을 받는다.

이러한 군대 지휘관의 특징은 지휘를 하는 것이 아니라 호통만 치고, 지침을 주어야 할 사람이 보고나 독촉하며, 조직을 관리하는 것이 아니라 지배를 추구하고, 솔선수범으로 리드해야 할 사람들이 군림만 추구한다는 것이다. 조직 간의 관계에도 협조가 아니라 고집만 내세우고, 협의가 아니라 아집만 부린다. 그런 군대의 지휘부는 일상적인 업무가 낙후되고 위기의 상황이 발생하면 상황에 지배를 당하여 오합지졸이 된다. 한국군에는 선진국 군대에서 이미 사라진 제도와 관습들이 조직을 지배한다. 이로 인해 업무의 효율성이 저하하는 것은 물론이고 부정과 부패 그리고 비리에 취약한 모습을 보여 국민이 안타까워한다. 선진국 군대들은 합리주의 정신에 입각하여 끊임없이 개혁해 오고 있다. 개혁 그 자체가 일상이라고 해야 정확한 표현이 된다.

조직의 진화란 오직 업무 구조의 수평화, 지휘 구조의 단순화, 유사

조직의 통폐합, 참모조직의 축소, 대장계급을 포함한 장군들의 업무 체질 개선, 사무환경의 개방화, 의전예우 없애기 등을 통해서만 가능하다. 근본적으로 지휘부를 개혁하지 못하는 그 어떤 형태의 개혁은 모두 개악이다. 한국군의 모든 문제의 근원은 지휘부 그 자체에 있다.

그렇다면 한국군은 왜 개혁을 하지 못하고 있는가? 이 문제는 업무의 영역을 권력과 지배력으로 인식하는 후진적인 조직지배의 발상에서 기인한다. 즉, 지휘관에게 권한을 주어 조직을 지배하게 하고 그 지휘관을 권력기관으로 감시하게 하는 구조를 만들어 조직과 지휘관을 옥죄는 후진적인 군사정권의 발상 때문이다. 그 결과, 군대라는 조직과 업무의 발전은 불가능해지고 조직은 본래의 목적과 기능을 발휘하지 못하게 되며, 권력의 부패와 지휘부의 무능과 비리가 양산된다.

→ 한국군과 한국 사회를 오염시킨 정치군인 집단

국가의 제도는 한번 만들어지면 고치기 어렵다. 장기적인 비전이나 국민적 합의가 없는 제도는 조직과 국가를 병들게 한다. 정치군인들의 군사정권 30년이 한국군과 한국 사회를 멍들게 했다. 합리주의 사상에 입각한 서구 민주국가들의 군대를 '진짜 군대'라고 볼 수 있다. 그에 반해 20세기 초 아시아 정벌이라는 제국주의 망상에 사로잡힌 군인들이 국가를 지배하던 군국주의 일본 군대를 '가짜 군대'라고 주장한다. 진짜 군대는 국민의 뜻에 따라 군대가 사용되지만 군국주의 군대는 군인이 국민을 지배하면서 독단적으로 행동하는 무력집단이 되기 때문이다.

한국군과 한국 사회를 이 지경으로 만든 장본인들은 정치군인, 군복으로 위장한 정치인, 즉 '가짜 군인'이다. 일단의 극단적인 정치군인들이 군인의 본분을 망각한 채 국민을 배신하고 국법의 질서를 유린하면서 정권을 잡고 정상적인 국가통치의 범위를 넘어 지배를 추구했다.

전쟁은 정치의 한 수단이다. 정치인은 전쟁을 이기기 위해 군대를 강화한다. 정치군인은 자신의 정치목적을 달성하기 위해 군대를 이용한다. 전쟁이라는 본업보다는 정치적인 입지 구축과 권력 유지에 군대를 사용한다. 정치군인은 군복으로 위장한 정치인들이다. 나라를 지키는 참 군인들을 괴롭히는 암적인 존재들이다. 군인의 본분은 나라를 지키는 일이다. 정치가 혼란하여 나라가 불안하면 단호히 군화 끈을 고쳐 매고 전선으로 나가는 것이 군인이 해야 할 일이다. 정치는 다차원의 세상이다. 이차원의 행정 분야에서 가장 단순한 전쟁의 원리로 정치를 판단하지 못한다. 정치는 우여곡절과 소용돌이를 거쳐 발전한다. 군인은 정치인들이 정치의 소용돌이를 안전하게 거쳐 가도록 나라만 지키면 된다. 그것이 군복을 입은 군인이라는 직업의 하나뿐인 본분이다.

선진국들은 전쟁이라는 목적에 최적화된 진짜 군대를 운영한다. 만약 누군가가 한국군의 지휘부 구조와 문화를 '가짜 행정 군대'냐고 묻는다면 단호히 그렇다고 대답할 수 있다. 그 이유는 다음과 같다.

첫째, 이미 민주국가의 주인의 신뢰를 잃었고, 그 주인을 배반하고 등한시했기 때문이다. 민주국가에서 국민의 군대로 인식하지 못하고, 국가를 위한 열린 군대가 아닌 군인의, 군인에 의한, 군인을 위한 군대로 인식하기 때문이다.

둘째, 지휘부가 전쟁이라는 본업을 등한시하고 업무 외적인 일에 몰두하기 때문이다. 본업을 등한시하면 존재할 가치가 없다.

셋째, 군대의 최고지휘관인 대통령이 전쟁을 수행할 수 없을 지경으로 지휘부가 관료화되어 더 이상 본연의 임무가 불가능하다고 선포했기 때문이다. 천안함 사태를 겪은 이명박 대통령은 군 지휘부의 관료화와 옥상옥의 지배적 업무 구조의 폐해를 실감했다.

넷째, 군대의 최고지휘관인 대통령이 군피아를 범죄집단으로 선포했기 때문이다. 방산비리를 목격한 박근혜 대통령은 비리가 만연한 군조직의 문제를 마피아에 비교했다. 대다수의 국민은 방산을 말하면 비리라고 인식한다.

다섯째, 국방 지휘부가 북한군 지휘부에 수없이 당하기만 할 뿐 최선의 대비책을 마련하지 못하고 있기 때문이다. 천안함을 수습하던 지휘부는 국민의 상상을 초월할 정도로 지휘권이 붕괴된 난장판과 오합지졸의 현장이었다.

여섯째, 주축인 육군지휘부가 지나치게 정치화 또는 정치 의식화되어 있기 때문이다. 특히, 국방에 영향력이 큰 특정 집단이 그런 경향이 강하다. 군대의 지휘관이 자신과 생각이 다르다고 국민이 뽑은 대통령을 무시하는 것은 국민과 대표자(대통령=국군통수권자)를 배반하는 행위이다.

국방의 지휘부가 하루빨리 선진화의 길로 접어들어 이기는 지휘부로 우뚝 서기를 국민들은 간절히 원하고 있다.

→ 조직의 관료화와 직무 미분화의 업무 구조

조직의 업무 구조를 상하로 길게 늘어세우는 모양을 옥상옥의 지배적 구조라고 한다. 또한, 업무를 수행함에 있어 형식과 절차만을 중시하는 것을 관료화라고 한다. 이런 옥상옥의 관료화 조직에서는 업무의 처리 시간이 증대되어 효율성이 저하될 뿐만 아니라 정보의 전달 과정에서 왜곡이 발생한다. 선진국의 조직은 계급이 높을수록 업무의 전면으로 나서지만 옥상옥의 관료화 조직에서는 인의 장막을 치고 뒷전으로 물러나 조직을 지배하는 것이 특징이다.

옥상옥의 관료화 업무 구조에서는 상부의 조직들이 자신이 해야 할 일을 하부조직으로 지시하고 하부조직은 또 다른 하부조직으로 지시하는 특징이 있다. 그 일을 맡은 부서는 권력을 쥔 의사결정자들이 아래 사람들에게 일을 미룬다. 권력으로 지배하는 지배적 업무 구조와 관료화를 부추긴다. 선진국과 같이, 조직도 개인도 일을 지시하는 상급부서나 개인이 직접 해결하는 것으로 인식과 제대를 바꾸어야 한다.

검토를 지시하는 조직이나 사람이 아무리 계급이 높아도 직접 자기 손과 머리로 처리하고, 그렇게 할 수 없는 사람은 진급할 생각을 못하게 하는 것이 선진국의 업무 구조이다. 한국군에서는 '일은 모두 아랫사람에게 시킨다.'는 인식이 팽배하다.

또한 선진국에서는 직무를 세분화하여 아무리 계급이 높아도 부하의 업무 영역에 침범하지 못한다. 직무가 세분화되지 못하여 업무가 하급자나 부서에 집중되는 것도 한국군이 가진 병폐이다. 조직의 업무 구조를 선진화하기 위해서는 지위고하를 막론하고 개인의 직무를 세분화하여 임무와 역할을 명확하게 지정하여야 한다. 물론 이렇게 하면 의사결정권자의 업무가 가중되는 현상이 발생하는데, 이는 선진화를 위한 불가피한 조치이다. "바쁘다", "힘들다"를 입에 담고 일을 하는데도 생산성이 낮은 이유는 업무가 여러 조직에서 중복되어, 나의 일이 아니라 남의 일을 하고 있기 때문이다. 따라서 바쁘다는 그 일의 내용을 세분화하고 구체화하고 개인에게 분담되는 선진군대의 조직을 따라야 한다.

→ 지휘관의 분리되고 폐쇄적인 사무 공간에서 잉태되는 후진성

사무실은 일을 하는 곳이다. 업무 시간에 권력과 권세를 과시하고, 할 일이 없이 잡담을 나누거나 낮잠을 자는 공간이 아니다. 그런 사무 공간은 이른바 국가를 좀먹는 골방통치의 공간이다. 권력과 지배력을 앞세웠던 정치군인들의 유산이다.

선진국들은 이미 오래전부터 합리주의에 입각하여 모든 사무실을 완전히 개방된 협업(co-working)의 공간으로 조성하였다. 협업자들과의 무제한적인 접근이 가능하고, 업무 시간에 업무외적인 일이 개입되어 업무를 방해하지 못하도록 하였으며, 특히 오늘날과 같이 여성이 사회에 많이 진출하는 것을 감안하여 모든 사무 공간을 더욱 개방화했다. 오직 일의 '효율성', 그 한 가지에만 집중하여 사무실의 구조를 갖춘다. 한 사람의 권위와 안락함을 추구하여 조직과 업무를 그르치는 행위를 서구의 합리주의는 용납하지 못하기 때문이다. 무엇보다도 그렇게 해야만 비로소 이기는 진짜 군대가 만들어지기 때문이기도 하다.

모든 지휘관과 고위급들은 지금 당장 자신의 업무 공간을 둘러보라. 그리고 그것이 과연 업무의 공간인지, 아니면 권력과 호화사치의 공간인지를 냉철히 평가해 보라. 정부의 모든 고위공직자들도 마찬가지다.

군이 국민의 세금으로 생색내기를 하고 업무 구조와 생산성의 낙후를 조장해야 하는가? 그런 공간에서 일어나는 일들을 '업무의 지시'라고 강변할지 모르지만 '자신의 일을 다른 사람에게 전가'하는 것에 불과하다. 지금의 한국군의 지휘관 사무실은 선진국의 장군들이 진짜 군대를 지휘하는 구조가 아니다. 정치군인들이 정치를 목적으로 만든 병정놀이의 공간이다. 진정으로 전쟁을 대비했다면 절대로 지금과 같은 구조로 만들 생각을 못했을 것이다.

고위급들의 폐쇄적인 사무실 구조가 군대와 국가의 선진화에 발목을 잡는다. 군대를 포함한 모든 조직의 의사결정자들은 어떠한 이유에도 업무 시간에는 그 업무를 같이하는 조직원들과 아무런 제한 없는 접촉이 보장되어야 한다. 그래야 진정한 협업이 이루어진다. 의사결정자가 업무 시간에 엉뚱한 짓을 하고 있으면 업무는 진행되지 못한다. 긴급을 요구하는 일에서는 업무가 마비된다. 사무 공간을 개방해야 여성의 인권 또한 보장된다.

개방형 공간에서 일하는 서구의 지휘관들은 업무 시간에는 오직 업무에만 전념한다. 불필요한 행사나 의전 따위에 관심과 시간을 할애할 이유나 여유가 없다. 외국에서 오는 방문 요청조차도 업무가 바쁘면 정중히 사양한다. 그런 공간에서 자신에게 할당된 책임과 권한을 가지고 고도의 직무 분석으로 업무의 경계를 명확하게 정하고 일한다. 자신의 일은 자신이 하고 그렇게 하지 못하는 책임과 권한은 모두 분산한다.

영국의 국방부를 방문해 보면 얼마나 개방적으로 사무 환경이 조성되어 있는지 한눈에 확인하게 된다. 장(차)관과 대장계급에게만 10평 정도의 2면 또는 3면이 투명한 유리벽인 사무 공간이 제공된다. 나머지 군인과 공무원은 계급의 고하를 막론하고 모두 공동사무실의 허리 높이 파티션에 책상 하나가 전부이다. 계급을 표시하는 별판을 붙일 장소나 공간이 없고 또 그럴 이유도 없다. 모두 국민의 세금이기 때문이기도 하다. 계급의 높낮이는 오직 출퇴근 시간과 책상에 쌓인 서류의 높낮이로 구분된다. 계급이 높을수록 빨리 출근하고 늦게 퇴근하여 근무 시간은 그만큼 길어지고, 또 그렇게 일하는 만큼 서류의 높이도 높아진다. 이런 업무 구조가 되어야 비로소 이기는 군대, 진짜 군대가 될 수 있다. 업무의 공간을 지배의 폐쇄된 공간으로 만든 정치군인들을 비판하는 이유가 바로 여기에 있다.

→ 권한의 집중과 의사결정 능력의 한계성 문제

책임과 권한은 등가의 법칙이 성립될 때 의미가 있다. 권한만 있고 책임은 없어지면 그 권한은 권력으로 둔갑하고 그런 권한들이 남용되면 '질이 나쁜 권력'으로 부패한다. 지휘관이 주체하지 못할 정도로 권력이 집중된 조직이 바로 기무사령부이다. 이 문제는 기무사 개혁에서 논의한다.

지금의 한국군 구조에서는 말단 하급부대(지휘관)의 사소한 일이라도 모두 본부(참모총장)가 책임져야 하는 것이 합당하다. 참모총장이 본부라는 조직을 통해 모든 권한을 행사하기 때문이다. 그런데 정작 일이 생기면 하부조직으로 책임이 전가되어 결국 하부조직의 지휘관이나 실무자가 책임을 떠안게 된다. 정책의 수립부터 세부시행까지 지시하고 감독하는 권한을 행사했다면 당연히 그 일에 무한 책임을 져야 하는 것이 이치에 맞다. 그러나 현재의 한국군 지휘구조는 상부에서 하부로 책임을 전가할 수 있도록 되어 있다. 이런 구조가 곧 불필요한 권한의 집중이고, 그런 권한들이 권력으로 둔갑하기 때문에 권한을 분산하여 장군급 부대장이 책임지고 업무를 수행하게 하는 구조로 선진화해야 한다. 권한이 있는 그 곳에 책임이 있어야 선진 조직이다.

지배력과 권력을 중시하는 한국 군대는 의전과 예우를 우선시한다. 정치군인들은 군대를 지휘하는 것이 아니라 군대를 지배의 조직으로 만들었고, 전쟁을 위한 조직이 아니라 병정놀이의 조직으로 만들었다. 업무의 영역을 지배력의 권력으로 둔갑시켜 일을 하는 것을 조직구성원을 지배하는 구조로 만들었다.

예를 들어 한국의 참모총장을 보자. 한국의 참모총장은 인사, 군수, 교육훈련, 작전지원 등에 관한 권한을 행사하기 위해 본부라는 거대한 조직을 거느린다. 본부에서 수행하는 정책에 관한 사항들은 국방부와 중복되는 것들이고 예하부대를 지휘 · 관리하는 기능도 옥상옥의 지휘 · 관리에 해당한다.

또한 2년 임기의 참모총장이 임기 동안 할 수 있는 정책은 매우 제한적이며, 통합성이 없는 자군 중심적인 것들이다. 예를 들어 인사권은 참모총장이 독점적으로 행사하는 권한이 아니라 별도의 인사조직(인사사령부)에서 공개적으로 운영해야 한다. 참모총장은 지금과 같은 지배적인 권한을 행사하는 것이 아니라 국방부에 들어가서 정책이 제대로 수립될 수 있도록 리더십과 업무 역량을 발휘하는 실무형으로 전환되어야 한다.

'본부는 거대한 소모적 집단이다.'라는 인식으로 미국은 참모총장이 실권을 모두 없애고 지휘권도 없는 단순한 최고 군사참모의 기능만을 유지한다. 합참의장도 마찬가지다. 군정은 국방부에서 정치인들과 민간인 전문가들이 수행하고 군령은 대통령과 대장계급의 지역사령관이 수행한다.

미국의 합참의장이 거느리는 합참조직은 대통령에게 군사작전을 조언하는 합참의장이 그 조언을 제대로 할 수 있도록 하고, 미국의 군사정책을 타국과 교류하는 군사외교의 정책을 수행한다. 본부라는 조직도 마찬가지다. 참모총장은 해군력의 발전이 정상적으로 국방정책에 반영되도록 정책을 제안한다. 또한 합참의장과 함께 대통령에 대한 군사참모 기능을 수행한다. 이렇게 별 4개의 대장급까지 자신의 몫을 직접 수행하는 실무형으로 일하는 업무 형태를 갖추고 있다.

그렇다면 한국군이 그렇게 집착하는 권한으로 인식되는 일들은 도대체 어떻게 수행될까? 기본적으로 권한으로 인식되는 업무의 분야는 장군이 지휘하는 부대로 분리하여 운영한다. 그리고 장군은 지침에만 충실하여 부대를 책임지고 지휘한다. 한국과 같이 별 한 개는 두 개가, 두 개는 세 개가, 세 개는 네 개가 시시콜콜 지휘하고 감독하는 구조가 아니다. 장군은 누구의 지시나 감독을 받는 계급이 아니다. 인력을 운영하는 인사권에 관한 사항을 예로 들어 보자.

한국은 참모총장이 수행한다. 육군은 인사사령부를 운영하지만 장군 자리 늘이기 식의 꼼수이지, 선진화된 독립된 인사전담조직이 아니다.

선진국들은 인사사령부에서 개방적이며 공개적으로 운영한다. 진급도 보직도 모두 공개한다. 경쟁자들과의 수준을 비교할 수 있도록 공개하면 한국식의 인사권력형 부정과 비리를 원천적으로 차단할 수 있다.

권한을 집중하여 군림하게 하면 그 독점적인 권한의 소유자는 제왕적으로 군림할 수밖에 없게 되고 현대의 조직을 좀먹는 '제왕적 군림'의 문화가 형성된다.

→ 인사권자의 인사권한 독점 문제와 인기투표식 심사제도의 맹점

방산비리로 구속되던 전 해군참모총장이 '일부 진급에 누락된 장교들이 나에 대한 불만을 제기하기 위해 음해한 것'이라고 말했다. 그의 한마디에 한국군 인사권자의 권력독점 문제와 인사제도의 후진성이 고스란히 드러난다.

첫째, 장교의 진급을 인사권자가 좌지우지하는 문제

둘째, 인사권자(총장)의 인사권 행사에 불만이 상존하는 문제

셋째, 진급제도가 불공정하여 최고계급인 총장을 음해하여 그를 감옥에도 보낼 수 있다는 문제

넷째, 한국군이 유지하는 3심제 심사제도는 무의미하다는 반증

선진국들은 이런 폐단을 없애기 위해 인사의 권한을 참모총장에게 주지 않고 인사전담조직(인사사령부)에서 개방형으로 공개하여 운영한다. 근무 성적과 경력 관리를 공개하여 본인이 진출할 수 있는 계급 그리고 보직을 알게 한다. 인사사령관은 모든 자료를 공개하여 제도를 운영하고 발전시킨다. 인사를 공정하게 이행할 수 있는 방법은 오직

공개를 통한 공정성 확보밖에는 없다.

 선진국 장교들은 10년 정도의 소령이 되면 자신이 중령이 될 수 있는지 대령이 될 수 있는지 그리고 20년이 지나면 장군이 될 수 있는지를 안다. 그런 과정에서 장교들은 스스로의 진로를 택한다. '나는 소령으로 정년까지 하겠다.' 또는 '나는 좀 더 노력해서 대령까지 진급해 보겠다.' 그리고 '장군이 되어 군대를 지휘하겠다.'는 등의 진로를 스스로 택한다. 이런 제도로 만들기 위해 인사권을 참모총장이 갖는 것이 아니라 인사사령부에서 공개적으로 운영한다.

 먼저 장교의 근무평가는 피평가자의 동의를 거치게 한다. 평가하는 사람도 정확하게 해야 하고 피평가자 역시도 자신의 성과에 책임을 갖게 한다. 다음은 모든 보직을 경력관리제도에 맞추어 공개하고 누구나 알 수 있게 공개적으로 운영한다. 어떤 이에게 좋은 보직이 집중되는 것을 막는 것이다. 무엇보다도 누적된 성적을 경쟁대상자들이 알 수 있도록 공개하여 진급심사가 이루어지기 전에 자신의 진급 여부를 알게 한다. 진급시즌이 되어도 아무런 잡음이 일어날 일이 없다. 누가 알짜보직을 전담하고 있다는 불평은 한마디도 생기지 않는다.

 인사를 공개하지 못하면 장교들은 인사권자의 눈치나 살피고 진급을 통과하는 요령만 익히는 문화가 조성된다. 정당한 경쟁은 불가능하다. 이른바 '충성경쟁'이라는 후진적인 병폐가 만연하게 된다.

 진급과 관련된 인사권자(참모총장)의 부정과 비리가 지적되자, 군대는 객관성을 강화하는 방편으로 3심제 진급심사제도를 마련했다. 그러나 이것은 공개를 통한 공정성 확보라는 근본적인 처방에는 미치지 못하는 것으로, 개혁이 아니라 개악이다. 지금과 같이 인사권자가 권한을 독점하는 상태에서는 결국 인사권지의 입김이 작용할 수밖에 없다.

그리고 무엇보다 심사라는 과정을 중시하는 것으로, 심사를 통과하는 요령만 충실하게 된다. 연례행사로 진급심사를 실시하지만 심사가 끝나면 엄청난 후유증에 시달린다. 우선 선발에서 누락된 사람들이 수긍을 못하는 것이 가장 큰 문제다. 선발되지 못하는 사람의 숫자가 압도적인데, 그 많은 사람들은 일순간에 업무의 의욕과 흥미를 잃고 좌절해야 한다. 사전에 공개된 진급 서열대로 진급한다면 아무런 문제가 없다. 이와 함께 계급이 올라가는 것은 책임과 일의 증대로 인식하게 하는 업무 구조의 개혁과 병행해야 한다. 이처럼 인사라는 업무의 영역을 지배력이라는 권한으로 인식하고 '인사권한'으로 규정하니 그 권한을 쥔 자가 권력자가 되는 것이다. 합리주의 정신에 입각하여 업무의 영역으로 인식하고 그 업무를 어떻게 발전시켜 나갈 것인가를 고심했다면, 오늘날의 지배를 앞세우는 후진적인 군대문화는 생성되지 않았을 것이다. 이런 점에서도 근시안적인 정치군인들이 한국군, 더 나아가 한국사회를 지금과 같은 후진의 늪에 빠뜨렸다.

인사권자에 독점되는 3심제의 인기투표식 심사에서는 이른바 '줄(line)'이라는 비정상적인 인맥 관계가 형성된다. 그리고 그 줄에 맹목적으로 충성하는 의식구조를 형성한다. 예를 들어 참모총장이 진급시킨 장군들은 그 참모총장의 라인으로 인식된다. 인기투표식의 심사에서는 내가 형성하고 지킨 라인의 선배가 심사위원으로 들어가면 진급이 보장된다고 생각한다. 그 라인은 평소부터 관리해야 하는 대상이기에 업무 외적인 일로 조악한 인간관계가 형성된다. 문제는 이런 라인들이 군내부의 조직 안에서, 군대와 군대 밖에서 그리고 군대를 나와서도 밀어주고 당겨 주는 인맥 관계로 유지되어 정상적인 업무의 관계를 훼손한다는 점이다. 그 대표적인 병폐현상이 대통령이 범죄의 집단으로 지목한 군피아 집단이다. 만일 선진국들과 같이 장교평가제도와 진급 심사제도를 공개적으로 운영하면 이런 폐단을 뿌리부터 없앨 수 있다.

진급이란 인재를 등용하는 가장 중요한 절차이다. 그 진급이 한 사람의 판단이나 외부의 영향력 그리고 일시적인 분위기에 의해 좌우되는 후진성을 지속해서는 안 된다. 20년, 30년 동안 자신이 일을 해온 성과로 자신이 이루어 가는 것이고, 그 사람의 성과가 객관성 있게 판단되어 점수로 환산될 수 있도록 평가 제도를 발전시켜 나가야 한다. 이런 공개적인 인사제도는 군대뿐만 아니라 모든 공조직에도 필요하다.

→ 진급에 올인(all-in) 하는 계급 지상주의의 폐해

한국군의 장교집단은 계급 지상주의와 이를 쟁취하기 위한 진급 중시의 후진성에 빠져 있다. 계급이 높으면 조직을 지배할 수 있고, 독보적인 의전과 예우라는 혜택을 누릴 수 있으며, 계급이 곧 승자 독식의 권력의 자리로 인식되기 때문이다. 선진국에서는 계급은 일과 책임이며, 능력이 없고 희생의 각오가 없으면 스스로 진급을 포기하게 만드는 제도와 문화를 갖추고 있다.

평소에도 그렇지만 특히 진급 시즌이 되면 줄을 찾고 진급에 영향력을 행사할 수 있는 권력자를 찾아 분주하게 움직여야 한다. 인사권자(참모총장)를 움직일 수 있는 정치인을 찾고, 연줄이 닿는 다른 권력자를 이용한다. 이때가 되면 인사권자 역시 외부의 청탁에 시달려야 한다. 경쟁의 대상자를 무너뜨려야 내가 진급할 수 있기 때문에 비열한 방법으로 음해하거나 유언비어를 퍼뜨리는 무리수를 두기도 한다. 정치논리를 대입하여 지역과 출신성분을 안배하니, 자격이 없는 권력바라기 부나방들까지 기승을 부리는 일도 일어난다.

이런 청탁과 부정은 또 다른 부정으로 연결되는 고리가 된다. 진급운동에 진 빚을 언젠가는 부정한 청탁으로 보답해야 하는 것이다. 계급에 의미를 지나치게 크게 두니 업무는 뒷전이 되고 오직 진급에 매달리는 폐단이 지속된다. 선진국들은 '공개'라는 두 글자만으로 이런 폐단을 뿌리부터 없애 버렸다. 그리고 모든 계급을 예우니 의전이니 혜택과 같은 허례허식을 버리고 오직 '일과 책임'의 자리로 만들어 권력을 좇는 부나방을 퇴치한다.

한국군은 1차, 2차, 3차에 부족하여 임기제라는 제도 그리고 마지막에는 명예진급이라는 제도를 유지한다. 이렇게 계급을 강조하니 진급이라는 것에 목숨까지 거는 안타까운 모습으로 비춰진다. 특히 계급이 높아지고 경쟁자 그룹이 작아지면 경쟁자는 당연히 적이 되고 어제의 친구인 동기생이 철천지원수가 되는 경우가 허다하다. 진급시즌이 지나면 후유증이 산처럼 남고 또 이런 일이 연례행사로 반복되는 악순환이 끊임없이 지속된다.

지금은 표면적으로 나타나는 비리는 많이 줄어들었지만 불과 얼마 전까지만 해도 인사권자가 진급을 미끼로 뇌물을 챙기는 사건이 보도되고 진급과 관련된 투서나 음해성 유언비어가 난무했다. 진급을 미끼로 뇌물이 오간다는 말은 공공연한 비밀이다. 매년 반복되는 진급이라는 관문을 통과하는 과정이 너무나 시끄럽고 말도 많고 탈도 많은 불치의 병폐로 인식되었다. '공개'라는 한 자만 앞세우면 '공정'이 따라와 모든 병폐를 치유할 수 있다.

→ 기수로 관리되고 장군이라는 계급이 혜택으로 인식되는 문제

한국 국방의 선진화에서 반드시 넘어야 할 큰 산이 바로 기수로 묶어 인사를 관리하는 문제이다. 이것은 곧 불필요하게 장군을 양산하는 문제와 계급은 곧 혜택이기 때문에 골고루 분배되어야 한다는 후진적인 인식으로 자리하고 있다.

장군계급이 혜택의 자리로 인식되니 기수별 지역별로 안배를 하는 정치논리가 개입된다. 참으로 후진적인 제도이다. 앞에서도 여러 차례 언급해 왔지만 선진국의 장군은 가혹하리만치 힘들고 어렵게 일하기 때문에 진급은 곧 희생이라고 간주한다. 능력이 없는 자는 스스로 포기하게 제도를 유지하는 것이다.

장군을 혜택으로 인식하여 기수별로 묶고 찍어내듯 양산해 내는 문제도 후진적인 제도와 관습에서 기인한 것이다. 그런 잘못된 제도의 결과로 참모총장을 2년의 임기제로 묶는 것에 귀착되어 있고, 이것을 근거로 모든 장군들의 진급과 인력을 관리한다. 선진국에서는 참모총장을 5년 임기로 한다. 그리고 모든 대장의 계급을 3~5년으로 운영한다. 어떻게 이런 일이 가능할 수 있느냐고 의아해할 것이다. 이는 한국군과 같이 '계급=혜택'이 아니라 '계급=일과 책임'이라는 등식에서 가능하다.

장군의 계급에서도 가장 능력을 인정받고 경륜을 갖춘 사람들이 대장이다. 그런 대장들이 2년의 임기제로 직책을 마칠 것이 아니라, 5년 경우에는 10년이라도 능력을 펼쳐 조직과 국가를 살려나가야 한다. 이 문제는 우선 준장까지는 어느 정도 기수로 인원수를 안배에서 관리하고, 이후 소장(별 2개)계급부터는 오직 능력 위주로 기회를 주는 방식으로 관리하는 것이 국가의 인재를 활용하는 선진적인 방법이다.

물론 이와 같이 선진화되기 위해서는 무엇보다도 군인의 계급에 끼워 놓은 예우와 의전이라는 겉치레를 없애야 한다. 그리고 오직 계급에 따른 직책에 부여되는 모든 업무를 자신의 손과 머리로 수행하는 '선진국형 장군', '실무형 장군'으로 만드는 것이 필요하다. 그런 선진국형 장군만이 군대를 살리고, 나라를 살릴 수 있다. 그런 장군은 국민들이 떠받들어 하늘 위에 올려 준다. 지금의 '한국형 장군'으로는 절대로 불가능하다.

→ 능동성이 배제되고 수동성이 극대화된 조직문화

스스로 찾아서 일을 하는 것을 '주인정신'이라고 하고 누군가가 시켜야 마지못해 일하는 것을 '노예근성'이라고 한다. 내가 신명나게 내 일을 하고 그것에서 만족감을 느낀다면 조직은 발전한다.

조직이 상부에 의해 지배되는 구조가 되면 수동성이 극대화되고 능동성은 사라지게 된다. 오직 감시와 감독 때문에 일을 하게 되고 그 감시와 감독이 없으면 무엇을 해야 할지 모르는 상태가 된다. 이런 현상이 지속되면 조직은 발전적인 변화를 이루지 못하고 고식적인 구태의 늪에서 헤어나지 못한다.

장군계급의 지휘관이 되고서도 누군가의 감시와 감독을 받아야 하고 시시콜콜 누군가의 지시나 명령을 기다려야 하는 조직이라면, 그 조직은 절대로 변화나 발전을 기대하지 못한다. 능동성은 결여되고 수동성이 지배하기 때문이다. 이런 전근대적이며 후진적인 문화를 탈피하기 위해서는 조직을 수평화하고 임무와 책임을 명확하게 하며, 무엇보다도 감시와 감독으로 조직이 유지되는 후진성을 탈피하여 스스로 판단하여 행동하는 조직을 만들어야 한다.

개인도 그렇지만 조직 역시도 생동하는 유기체이다. 그 유기체가 활력을 갖고 자생하기 위해서는 감시와 감독, 통제와 억압이라는 후진적인 조직문화의 틀에서 벗어나야 한다.

→ 낙후성을 면치 못하는 병사관리제도

"지금과 같은 이런 한심한 군대로는 나라를 지킬 수 없다." 22사단 총기난사 사건과 지휘부의 허술하고 미온적인 대응을 보는 언론의 시각이다. 어찌 이 한 가지 사건만으로 이토록 강하게 비판하겠는가? 그동안 누적되어 온 낙후된 병영제도에 대한 불만이 집약된 말이다. 윤일병 사건으로 자리를 물러나야 했던 육군참모총장도 "국가와 군을 위해 고질적인 병영의 병폐를 쇄신해야 한다."라고 말했다. 그만큼 병영의 병폐가 광범위하게 존재하고 있어 쇄신에 노력이 필요하다는 말이다. 지금 이 시점에서도 한국군의 병사제도가 제자리를 찾지 못하고 낙후된다는 지적을 받는 가장 큰 이유는 정책을 결정하는 고위급들이 자신의 문제가 아니라고 인식하기 때문이다. 또한, 고위급이나 권력자들은 자신의 자식이 군대에 들어가도 이른바 꽃보직에 보낼 수 있는 능력이 있다는 점도 작용한다. 금수저 집안 자식들이 이른바 꿀보직을 차지하여 신분 차별의 열등감을 부채질한다.

물론 대체복무라는 제도가 있기는 하지만 대부분의 젊은이들은 2년이라는 기간을 군에서 개인의 자유가 제한되는 상태로 보내야 한다.

물론 최근 들어 한국군의 병영문화가 개선되는 면도 있지만 여전히 군대는 피하고 싶은 1순위의 힘든 과정이다. 특히 지금의 젊은이들은 태어나서부터 군에 갈 때까지 군의 지휘관들이 상상할 수 없을 정도의 자유와 부모의 보호를 누리다가 입대하게 된다.

병영 내의 부조리와 악습을 뿌리 뽑겠다는 지휘부의 의지와 무관하게 구타 및 가혹행위가 상존하고 있다. 한국군에 뿌리 깊은 군국주의 일본 군대식의 일방적인 복종과 맹목적인 충성, 그리고 인권을 무시하는 억압적 의무의 강조 그리고 병영 여건의 낙후성이 한국군의 병사제도를 지배한다.

병사들과 관련된 불미스런 사건들이 발생하면 국방부는 우선 은폐부터 하고 언론에 보도되면 축소 또는 거짓으로 일관하여 국민이 신뢰를 받지 못한다. 병사로 뽑아 쓸 수 있는 인적자원이 무한하다고 의무로 묶인 젊은 세대를 마치 소모품 취급하듯 대하는 정부의 정책 역시도 병사제도의 낙후성을 부추기는 요인이 된다. 군에서는 병사제도의 문제나 사고가 발생하면 책임을 모면하기에 급급하면서 임기응변식의 대책을 내놓고 있다. 이런 우려먹기 식의 임시방편적인 대책은 군의 간부나 병사들조차도 실효성이 있을 것이라고 믿지 못한다.

한국군 병사제도의 낙후성을 탈피하고 신성한 국방의 의무를 다하는 젊은이들을 건강한 민주국가의 주인으로 육성할 수 있도록 범국가 차원의 노력이 절실한 시점이다. 지금 당장 시행하지 못하면 한국군의 병사제도와 한국의 청년정책은 낙후성의 늪에 더욱 빠져들게 된다. 인구 대변혁의 시기이기 때문이다.

제2부

국방개혁
10대 과제

이기는 국방으로 지금 개혁하라. 국민의 명령이다.

낡고 병든 20세기의 제도와 관습으로는
급변하는 21세기를 살아갈 수 없다.

시대상황에 맞추어 끊임없이
개혁과 혁신의 노력을 경주해야 한다.
그리고 개혁과 혁신을 일상화해야 한다.

개혁이란 변화와 발전을 모색하는 숙명적인 진화의 과정이다. 현재의 제도에 안주하는 것이나 환경 변화에 대응하지 않는 것은 곧 조직이 퇴화하고 있다는 말이 된다. 어떤 사회나 조직에서도 개혁은 필수이다. 시간이 흐르고 조직의 환경이 바뀌면 조직을 만들 당시의 조건은 없어지고 새로운 조건이 형성되기 때문이다. 그래서 선진국의 국방은 변화가 무쌍한 오늘의 환경에 적응하기 위해 개혁을 일상화하고 있다.

지금의 관료화된 옥상옥의 지휘 구조, 의전과 예우의 허례허식이 지배하는 환경에서는 무자격자들조차도 조직의 상부구조를 점할 수 있게 된다. 의사결정자들을 어떻게 직접 일하게 만드느냐를 고민하는 것이 합리주의 국가의 개혁이고, 그렇게 만들어 가는 것이 혁신이다. 바로 지휘조직을 슬림화하는 일이다. 그런 맥락에서 조직의 개혁을 한마디로 줄이면 '의사결정자를 혹사시키는 방법을 강구하는 것'이 된다. 그래야 현대의 다변화, 정보화, 다양성이라는 환경에서 조직이 기능을 발휘하고 살아남을 수 있다. 그런 국가조직이 되어야 국민의 생명과 재산을 보호하는 기본적인 기능을 올바르게 수행하는 최소한의 조건을 구비하게 된다.

이 책에서 주장하는 개혁의 올바른 방향성은 선진국들과 같이 진화하면서 발전하는 기틀을 마련하는 것이다. 현재의 지휘 구조와 제도 그리고 관습과 문화를 그대로 유지하면 결국 한국 국방은 퇴화하면서 퇴보하는 조직으로 남을 수밖에 없다.

그런 맥락에서 10가지 개혁과제를 선정했다. 그 중심에는 국방 지휘구조 단일화와 국방 업무의 개방성이 있다. 이 책에서 제시하는 10가지 개혁만 이루어도 개혁의 90% 이상은 달성된 것으로 확신한다. 나머지 사소한 개혁 과제들은 일상화된 개혁을 통해 단시간 내에 혁신의 목표를 달성할 수 있을 것이다.

지금 세계는 4차 산업혁명의 시대에 접어들었다. IT정보화 기술혁신과 새로운 기계 산업의 접목으로 머지않아 인간의 뇌기능을 능가하는 인공지능(AI)을 장착한 로봇의 탄생이 예상된다. 우리는 하루가 다르게 변하는, 어제가 먼 과거가 되는 변화무쌍한 시대에 살고 있다. 세상의 변화에 가장 민감하게 반응해야 하는 것이 군대의 특성이다. 군대의 대부분을 차지하는 병사들 역시도 어제의 청년들이 아니다. 인구 대변혁의 변화를 몸소 겪고 있는 세대이다. 국방과 국가 지도부는 결코 이 점을 가볍게 보아서는 안 된다.

개혁은 미룰 수 없는 과제이다. 선진국은 개혁과 혁신이 일상화된 지 오래다. 개혁과 혁신은 변화에 적응하는 것이고 생존과 발전을 보장하는 유일한 방도이다. 개혁이란 수구의 벽을 넘는 과정이다. 무리를 지어 눈앞의 이익에만 몰두하는 수구의 벽이 높고 두터울수록 갑절의 노력이 필요하고 고통도 따른다. 그 노력과 고통이 끝나는 긴 터널의 출구에 제 모습을 찾은 선진 국방이 기다리고 있다. 그 출구는 자주국방과 선진 한국이 시작되는 고속도로의 출발점이기도 하다.

그 밝은 출구로 이끌어 줄 희망의 지도자를, 국민은 한없이 기다리고 있다.

01. 방산비리 척결과 방산제도 개혁

  : 방산비리부터 척결해야 자주국방의 길이 열린다. 비리는 국방이라는 거대한 시스템을 마비시키는 바이러스와 같아서 그 원천을 제거하지 못하면 수많은 변형 웜(worm)들이 끊임없이 생성되어 결국은 시스템을 마비시켜 버린다. 국방의 방산비리 바이러스를 퇴치할 수 있는 백신은 "개방과 공개를 통한 투명성 확보 그리고 그 제도의 발전"밖에는 없다. 권력기관으로 규제하면 그 기관의 권력이라는 것이 악성 바이러스로 변질된다. 한국의 국방이 '방산=비리'라는 등식을 깨지 못하면 국민적 지지를 받지 못하고 영원히 비리집단이라는 오명을 쓰게 된다.

  과거부터 비리가 발생하면 단편적인 대응으로 위기를 모면하는 정도로 대응했다. 그런 과정에서 문제의 근원을 찾지 못하는 미봉책들이 양산되었다. 그런 미봉책들은 비리를 차단하는 효과를 발휘하지 못한다는 것이 반복적으로 증명되고 있다. 따라서 보다 장기적이며 발전적인 시각에서 항구적인 대책이 수립되어야 한다.

  국방부에서도 최근의 방산비리 창궐현상을 분석한 결과보고에서 업무의 폐쇄성과 정보 독점, 사업담당자의 전문성 결여, 획득비용 절감에 치중하는 사업계약 방식, 비리자에 대한 처벌 수준 미약의 4가지를 비리의 근본적인 원인으로 분석했다.

  이런 맥락에서 비리자에 대한 처벌 강화, 공개를 통한 사업과 예산의 투명성 확보 및 이를 통한 제도 발전 도모, 개방과 공개성의 증대를 통한 무기 성능의 향상, 방위사업청을 지금의 외청 조직에서 국방부 직속으로의 변경, 절차의 단순화와 책임 소재의 명확화, 규제 철폐 등 잔존하는 제도상의 미비점을 개선하는 방안을 제시하고자 한다.

→ 방산비리 근절의 기본 요건인 처벌 강화

방산비리는 결코 생계형 범죄가 될 수 없다. 국방은 물론이고 국가에까지 막대한 손해를 초래하는 중대한 범죄행위이다. 국민의 불신을 키우고, 병사의 사기를 저하할 뿐 아니라 전투력을 약화시켜 궁극적으로 국가 안보를 위협한다. 이미 여러 차례의 방산비리 사건을 겪고서도 근본적인 개선이 이루어지지 못하는 이유는 제도적인 측면에서 허점도 있었지만 처벌이 약하다는 점이 가장 크게 작용했다. 지금까지의 관례대로 단순한 업무상의 실수로 치부하여 3년 이하의 형량으로 가볍게 처벌할 것이 아니라 법적 최고형으로 다스려야 한다. 이를 위한 관련법령제도 개혁이 시급하다. 군대가 적과 싸워 이기기 위해서는 적의 무기를 능가하는 성능이 우수한 무기를 갖추어야 하고, 적과 싸워 이길 수 있다는 병사들의 사기가 보장되어야 하며, 군을 지속적으로 지원하는 국민의 뜻이 결집되어야 한다. 방산비리는 이런 3가지 모두를 집어삼키는 무서운 '악의 블랙홀'이다.

비리로 얼룩진 무기가 제 성능을 발휘하지 못하게 될 것은 불을 보듯 뻔한 사실이다. 별 4개를 달고 병사를 호령하던 장군들이 죄수복을 입고 법정에 서는 모습에서 병사들이 지휘부를 신뢰하고 목숨을 담보로 적과 싸워보겠다는 각오를 다지기는 힘들다. 병사들이 먹어야 할 건빵에 비리가 오염되어 있고, 적의 총탄을 막지 못하는 방탄복을 입은 병사들이 목숨을 걸고 적을 향해 돌진한다는 것은 어불성설이다. 더군다나 빠듯한 살림에 허리띠를 졸라매며 내는 세금이 밑 빠진 독에 물을 붓듯이 줄줄 새어 나가는 현실에서 국민들의 애국심과 의무를 강조하는 것은 공허한 메아리가 될 것이다.

지금까지의 사례들로 보듯이 방산비리는 두말할 나위 없이 적을 이롭게 하는 이적죄이다.

→ 공개와 개방성을 강화하는 선진형 사업관리

"쥐도 새도 모르게 하라고 지시하고 다음 날에 보면 쥐와 새는 확실히 모르나 이미 알 만한 사람들은 다 안다."라는 말은 한국의 방산비밀을 관리하는 모습을 정확히 설명하는 말이다. 비밀을 보호하라고 문지기를 시켜 놓으니 오히려 비밀을 팔아먹고 그 비밀을 지킨다는 일로 갑의 횡포를 부리며 업무를 방해하는 경우도 발생한다.

물론 그 무기의 핵심적인 기능이나 무기를 사용하는 전술은 비밀이다. 그러나 한국군은 외국의 군사잡지에서 인용한 내용도 군에서 만들면 모두 비밀로 분류하여 서랍 속에 간수한다. 무리하게 '보안'만을 강조하면 마치 '내 눈을 가리고는 보이지 않는다고 적도 보지 못할 것'이라는 착각에 빠지고 그런 보안을 고집하는 후진적인 제도에 사로잡히게 된다. 이런 사고와 제도는 '나는 보지만 적은 보지 못하도록 만드는 것'으로 고치고 그런 방책을 수립하는 것이 진정한 선진형 보안이다.

물론 무분별하게 군사와 관련되는 사항을 공개하는 것은 범죄행위에 해당한다. 그러나 불필요하게 하드웨어를 비밀로 간수하면 무기는 제대로 만들어질 수 없고 비리만 양산하는 우를 범하게 된다. 또 그런 제도와 의식이 기무사라는 감시 조직을 존속시키는 방편이 되기도 한다. 하드웨어는 잠시 후면 눈에 드러나게 되고 제작하는 과정에도 많은 참여자들이 있기 때문에 원천적으로 비밀로 간수하지 못한다. 특히 오늘날의 정보화 시대에서는 그럴 만한 가치도 없다.

선진국은 무기를 만들 때 개념설계도, 확보계획, 사업일정, 예산 등 사업 참여자들과 국민들이 알아야 할 사항을 모두 공개한다. 물론 그 무기를 이용하는 전술 그리고 작전수행계획은 꼭 지켜야 하는 비밀 사항이다. 공개를 통하여 얻는 이점은 다음과 같다.

첫째, 사업과 예산의 투명성을 보장할 수 있다.

무기를 획득하는 사업은 국민적 합의와 지지가 필요한 군사전략에 관한 문제이고, 무엇보다도 엄청난 예산이 투입되는 국가적 사업이다. 물론 비닉사업으로 적이 모르게 추진해야 하는 것도 있지만 극히 일부에 해당된다. 군사전략은 비밀로 진행하는 것이 아니다. 공개적으로 합의를 거쳐 수립되는 국가 전략이다. 그 전략을 뒷받침하는 무기사업은 당연히 공개적으로 이행되어야 한다. 객관적인 검증이 필요하고 막대한 예산이 투입되기 때문이다.

몇 사람이 골방에 앉아 쑥덕쑥덕 결정하는 것은 20세기까지 있었던 일이다. 공개를 통해 예산과 사업의 투명성을 확보하는 것이 규제로 통제하는 것보다 훨씬 선진형 사고방식이고 발전을 담보할 수 있다.

둘째, 강한 무기를 만들 수 있다.

우선 공개하여 그 무기가 제대로 된 무기인지를 검증받아야 한다. 가능한 많은 전문가들이 참여할 수 있는 방법은 공개밖에 없다. 제한된 몇 사람의 머리에서 나오는 생각으로는 결국 편협한 생각밖에 대입되지 못한다. 국방이 그동안 폐쇄된 조직에서 해외도입과 국내생산으로 획득한 무기들은 불합리성을 포함한 것들이 너무 많다. 공개를 통해 강해지는 합리성을 추구해야 한다.

셋째, 로비와 비리의 원천을 없앨 수 있다.

로비와 비리는 사업을 폐쇄적으로 진행하는 데서 비롯된다. 정보를 빼내기 위해 의사결정자와 실무자 그리고 영향력을 행사할 수 있는 사람들을 돈으로 매수하고 그 자료들을 돈으로 매수해 온 일이 많았다. 모두 불필요한 자료를 비밀로 간수하는 데에서 비롯된 것들이다.

넷째, 사업의 결과를 환류하여 미래의 발전을 보장해야 한다.

모든 무기 개발은 미래의 발전을 전제로 한다. 물론 획기적인 기술로 개념을 완전히 달리하는 무기가 개발되기도 하지만, 대부분의 무기는 선행된 무기들에 새로운 기술과 군의 요구사항을 추가하여 발전시켜 나가는 방식이다. 따라서 사업의 결과를 환류시켜 다음 사업에 활용하는 것이 필요하다. 사업을 공개적으로 운영하면 이런 과정들이 보다 원활하게 유지될 수 있게 된다.

다섯째, 무기 도입과 관련된 정권의 부패를 막을 수 있다.

무기사업에 개입하는 최대의 권력은 정권이다. 규모가 큰 무기 도입 사업은 정권의 비자금 창구로 사용될 수 있다. 또한 사업에 영향력을 발휘하는 권력자들 집단이나 기무사와 같은 감시권력 기관 역시도 권력자가 되어 비리에 연루된다. 권력이 개입하는 원천을 제거하는 방법은 공개하고 개방하여 예산과 의사결정과정을 투명하게 진행하는 것이다.

여섯째, 사업의 효율성과 공정성을 확보할 수 있다.

사업에는 수많은 관련자(stakeholder)들이 참여한다. 그런 모든 참여자들이 효율적이며, 공정하게 사업에 참여할 수 있는 방법은 오직 공개를 통한 개방성 보장밖에 없다.

일곱째, 제도의 발전을 도모할 수 있다.

공개적으로 사업을 진행해야 무엇이 잘못되고 어디에 부정의 소지가 있는지를 누구나 쉽게 알 수 있게 된다. 공개적인 절차 이행을 통해 제도의 허점을 쉽게 발견하여 고쳐 나가기도 쉽다.

여덟째, 무엇보다 국민의 공감대를 형성하고 국민의 지지를 받는 국민의 군대로 자리매김할 수 있다. 지금까지의 '방산=비리'라는 등식을 깨는 작업은 '방산=공개'라는 등식에서 시작되어야 한다.

파리가 꼬이는 것은 먹을 것이 있기 때문이다. 파리가 꼬이는 것을 막자고 파리약만 뿌리고 있으면 돈과 시간만 낭비되고 공기도 오염된다. 파리를 꼬이게 만드는 먹잇감만 없애면 자연히 파리는 사라지고 쾌적한 환경이 조성된다.

→ 국방부 직속의 방위사업청

방사청은 국방부의 직속조직으로 개편하고, 청장에 현역(또는 예비역)

의 전쟁전문가(대장급 계급)를 배치하여 군과 일체화된 사고로 무기를 만들 수 있도록 해야 한다. 노무현 정부에서는 각 군의 본부에서 그동안 누적된 비리를 차단하고 업무의 효율성을 증진하는 목적으로 국방부의 외청으로 방사청을 설치했다. 국방의 획득조직을 하나로 통합한 것은 미래지향적이나, 외청으로 분리한 것은 잘못된 정책이었다.

지금까지 방사청을 외청으로 군(국방부)과 분리하여 운영한 결과 사업의 절차만 복잡해지고 인력과 예산과 시간이 낭비되는 등 여러 가지 불합리성이 식별되었다. 특히 비리를 막지 못한다는 사실도 증명되었다. 무기를 만들기 위해서는 기술연구, 사업화 그리고 최종적인 생산 과정을 거쳐야하므로 10~20년의 긴 기간이 소요된다. 이 모든 과정에는 필수적으로 군의 작전성능요구가 대입되어야 한다. 하루가 다르게 기술이 변하고 전쟁과 전투의 양상이 변하기 때문에 그 요구는 시시각각으로 변하는데, 이는 무기를 사용하는 전투부대에서만 얻을 수 있다. 그리고 무기를 만드는 모든 과정에는 그런 요구사항의 변화가 제작 과정에 반드시 반영되어야 한다. 그래야 최종으로 생산되는 무기가 최신무기가 되고 그 최신무기를 향후 30년 이상 사용할 수 있게 된다. 물론 그 30년의 사용 기간 동안 무기를 업그레이드하는 여유도 확보되어야 한다. 그것이 무기를 만드는 어려움이다. 무기를 사용하는 군과 무기를 만드는 사업주체가 한 몸체로 움직이는 조직이어야 군에서 필요한 제대로 된 무기를 만들 수 있다.

이를 위해서는 방위사업청을 외청으로 분리하지 말고, 국방부 직속으로 두고 현역(또는 예비역)을 책임자로 임명하는 조치를 취해야 한다. 앞에서도 언급했듯이 국방의 획득(acquisition)과 민간의 조달은 다르다.

군에서는 군인들이 전쟁하는데 필요한 무기를 직접 만들어 사용하는 '획득'이 되고, 민에서는 필요한 물품을 구매하여 공급하는 '조달'이 되는 것이다. 비리를 막자는 논리로 방사청을 국방부의 외청으로 만드는 것은 빈대를 잡자고 초가삼간을 태우는 격이 된다. 그런 무리수보다는 앞에서 논의한 '개방을 통한 투명성을 확보'에 주력해야 한다.

또한, 방사청을 외청으로 만들고 대통령이 마음에 드는 사람으로 임명하니 그 청장은 국방부와 별개의 조직으로 인식하고 조직을 운영하는 모순도 발생한다. 심지어 그 청장이 자신을 임명해 준 대통령을 등에 업고 군지휘부의 상전으로 군림하려는 모습을 보이기도 한다. 그런 이유로 방사청이 국방부, 각 군 본부 그리고 합참과 단절되어 군의 의견을 반영하는 것을 마지못해 고객의 요구를 들어주는 식으로 대하기도 한다. 군이 필요한 무기는 누구에게 의견을 요구하는 방식이 아니라 군이 주인으로서 무기를 만들어야 한다. 지금의 방식에서는 무기의 주인이 고객의 입장이 되고, 거꾸로 방사청의 직원들이 주인행세로 이런 저런 이유를 들어 군의 의견을 무시하기까지 한다. 방사청에서 사업을 하는 사람들도 군의 실상과 무기를 제대로 이해하지 못하는 사람들이 많고, 그런 사람들이 사업관리를 빌미로 소위 말하는 갑질의 횡포를 부리는 실정이다. 그런 분위기에서 근무하는 군인들마저도 군인이 아니라 군복을 입은 공무원으로 의식이 바뀐다.

앞에서도 언급했듯이 조달청의 사고로 방사청을 운영하니 방사청장이라는 직책에 조달이나 예산행정관료, 연구원 출신과 같이 군과 획득을 제대로 모르는 사람들이 들어와 가까스로 사업을 관리하는 일에만 치중한다. 최근의 비리근절 대책에서 보듯이 엉뚱한 제도나 시책을 만들기도 한다.

　빠른 시일 내에 방사청을 국방부 장관의 직속조직으로 개편하고, 그 청장에는 현역(또는 예비역)의 전쟁전문가(대장급 계급)를 배치하는 조치가 이루어져야 한다.

→ 불합리한 제도와 관행 개선

　하나의 무기를 개발하는 데는 개념을 형성하는 단계에서부터 마지막으로 제품으로 완성될 때까지를 고려하면 족히 10~20년의 기간이 소요된다. 그리고 그 무기는 생산 그 자체로 성공하는 것이 아니라 향후 30년 이상을 적의 무기를 능가하는 무기로서 군에서 사용되어야 한다.

　무기를 개발하는 과정에는 첨단의 기술이 대입되어야 하고 이를 위한 전문 인력과 전문 업체들이 필요하다. 기간이 오래 걸리기 때문에 당연히 무기를 개발하는 과정에서 관련 기술과 무기를 사용하는 여건 그리고 적의 능력 등 많은 변화들이 발생한다. 또한, 무기를 제작하는 기업체 역시도 우여곡절을 겪게 된다. 흔히 발생하는 문제가 임금 인상, 파업 등인데 이런 문제는 모두 사업비용으로 직결되고 곧 사업의 리스크로 작용한다. 이런 여러 가지 복합적인 문제들로 인해 무기를 개발하는 사업은 어떤 민수 분야의 첨단장비를 개발하는 것과는 비교가 되지 못할 정도로 복잡해 진다. 이런 다양한 리스크를 관리하면서 현실성이 있는 무기를 유효적절하게 만들기 위해서는 전쟁, 소요군, 무기 그리고 획득사업의 특성을 제대로 이해하는 사람들이 처음부터 끝까지 주인의식을 갖고 무기를 만들어야 한다. 한편, 한국의 방위사업을 선진화하기 위해서는 다음과 같은 불합리한 제도와 문화를 개선하는 노력을 경주해야 한다.

첫째, 명품무기의 환상에서 벗어나라.

세계 유수의 무기업체들도 자신의 제품을 '명품(masterpiece)'이라고 자랑하지 않는다. 너무나 다양한 변수들이 있고, 하루가 다르게 성능을 향상시켜 가야 하는 무기는 어떤 조건에서도 명품을 내세울 수도 없고 또 내세워서도 안 된다. 한국에서 유독 명품 주장이 강한 것은 단기 성과주의와 과욕 때문이다. 최근 들어 무기를 자체 생산하면서 어설프게 명품을 운운했다가 망신을 당하는 사례가 있었다. 대표적인 사례로 K9 자주포, K2 전차, K11 소총 등의 경우 치명적인 오류가 발생하여 여론의 비판을 받았다.

한국군의 단기 성과주의는 가장 큰 병폐들 중 하나다. 무조건 내가 있는 동안에 성과를 내고 그것으로 이름을 높이고 싶은 욕구 때문이다. 그런 욕구가 강한 사람들일 수록 출세욕이 강하여 조직을 퇴화시킨다. 앞에서도 언급했지만, 무기 개발은 노력과 인내가 요구되는 리스크가 큰 사업이다. 조급한 단기 성과주의로 만든 명품이 조잡한 짝퉁 무기라는 오명을 쓸 수 있다는 점을 염두에 두어야 한다.

둘째, 을(乙)의 의무와 책임만을 강요하는 제도적 맹점을 없애라.

'갑(甲)질=악(惡)질'이다. 방산계약에서 갑의 횡포는 방사청에서부터 시작된다. 무기를 생산하는 과정에서는 민수용에서 매우 복잡한 계약이 이루어진다. 시작부터 마무리되는 성능입증까지 그 업무의 복잡성은 그 일을 해 보지 않은 사람은 상상할 수조차 없다. 이런 이유로 비리가 많아지기도 한다. 절차가 복잡하니 그 복잡한 절차를 무마하며 쉽게 갈 수 있는 방법을 선호하게 되는 것이다.

한국의 무기생산의 계약은 모두 갑의 입장만 존중하는 구조이다. 기본적으로 방사청은 수퍼갑이되고 주계약업체부터 하도급업체까지 을→병→정의 순서가 된다. 이로 인해 갑의 입장에서 의무를 다하지 않아도 을의 입장에서 갑에 이의를 제기하지 못하는 구조이다 보니, 나중에는 을이 갑의 일과 책임까지 떠안게 되는 매우 후진적 구조로 되어 있다. 이런 구조이다 보니 분명히 갑이 요구해서 그 일을 했는데도 정작 문제가 발생하면 모두 을이 책임을 져야 하는 악순환이 반복된다.

선진국에서는 이런 폐단을 없애기 위해 동반자 입장을 강화한다. 계약서에 갑과 을의 의무를 명확히 하고, 갑의 의무를 강조하는 내용을 구체화한다. 사업단계를 거치면 그 단계에 참여한 갑도 공동으로 책임지게 하는 방법으로 을에게 모든 책임이 전가되는 후진적인 구조를 탈피해야 한다. 모든 사업의 단계별로 임무와 책임이 융합되는 제도가 마련되어야 한다.

셋째, 최저가 낙찰제는 비리와 낙후된 무기를 양산한다.

한국방위산업의 후진성을 한눈에 볼 수 있는 것이 바로 최저가 낙찰제이다. 이는 이미 성능이 검증된 상용 제품을 여러 개 두고 그중에서 가격을 가장 낮게 제시하는 제품으로 선정하는 조달청의 상용물품 조달 제도의 사고에서 비롯된 것이다.

앞에서도 여러 번 강조했듯이 무기는 적을 능가하는 성능이어야 하고 향후 30년을 안전하게 사용할 수 있어야 한다. 따라서 과연 어떤 업체가 그런 조건을 충족할 수 있는 능력이 있는지를 평가하는 것에 중점을 두고 업체를 선정해야 한다. 무조건 가격을 낮게 제시하는 업체를 선정하고 을의 의무만 강조하는 계약서로 사업을 끝내겠다는 생각이 오늘날 조달업무의 의식으로 충만한 방사청이 취하는 사업편의 중심의 방식이다.

물론 동일한 조건이라면 예산이 적게 드는 쪽이 유리하다. 그러나 방사청이 그 성능의 실현을 검증하는 까다로운 절차를 수행할 수 있을 때 비로소 가능하다. 그런 절차를 무시하고 최저가만 강조하여 사업자를 선정하는 것은 업체의 과다출혈과 의무만을 강조하는 우를 범하게 한다. 이런 출혈은 다른 하도급업체에 또 다른 출혈을 요구하는 악순환을 가져오고 성능이 부족한 제품을 생산하게 하며, 그런 약점을 로비로 무마하는 악순환을 지속되게 한다.

넷째, 무의미한 성능 비교에 의한 기종 선정을 하지 않아야 한다.

국내의 방산업체들이 가장 큰 애로를 겪는 부분이 외국 업체와의 성능 비교 절차이다. 앞에서도 언급했지만 외국의 업체들은 검증되지도 못한 이론상의 성능을 앞세워 자신들의 제품을 선전한다. 지금까지 생산된 제품과 자국에서 성능을 검증받았다고 주장하지만 근거가 희박한 것들이 많다. 이런 이유로 외국의 업체와 경쟁해야 하는 국내 업체는 사업에 참여하는 기회조차 잡지 못하고 애만 쓰다가 사업을 포기해야 한다. 특히, 무기 중개상들은 이런 점을 악용하여 외국의 제품으로 기종이 선정되도록 로비하는 것이 지금까지의 사례이다.

이런 형식의 무의미한 성능 비교보다는 과연 필요한 무기가 어떻게 사용될 것이고 또 어떻게 발전할 것인지에 대한 주관적인 판단이 선행되어야 한다. 물론 사업의 공개를 통해 이런 과정이 투명하게 진행되어야 비리를 차단하고 국민의 지지를 받을 수 있다.

다섯째, 전문성 결여 문제를 극복해야 한다.

선진국은 모든 사업의 중요 보직에는 가장 우선적으로 해당 무기의 전문가를 배치한다. 사업을 주도적으로 이끌어 갈 만한 역량이 없는 사람은 사소한 문제도 스스로 결정하지 못해 다른 사람들의 의견을 듣거나 불필요한 회의만 소집하느라 사업을 제대로 진행시키기 못한다. 그런 사람들은 사업을 이끌어 가는 것이 아니라 어떻게 하면 책임을 모면할 것인지에 업무의 초점을 맞춘다.

또 그런 무자격자일수록 갑질의 횡포가 심하다. 무엇을 어떻게 처리하고 진행시켜야 할지 모르니 직위만을 앞세워 호통만 치는 것이다. 당연히 그렇게 마련되는 무기는 제대로 성능을 발휘하지 못할 가능성이 높다. 무기는 무기의 획득으로 끝나는 것이 아니라 그 무기가 어떻게 군에서 사용되고, 어떻게 발전될 것이며 또, 그 이후에는 어떤 무기를 만들 것인지 까지를 고려해야 한다. 그것이 민수물자의 조달과 군수물자의 획득과의 차이점이기도 하다.

여섯째, 과도한 업체 주도 연구 개발을 강요하지 말아야 한다.

지나치게 업체의 연구 개발을 강요하는 것도 방사청의 전문성 결여가 불러오는 폐단이다. 업체는 최소한의 비용을 들여 제품을 생산하는 곳이지, 연구 개발을 하는 곳이 아니다. 연구 개발은 고급의 전문 인력과 시설을 갖추어야 가능한 고비용의 분야이다.

　물론 미국이나 영국과 같은 무기수출시장을 장악한 선진국은 업체가 연구 개발을 주도하는 사업들도 많다. 그러나 어설픈 선진국 흉내 내기로 생산 기반마저 취약한 국내방산업체에게 연구 개발을 부추길 수는 없다. 방사청이 업체가 주도하는 연구 개발을 방침으로 정하면 업체는 마지못해 따를 수밖에 없겠지만, 생산되는 장비의 내실을 기하기는 어렵다. 한국의 실정에 맞게 현재의 국방과학 연구소의 연구 인력과 시설을 보강하여 정부 주도 연구개발정책을 강화해야 한다. 그래야 미래를 담보하는 무기를 만들 수 있다.

　일곱째, 절차 단순화를 통하여 책임성을 강화해야 한다.

　한국군의 무기 획득 과정은 한마디로 거미줄처럼 복잡하게 얽혀있다. 가장 큰 이유는 방사청이 군과 떨어진 별도의 조직 즉, 외청으로 되어 있기 때문이다.

　국내 무기개발은 개략적으로 소요 기획 → 선행 연구 → 탐색 개발 → 체계 개발 → 시험 평가 → 인도 · 인수의 순으로 이루어진다. 이 모든 과정 하나하나는 참여하는 기관이 많고 마치 거미줄과 같은 복잡한 과정이 포함되어 있다. 방사청이 외청으로 분리되어 있는 결정적인 잘못으로 절차가 더욱 복잡해진다. 절차를 단순화하고 책임을 강화하는 조치가 필요하다. 특히 예산분야에서의 비리는 언제든 발생할 수 있기 때문에 예산의 꼬리표를 강화하고 사용책임자를 분명히 하여 비리의 소지를 없애야 한다.

→ 무기 획득과 국방과학기술의 컨트롤 타워 구축

　앞에서도 간단히 언급했지만 방위산업과 국방과학 기술은 단순한 국방만의 문제가 아니다. 국가산업과 기술을 발전시키는 성장의 원동력이 된다는 말이다. 이런 인식에서 범국가 차원에서 방산기술과 산업을 육성하고 발전시키기 위한 국가 조직이 필요하다. 이 전담 부서에서는 우선적으로 군에 필요한 방산기술과 산업을 어떻게 육성하고 발전시킬 것인지에 대한 정책을 수립하고, 이런 기술과 능력을 어떻게 국가 차원에서 주도하여 활용하고 발전시켜 나갈 것인지를 생각해야 한다. 또한, 정부의 타 부처들과 관련 업무를 폭넓게 협조해 나가는 것도 필요하다. 이런 정도의 업무를 효과적으로 수행하기 위해서는 장관 직속으로 차관급의 '국방과학 기술실(가칭)'을 만들어야 한다.

　국제 방산시장은 한 해 거래 규모가 100조 원에 달하는 큰 시장이다. 한국의 기술력을 융합한다면 수출시장을 개척할 충분한 능력이 있다. K-9 자주포를 비롯한 일부 종목을 수출하여 실적을 거둔 경험도 있다. 이런 목적을 달성하기 위해서도 국방부 장관 직속으로 전담 부서를 만드는 조치가 필요하다. 지금과 같이 컨트롤 타워도 없이 중구난방으로 기술을 관리하고 획득정책을 수립해서는 미래의 발전을 기대할 수 없다.

　한편, 군과 산업체의 협력을 강화하는 측면에서도 정부 차원의 컨트롤 타워가 필요하다. 군과 산업체가 유기적으로 결합되기 위해서는 지금과 같은 후진적인 갑을관계를 탈피하여 동반자적 관계를 구축해야 한다. 선진국들은 업체가 단순히 무기를 판매하는 역할에서 탈피하여 군에 필요한 장비와 수리부속을 저장하고 적시에 공급하는 '저장고(depot)'로서의 기능을 수행한다. 그만큼 군과 업체가 유기적으로 결합되어 있어야 무기의 안정적인 사용과 발전이 가능하다.

특히 앞으로는 무기의 국산화와 국내 생산이 주류를 이룰 것이기 때문에 미래를 준비하는 차원에서도 지금의 후진적인 갑을관계를 청산하고 군과 업체가 유기적으로 결합하도록 제도를 발전시켜야 한다.

02. 장교 인사제도 개혁

: 지금까지 한국군은 인사권자(참모총장)가 인사권을 독점하고, 인기투표식의 진급심사 제도를 유지해 왔다. 그 결과로 특히 진급과 보직에 있어 공정성이 확립되지 못하여 갈등을 겪고 있다. 인사권자의 전횡이 개입될 수 있기 때문에 진급이나 보직에서 불만을 표출하는 장교들이 많다는 문제가 지속된다. 진급을 미끼로 이득을 챙기거나 외부의 영향력이 작용하는 비리가 적발되기도 했다. 특히, 계급 간의 예우나 혜택을 크게 두고 있어 진급과 보직에 불만이 끊이지 않고 계급이 모든 것을 좌우하여 진급에만 중점을 두는 후진성이 상존한다.

이 책에서 주장하는 장교 인사개혁의 핵심은 참모총장이 독점하는 인사권을 인사전담조직(인사사령부)으로 이관하여 개방적이고 공개적으로 인사를 운영함으로써 투명성과 공정성을 확보하는 것과, 준장계급을 장군(소장~대장)의 범주에서 제외하여 인력 운영의 효율성을 증진하는 것이다.

선진국들은 오래전부터 공개적인 인사를 운영하여 공정성을 확보함으로써 진급과 보직의 갈등을 없애고, 예측이 가능한 인사를 운영하고 있다. 이를 위해 누적서열을 공개하고, 장교의 근무평정을 피평정자의 동의를 추가하여 평가의 객관성을 높이며, 표준경력관리에 따라 장군을 포함한 모든 장교들의 예정 보직을 사전에 공지한다.

다음은 장교계급의 예우 구조를 개선하는 문제이다. 소령과 준장계급을 영관과 장관급의 중간단계로 운영하여 예우의 급상승에 따른 계급 조로현상, 탈락자 그룹의 사기 저하, 계급 간의 대우 차별을 줄임으로써 인사 운영의 효율성과 일하는 분위기를 조성하는 것이다. 이와 같은 인사제도 개혁을 통해 얻게 되는 이득은 다음과 같다.

첫째, 인사 운영의 공정성을 확보하여 인사와 관련된 모든 갈등과 비리의 원천을 제거한다.

둘째, 진급과 보직의 예측 가능한 인사를 운영한다.

셋째, 미래형의 진취적이며 발전적인 인재를 육성한다.

넷째, 눈치를 살피지 않고 소신껏 일하는 풍토를 조성한다.

다섯째, 출신성분의 차별, 내 사람 챙기기 등의 줄(line)의 형성을 방지한다.

여섯째, 소령, 준장의 조로현상을 방지하고 인사의 효율성을 증진한다.

일곱째, 기무사의 개인인사기록관리와 같은 전근대적인 구조를 탈피한다.

인사업무를 권력으로 인식하여 참모총장이 독점하고, 그런 참모총장의 인사권력을 기무사로 감독하는 후진성을 탈피하여 공개적으로 운영함으로써 공정성을 확보하여 제도를 발전시켜야 한다.

→ 조직 안정을 위한 공개적이며 예측 가능한 인사 운영

누구나 입버릇처럼 말하는 '인사는 만사다.'라는 말은 동서고금을 통틀어 어느 사회에서나 통용되는 말이다. 유능한 인재를 등용하고 적재적소에 배치하는 것은 국가와 조직의 발전에 근본이 되는 가장 중요한 사항이기 때문이다. 한국의 실정에 비추어 보면 이 '인사는 만사다.'라는 말이 '인사는 만(萬) 가지 권력의 중심이다.'로 해석되어 온 것이 사실이다. 그러나 지금부터는 '인사는 만(萬) 사람이 알도록 공개해야 정의가 실현되는 일이다.'로 의식이 전환되도록 제도를 선진화해야 한다.

공개적인 인사제도를 운영하기 위해서는 참모총장의 인사권을 인사사령부에 이관해야 한다. 현재 육군은 인사사령부를 운영하고 있기 때문에 참모총장의 인사권만 이관하면 되지만, 해군과 공군은 조직을 창설하여야 한다.

인사사령관은 장교의 누적서열을 작성하고 이를 경쟁대상자 그룹별로 공개하여 해당 장교들이 자신의 위치를 알게 한다. 누적된 서열을 작성하기 위해서는 근무성적평가, 교육성적, 필수보직 수행 등의 자료가 필요하므로 이런 자료들을 객관적으로 수집하고 점수에 대입하는 제도를 발전시켜야 한다. 특히 장교의 근무성적평가는 선진국들과 같이 피평정자의 동의를 거쳐 발송하게 하여 평가자의 의무를 강화하는 한편, 피평가자 역시도 자신의 근무성적에 책임을 지게 만들어야 한다.

물론 근무성적을 평가하여 수치로 환산하는 문제는 매우 어려운 문제다. 우선은 정량적인 점수는 쉽게 환산되나 정성적인 점수는 환산이 어려울 것이다. 이를 극복하기 위해서는 특히 정성적인 분야에서 문항을 세분화해야 한다. 또한, 계급에 따른 점수의 비중도 낮은 계급은 업무

중심이 되고 계급이 높을수록 조직을 관리하고 보다 폭넓게 대인관계를 형성할 수 있는 능력이 부각되도록 해야 한다.

다음은 보직을 관리하는 문제이다. 보직 관리 역시 진급에 못지않게 관심이 높은 분야이다. 이 역시도 체계화된 보직 관리 절차에 따라 공개적으로 보직을 순환하여 차별 대우에 대한 불만과 조직의 갈등을 근본적으로 없애야 한다.

이미 선진국들은 오래전부터 시행해 오고 있고, 그런 선진국의 사례가 아니더라도 누구나 쉽게 인식할 수 있는 대안들인데도 불구하고 이행되지 못하는 이유는 단 한 가지이다. 업무 분야를 권력으로 보는 전근대적인 사고방식 때문이다. 사고를 전환해야 선진화가 완성된다.

→ 객관적인 누적된 성과로서 결정되는 진급

진급은 누가 시켜 주고 말고 할 일이 아니다. 오직 자신이 10년, 20년, 30년 동안 애써 노력하고 능력을 발휘해 온 누적된 결과를 바탕으로 스스로가 선택할 문제이다. 매년 진급심사 시즌이 되면 입버릇처럼 '공정하고 투명한 심사'를 말한다. 그만큼 공정성과 투명성에 시비가 끊이지 않는다는 방증이기도 하다. 선진국들처럼 누적되고 공개된 인사 자료로 순서대로 진급하면 된다.

지금의 3심제 심사제도는 인사권자의 전횡을 합리화하는 미봉책에 불과하다. 단심제를 통해 진급자를 선발하던 당시의 진급비리가 폭로되자, 군은 심사의 객관성을 강화하는 방안으로 3심제 추천방식을 택했다. 그러나 인사권자의 영향력이 그대로 작용할 수 있고, 인기투표식의 선발방식으로 근본적인 대책은 되지 못한다. 따라서 준장까지는 모두 누적서열대로 진급하고, 소장부터는 국방부 인사위원회(장관, 합참의장, 각 군 총장)에서 심사를 거쳐 진급하는 방식을 실행해야 한다.

물론 준장까지 진급하는 과정에서도 서열에 모든 것을 의존할 수 없는 상황이 발생할 것이다. 누적서열에 명시되지 못하는 탈락의 사유가 있을 수 있는데, 이런 특수한 경우에는 당사자를 참석시키는 소명위원회를 거치게 하여 판단하면 된다. 지금과 같이 선발위원회를 통과하게 하면 경쟁자를 떨어뜨리기 위한 온갖 비열한 수단을 차단할 수 없다.

→ 소령과 준장의 계급 예우 분류 구조 선진화

계급 예우 측면에서 소령을 영관의 범주에서 그리고 준장은 장군의 범주에서 제외하는 조치를 취해야 한다. 즉, 소령은 위관과 고급장교(중령 이상)의 중간단계, 그리고 준장은 영관과 장군(장관급)의 중간단계로 인식되도록 0.5단계 개념으로 운영하는 방식을 말한다. 이렇게 하면 장교계급의 분류그룹이 초급장교(소위~중위), 중급장교(대위~소령), 고급장교(중령~준장), 장관급장교(소장~대장)로 형성되고 효율적인 인력 운영의 기틀이 마련된다.

미국은 소령에게는 꽃모자(scramble)를 쓸 자격을 부여하지 않고 중령부터 부여하여 고급장교(senior officer)로 분류한다. 한편, 영국과 영국의 영향을 받은 많은 국가들은 소장(별 2개) 이상부터 장군(제독)을 뜻하는 'general(admiral)'의 명칭을 부여하며 준장은 'brigadier(commodore)'라고 호칭하여 뚜렷한 구분을 두고 있다. 물론 미국은 미군 장교들이 국제적으로 활동하는 현실을 감안하여 준장에게도 general(admiral)을 부여하나, 그 명칭의 뒤에 준장은 낮은 쪽의 위치를 의미하는 'L'자를 붙이고,

소장에게는 높은 쪽을 의미의 'U'자를 붙여 구분한다.

이는 한국과 같이 준장부터 모두 장군이라고 분류하고 예우하는 의식과 뚜렷한 차이가 있다. 실제 업무에서도 준장은 실무자 그룹의 가장 높은 계급으로 임무를 부여하고 소장부터는 정책적 의사를 결정하는 임무를 부여한다.

굳이 이런 선진국의 사례를 따지지 않더라도 현실적인 문제를 따져보면 금방 개선의 필요성을 느끼게 된다. 대위에서 소령으로 진급하여 꽃모자를 쓰게 되면 이른바 '노틀 행세'를 해야 한다. 물론 꽃모자를 쓰게 되어 중후함의 멋은 있겠지만 불과 30대 중후반의 한창 일해야 할 나이에 정년을 앞두고 있는 50대 중후반의 고참 대령들과 같은 부류로 묶이게 된다. 개인적으로 이를 조로현상이라고 표현한다. 준장계급이 장군의 범주에 포함되는 것도 마찬가지다.

다음은 준장의 계급이다. 준장이 되면 장군그룹에 포함되어 일순간에 신분이 격상된다. 경쟁대상자 인원의 불과 10%에도 미치지 못하는 준장이 장군으로 격상되면 나머지 90%의 대령은 그만큼 지위가 격하되는 아픔을 겪어야 한다. 사실 대령이면 누구나가 준장으로 진급할수 있는 필요충분조건을 갖춘 것이라고 보아도 무방하다. 그런데 단지 진급심사라는 관문을 통과한 그것만으로 하루아침에 급격한 신분의 격차가 발생하는 구조라면 그것은 분명히 문제가 된다.

장포대(장군을 포기한 대령)니 대포중(대령을 포기한 중령)이니 하는 말들은 얼마나 한국군이 계급에 의미를 두고 있는지를 짐작케 하는 말들이다. 사실 준장으로 진급한 사람은 3년 정도면 소장계급 진급심사에 해당되고, 여기서 발생하는 90%의 탈락자는 고배의 충격으로 근무 의욕이 상실되는 악순환이 반복된다.

따라서 준장계급을 장군의 범주에서 제외하고 '대령계급에서 장군(소장)으로 진급할 수 있는 위치에 도달한 능력이 검증된 장교' 정도로 인식케 하는 것이 바람직하다. 대령은 업무의 능력이 완숙하여 모든 분야에서 전문가로서의 식견을 발휘하며 군에 기여할 수 있는 사람들이다. 그런 고급장교 집단이 준장계급을 기점으로 발생하는 예우라는 허식 때문에 근무 의욕을 상실한다면 그 제도가 잘못된 것이다.

보다 현실적으로 업무의 성격을 대입해서 이 문제를 고려할 필요도 있다. 흔히들 사용하는 '책임을 진다.'라는 말의 정확한 의미는 '책임을 지고 언제든 물러난다.'라는 말이다. 군인이 책임을 지고 물러날 정도의 일은 중대한 정책이나 군사작전에서 발생한다. 장군은 그 책임을 지고 물러날 수 있는 위치에 있는 계급이다. 그래서 장군을 정치인이라고 일컫는다. 이런 맥락에서 준장은 안정된 실무급 책임공무원이고, 소장부터는 책임을 지고 언제든 물러날 수 있는 정무직으로 확실하게 업무의 영역과 책임이 구분되도록 계급을 운영해야 한다. 이것이 선진화된 계급과 직무에 대한 기본적이 철학이다.

군대에서의 최고의 지휘관인 장군은 의전과 예우가 달라질 수밖에 없다. 또한 앞에서 설명했듯 업무의 차원이나 성격도 달라진다. 준장(소령)은 그런 신분의 상승과 업무의 변화를 준비하고 숨고르기를 하는 0.5의 단계로 유지하는 것이 바람직하다.

단순히 계급의 모양이 같다는 이유로 계급 예우를 분류하는 것은 현실성을 무시하는 처사이다. 다이아몬드 모양의 계급장은 위관, 꽃문양의 계급장은 영관, 별모양은 모두 장관급(장군)으로 예우와 업무의 성격까지 공동화하는 것은 사려가 부족한 처사이다. 사실 한국군의 장군은 미국을 모방하여 별을 장군계급으로 사용하지만 많은 나라들은 별이 소위를 나타내고, 장군계급의 표시 모양은 나라마다 다르다. 정작 미국에서는 해양경찰과 경찰 그리고 소방, 관세 등 제복을 입는 국가기관은 모두 군과 동일한 계급장을 사용하여 국가 계급의 표식을 통일하고 있다. 경찰서장만 되어도 군인과 똑같은 모양의 대장(별 4개) 계급장을 부착한다. 제복도 비슷하기 때문에 잘 모르는 사람은 군인 대장으로 오해하기 십상이다.

한국군의 준장을 무턱대고 장군의 반열에 세운 것은 하루라도 빨리 높은 예우를 받고 싶었던 욕심에서 비롯된 것이다.

→ *장군(소장~대장)의 소수 선발과 장기 근무체계로의 개선*

사관학교와 군대는 장군 제조 공장이 아니다. 전체의 일정 비율은 장군이 되어야 한다는 생각은 도대체 누가 만든 논리인가? '장군=혜택'이라는 등식을 세우고 출신 기수별로 마치 블록을 찍어내듯 생산해 내는 것은 어떤 이유에서도 납득하기 어려운 후진국형 제도이다. 장군 숫자의 인플레를 부추기는 원인이 되기도 한다.

선진국들은 기수라는 틀에 얽매이는 것이 아니라 능력이라는 실사구시를 추구한다. 앞에서와 같이 준장계급을 0.5단계의 위치로 운영하고 장군(소장)은 이들 중에서 비전이 뚜렷하고 개방된 지휘력을 발휘할 수 있는 능력자를 선발하여 장기간 근무하는 체계로 유지하는 것이 훨씬 선진적인 제도이다. 선진국들은 참모총장을 비롯한 대장계급의 임기를

5년으로 운영한다.

인력의 관리는 앞에서 토의한 것과 같이 준장계급까지는 기수별로 안배하여 관리하면 된다. 준장과 대령은 정년 연령이 비슷하기 때문에 개인의 경력을 관리하는 데는 문제가 없다. 이후의 장군(소장~대장)은 30년 이상 공개적으로 능력이 검증된 우수한 준장들 중에서 소수를 선발하여 장기간 근무하게 하는 것이 조직의 안정과 발전에 훨씬 유리하다. 물론 한국형 장군에서는 이것 역시도 불가능하며 선진국형 장군이 되어야 가능한 일이다.

흔히 장군을 일컬어 정치인이라고 말한다. 업무의 판단에 정치적인 사고를 대입할 수 있어야 하고, 정치의 바람을 탈 수밖에 없는 지리이며, 정치가 개입되는 정책을 다루어야 하고, 그런 이유로 정치인들과도 유대관계를 형성해야 하며, 더 이상 실무라는 한계에 묶이지 않는다는 의미이다.

준장까지는 안정된 실무급 공무원이라면 소장부터는 책임을 지고 언제든 물러날 수 있는 정무직이 된다는 점은 앞에서 언급했다. 준장은 그 실무적인 일의 가장 높은 곳에서 정치와 연결시키는 고리, 즉 실무그룹을 지휘하는 능력자, 실무그룹 중에서 가장 높은 계급, 정치인(장군)으로 가기 위해 준비하는 장교로서 일을 하는 계급으로 운영해야 한다. 이에 반해 장군(소장~대장)은 정무적인 판단을 할 수 있는 최고의 군사전문가로서 책임을 다하여 부대를 지휘할 수 있는 계급이어야 한다. 물론 지신이 책임을 져야 한다면 기꺼이 책임지는 모습을 보이는 것이 지휘관으로서의 도리이다.

어떤 조직이든 그 조직의 리더가 수시로 바뀐다면 조직이 안정되지 못한다. 보다 장기적인 안목에서 조직을 발전시킬 수 있는 전략을 수립하기도 힘들다. 당사자 역시도 직책에서 업무를 숙달하고 그 기량을 펼쳐 볼 기회를 잡지도 못한다. 조직이나 개인에게 결코 바람직하지 못하다는 말이다. 참모총장의 임기를 2년으로 한정하고, 능력이나 주관도 없는 사람들을 형틀에 놓고 찍어내듯 장군들을 양산하는 체제에서는 선진국과 같은 조직의 발전은 기대할 수 없다. 그런 폐단을 없애기 위해 선진국들은 참모총장의 임기를 5년으로 운영한다.

한국군이 지금과 같이 총장의 임기를 2년으로 임기를 제한하면 너무 기간이 짧아 능력을 발휘하거나 정책을 수립해 보지도 못하고 임기를 마쳐야 한다. 사실 군에서는 눈치 보지 않고 소신껏 일할 수 있는 유일한 계급이 대장계급이라고 보면, 눈치 보지 않고 일할 수 있는 그 기간이 옆으로 눈길 한 번 돌리는 사이에 지나가 버리는 격이 된다. 개혁된 군 지휘조직에는 유달리 대장계급이 많다. 이것저것 눈치 살피지 말고 소신껏 능력을 발휘하여 군대를 지휘하라는 의미이다. 이 점은 군 구조 개혁에서 참고하기 바란다.

'장군=혜택'이기에 기수제로 묶어 골고루 시혜되어야 한다는 고식적인 발상은 버려야 한다. 참으로 안타까운 현실이지만 국민들은 대다수가 장군을 '똥별'이라고 비아냥거린다. 국가의 안위를 어깨에 걸머져야 하는 군대의 최고지휘관들이 병사들의 조롱거리가 되는 안타까운 현실을 하루빨리 벗어나야 한다.

그러기 위해서는 준장의 장군 예우 배제, 소장부터는 소수를 선발하여 장기 근무로 개선하는 것이 유일한 대안이 된다. 그 장군들은 언제든 책임지고 자리를 물러난다는 각오로 일하고 또 언제든 물러나는 책임지는 모습을 보이면, 국민의 신뢰와 존경은 의외로 쉽게 달성된다. 물론 여기서 말하는 장군이란 지금의 한국형 장군이 아니라 개혁된 선진국형 장군이다.

→ 전문 분야 인력 관리 개선

여기서 말하는 전문 인력이란 전투병과를 제외한 기행병과, 특수병과 등의 분야와 박사학위를 말한다.

과연 사관학교 출신 장교를 법대와 의대와 같은 일반대학으로 위탁교육을 보내는 것이 옳은가? 고위급을 중심으로 장교들이 박사 열풍에 휩싸이는 것이 바람직한 현상인지 논의해 보겠다.

우선 일반대학 위탁생이나 유학생을 선발하는데 초임장교들이 선발시험을 준비하느라 본업을 경시하는 경향이 있다. 인기가 있는 분야에는 학업 성적 우수자들이 몰려 경쟁이 치열하고 탈락자들이 양산된다. 초급장교는 가장 힘들여 군대에 적응하고 전기전술을 연마해야 한다. 그런 초급장교 시절에 일반대학으로 유학으로 공부를 떠나면 전기전술 연마는 한낱 공염불에 불과하다.

전문인이 되기 위해 반복되게 대학을 가야 하고, 그 기간에 군대에는 전혀 기여하는 바가 없다. 국민의 세금으로 급여와 학비가 지원되니 금상첨화가 따로 없는 무한의 혜택이다. 그렇게 공부한 늦깎이 전문인, 박사가 과연 군에 기여하는 정도가 얼마나 될까? 그리고 군인정신에 경도된 그 전문인이 과연 얼마나 고급스럽게 전문 지식을 발휘할 수 있을까?

앞에서 예시를 통해 설명했듯이 지금 한국군의 전문성 결여는 도를 넘는 수준이다. 세계를 지배하는 미국의 장군들은 지구라는 무대를 돌아다니면서도 전쟁을 지휘하는데 한국군 장군들은 협소하고 단조로운 전장과 전력도 지배하지 하지 못하는 형편이다. 통합조직이나 합동군으로 가면 이런 전문성 결여의 문제는 더욱 심각해진다.

전문 인력은 아웃소싱으로 확보해야 한다. 일반대학을 졸업한 전문 인력은 얼마든지 많다. 비사관학교 출신 장교들을 활용할 수도 있다. 군이 필요한 전문 인력이라면 군장학생으로 선발하여 확보할 수도 있다. 사관학교 출신 장교들을 위탁이나 유학 보내는 비용으로 인센티브를 주면 얼마든지 확보할 수 있는 전문 인력들이 많이 있다. 사관학교를 입교를 입학할 때부터 전쟁 이외의 일에 목적을 두거나 사관학교를 졸업하고 소위가 되는 순간부터 엉뚱한 것에 중점을 두는 일은 결코 지속되어서는 안 된다.

국방에서 일어나는 일이니 모두 군인이 해야 하고 조금이라도 영향력이 크니 사관학교 출신이 해야 한다는 생각은 버려야 한다. 이런 것이 소아적인 발상이다. 비용과 효과 면에서 가성비를 따질 수 없을 정도로 낭비가 심하다. 더욱 중요한 것은 이런 모든 것이 전문성 결여에 결정적으로 영향을 미친다는 점이다. 국방의 폐쇄성을 부추기는 원인이 되기도 한다. 무늬만 박사인 스펙 쌓기의 허례허식을 국가가 방조하거나 조장하는 우를 범하지 말아야 한다.

03. 이기는 국방지휘부 만들기

: 지금 한국군이나 군의 주변에서 전문가 또는 권위자로서 군의 상부 지휘 구조의 개혁을 언급하는 사람들 중에서 정답을 말하는 사람은 찾아보기 어렵다. 대장 출신 장관도, 대장계급도, 교수나 박사도 마찬가지다. 기득권이나 아집, 잘못된 인식에만 매몰된 아전인수식의 주장들이 대부분이다. 외국의 사례를 드는 것 역시도 핵심이 빠지고 자신의 잣대로만 측량한 자료를 대입한다. 한국군 장교들은 계급이 높아지면 모든 것을 자신의 기준으로 판단하면서 다른 것은 틀렸다고 단정하는 성향이 높다. 제대로 원칙을 아는 사람들도 결국 그러한 위세에 압도당하여 입을 열지 못하고, 그런 프레임에 맞추어가는 궤변론자들이 권력자의 입맛에 맞게 이론을 만들어 준다. 결국 제도적 모순과 틀을 깨지 못한 채 갑론을박만을 지속한다. 경직된 사고로는 사물을 올바르게 판단하지 못한다.

오직 이 책에서 주장하는 방식대로 군의 상부조직과 지휘체계를 단일화하는 것 이외의 그 어떤 주장도 논의의 가치가 없다. 이 방법을 제외하면 모두 오답이다. 합동이냐 통합이냐의 논의도 의미가 없다. 한국군이 익숙한 미국의 합동참모본부는 육·해·공의 모든 군사참모가 합동으로 근무하는 지금의 통합구조에 적합한 구조이다. 현재의 단계에서는 '3군 병립 통합지휘구조'를 만들어 내는 것이 시급한 과제이다.

그리고 향후 30년 내에는 육·해·공군을 하나의 단일군으로 만들어야 한다. 네트워크화의 가속화 그리고 전쟁의 템포와 전투개체들이 지금의 개념을 탈피하기 때문이다. 예를 들어 레이저 무기가 실용화되는 시점에는 눈에 보이는 전투개체는 존재의 의미가 사라진다. 그런 의미에서 3군 병립 통합지휘구조'는 전환기 조직이 되기도 한다. 이 조직의 단계를 거쳐야만 단일군으로 진화할 수 있다.

 한국군이 함몰되는 오류의 핵심은 합참과 3군 본부를 중심에 두고 논의를 시작하는 문제에서 비롯된다. 국방부를 정점에 두고 합참과 본부를 군령과 군정으로 나누어 이리저리 줄긋기, 권력 나누기를 반복한다. 결국 아무런 진전이 없는 다람쥐 쳇바퀴 돌기식의 자군 이기주의, 장군 밥그릇 챙기기에 귀착하고 만다. 논의의 올바른 방향은 지휘권의 이중화와 소모적 논쟁의 중심이 되는 각 군의 본부를 폐지하는 수준으로 축소하고 아울러 총장의 권한을 모두 분산하는 것에서부터 시작해야 한다.

 군을 지휘하는 지휘부의 유일한 책무는 '스스로 강함을 표시할 줄 아는 것'이다. 그런 강함을 표현할 수 있는 지휘구조를 갖추는 유일한 길은 지휘부의 통합이다. 3군 병립 통합지휘구조'만 갖추어진다면 지금의 군사력으로도 자주의 기틀이 완성된다. 권력형 지배구조와 의전이니 예우니 허례허식을 버리고 지휘관의 책무와 능력을 강조하는 미국과 영국 등 선진국을 보면 쉽게 답을 구할 수 있다. 굳이 그런 나라들을 모방하지 않더라도 한국군 지휘부의 내면을 들여다보면 누구나 쉽게 정답을 구할 수 있다.

 한국군 지휘부를 한국의 실정에 맞도록 만들기 위해서는 각 군의 본부를 폐지하는 수준으로 축소하고, 합참의 지휘부도 축소하여 국방부에 귀속해야 한다. 즉, 군대의 작전을 지휘하는 군령의 업무는 대통령의 지시에 따라 국방총장이 수행하고, 군정은 장관 예하의 3명의 차관이 분장하는 구조가 된다. 현재의 실정을 감안하여 지금의 국방부 건물은 국방장관과 차관(3인)의 군정업무 그리고 합참의 건물은 국방총장과 각 군 본부가 사용하면 되지만 최종적으로는 모든 지휘부를 단일 건물에 집결시켜야 완전한 통합을 이룰 수 있다. 한편, 계룡대 건물은 3군의 작전사령부로 사용하면 된다.

지금의 합참의장이라는 명칭은 미국의 지휘권이 없는 합참제도를 모방한 것으로 군사작전을 통합지휘하는 구조에는 적합하지 못하므로 통합군의 사령관은 국방총장으로 명칭을 부여하는 것이 합당하다. 한편 참모총장(들)은 최소한의 인력(15명~20명 정도)을 거느리고 각 군의 대표자로서 해당 군에 관한 정책을 국방정책에 반영시키는 일과, 해당 군의 사기와 복지에 관한 업무를 수행해야 한다. 무엇보다도 대통령과 국방장관 그리고 국방총장의 군사참모 기능을 수행하여 전쟁지휘부의 기능을 강화하게 된다. 참모총장들이 지금과 같이 대전에 분산되어 있으면 이런 중요한 기능은 절대로 불가능하다. 거대한 본부를 정점으로 소모적인 논쟁만 지속되고 예산만 허비된다. 이기지 못하는 후진적인 지휘구조의 틀에서 벗어나지 못한다.

이 책에서 주장하는 조직은 영국을 비롯한 유럽 선진국들의 군사제도를 모방하여 한국의 실정에 맞도록 최적화한 구조이다. 즉, 국방부가 합참이 되고, 육·해·공군의 본부가 되는 3군 병립 통합군체제'를 갖춘 명실상부한 통합조직이 완성된다. 군정권과 군령권의 무의미한 논쟁은 더 이상 발생하지 않게 되고 튼튼한 미래지향형 지휘부가 성립된다.

국방부 자체가 군정·군령 병합의 통합조직이어야 비로소 전쟁과 위기를 관리할 수 있는 진짜 군대 지휘부가 완성된다. 여기에서 한 가지 중요한 요소는 대장계급을 비롯하여 모든 장군계급이 자신의 손과 머리로 일하는 실무형 조직으로 탈바꿈하는 것이다. 의전과 예우라는 허례허식을 버리고 능력과 일을 강조하는 서구 선진국의 장군으로 변모하여 비로소 선진 국방이 완성된다. 전쟁이나 국가적 위기 상황은 예고 없이 시작되고 시나리오 없이 전개된다. 그런 위기의 순간에 상황을 주도할 수 있는 조직과 지휘관을 갖추어야 한다. 특히 위협이 다양화하고 상황의 전개가 빨라지는 현대전에서는 신속한 대응과 상황을 지배하는 능력이 요구된다. 그런 맥락에서 작전부대의 지휘계선도 1~2단계를 축소해야 한다. 육군은 군사령부와 군단을 없애는 대신 사단을 강화하고, 해군과 공군은 함대와 지역사령부를 없애고 중앙 통제하는 구조로 바꾸어야 한다.

국방부는 거대한 정부조직이다. 한국은 병사들과 예비군 등 모든 국방 인력을 합하면 그 인력이 1,000만 명에 육박한다. 그런 군대를 유지하는 데 한 해에 40조 원의 국방비를 사용한다. 국가 안보는 국방부를 중심으로 모든 국가기관과 긴밀히 협조하고 국민과 협의해 나가야 한다.

이런 거대한 조직과 중대한 기능을 효율적으로 운영하기 위해서는 최소한 3인의 실무형 차관이 업무를 분장해야 한다. 지금의 유명무실한 차관이 아니라 장관의 업무를 확실히 분장하는 책임형 차관이어야 한다. 가장 크고 중요한 정부의 조직이니 당연히 말싸움 선수인 정치인의 몫(장관, 차관)도 있고, 펜싸움 선수인 행정전문가의 몫(군정업무)도 있고, 칼싸움 선수인 군인의 몫(전투)도 있다.

→3군 병립 통합지휘 조직

국방부본부와 합참, 각 군 본부를 통합하여 군정과 군령이 병합된 3군병립 통합군 지휘조직을 만들어야 비로소 국방이 제 기능을 할 수 있게 되고 미래를 위한 발전도 보장된다.

단지 미국이나 영국 등의 선진국들이 그런 경향을 보인다고 해서 맹목적으로 따르자는 뜻이 아니다. 이치를 따져 보면 3군 본부가 통합을 저해하는 작용을 하고 있음을 금방 알게 된다. 지금의 조직은 현대전에서 불필요한 분리된 구조를 부추기며, 또 제한된 국방자원을 낭비하는 주범이다. 국방정책을 소모적으로 펼쳐 나가는 원인이 되는 점도 쉽게 발견된다.

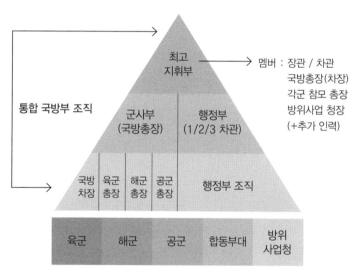

3군 병립 통합군 지휘부 구조(그림)

위기의 순간에 대통령을 비롯한 지휘부가 가장 빠른 시간 내에 한 장소에 모여 대책을 논의하고 군사적 대응책을 즉각 지시할 수 있어야 한다. 이를 구현할 수 있는 방법은 오직 지휘부가 공통의 공간에 존재하는 것이다. 그리고 군사정책에 관한 모든 업무를 동일한 건물에서 동일한 지휘부가 수행해야 통합군의 통합된 정책을 수립할 수 있다. 이를 위한 고위급의 직접적인 업무 참여가 불가피하다. 통합된 국방조직은 장관 예하에 군사부는 국방총장이, 그리고 행정(정책)부는 1/2/3차관이 업무를 분장한다. 이런 구조가 완성되어야 옥상옥의 관료화 조직을 탈피하고 지휘체계의 단일화가 달성된다. 대장계급을 포함한 고위급의 업무형태 변화와 이를 감당할 수 있는 체질 개선도 수반되어야 한다.

앞에서 언급 했듯이 지금의 국방부본부 건물은 행정부(장관, 1/2/3/차관, 방사청 본부조직), 합참 건물은 군사부(합참, 육·해·공군 본부, 정보본부) 그리고 계룡대 건물은 육·해·공군의 작전사령부가 사용한다. 그 상태로 변화기를 넘기고 최종적으로는 국방부 건물에 행정부와 군사부가 모두 들어가도록 단일화해야 한다. 이것은 향후 30년 내에 단일군으로 가기 위한 전환기 조직이 된다.

통합형 상부조직을 통해 얻게 되는 이득은 실로 엄청나다. 한마디로 전쟁이 가능하고 발전을 담보하는 선진 국방이 완성되기 때문이다. 비로소 집단지성이 제대로 발휘되고, 각자의 역할이 분담되는 강력한 미래 지향형 전쟁지휘부가 완성된다.

첫째, 지휘부가 강한 조직을 만들어 어떠한 위기에도 신속한 대응이 가능하다. 특히 북한과 같이 기습을 주 무기로 사용하는 집단에는 통합지휘부만 대응이 가능하다.

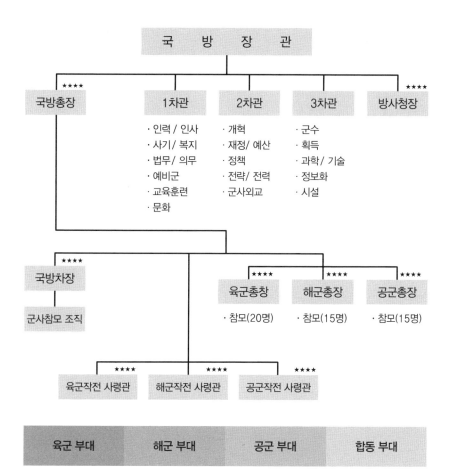

군사부 조직 (그림)

둘째, 한국의 실정에 최적화된 국방정책을 수립할 수 있게 된다. 지휘부가 공통된 공간에서 공통된 전략과 정책을 수립하는 것을 일상으로 근무하기 때문에 최상의 전략과 정책을 수립할 수 있다.

셋째, 한정된 예산과 인력 등 자원을 가장 효율적으로 사용할 수 있게 된다. 지금과 같은 3군 분립형 구조에서는 분산되어 낭비되는 자원이 많다. 이러한 불합리성을 없애기 위해 선진국들은 통합을 달성했다.

넷째, 변화에 적응하고 시대를 선도하는 국방을 만들 수 있다. 시대의 변화에 따라 가장 극심한 변화를 겪는 조직이 국방이다. 최신의 과학기술들이 가장 먼저 국방에 사용되기 때문이다. 이런 변화에 능동적으로 대응하기 위해서는 지휘부가 항상 업무에 밀착해 있어야 한다. 특히, 고위급들의 무한 협업이 절실하게 요구된다.

다섯째, 통일 한국의 미래 전략에 최적화된 조직이다. 비록 지금은 북한이라는 유일한 적을 두고 있지만 미래의 적은 훨씬 다양해진다. 한정된 자원을 활용하여 최적의 대응책을 강구하기 위해서는 무엇보다 지휘부의 통합이 우선되어야 한다. 지휘부가 분리되어 있으면 환경의 다양성에 대응책들이 발산하는 수준으로 많아지고 그 변수를 수용하지 못하여 자원의 낭비가 수용할 수 없을 정도로 심각해진다. 전력을 증강하고 인력을 조정하는 정책들도 모두 국방부에서 3군의 참모총장이 협의하여 이루어 나가야 한다. 예를 들어 이지스 구축함이나 차세대 전투기를 도입하는 등과 같이 고가의 무기 체계를 도입하는 사업들도 합의된 전략에 근거하여 국방부에서 주도해야 한다. 그래야 불필요하게 예산이 낭비되는 것을 막고 제한된 자원을 목적에 맞게 결집할 수 있다. 지금과 같이 육·해·공군 본부와 합참이 분리되어 이기주의를 내세우는 상태에서는 불가능하다.

여섯째, 국민의 지지를 받는 진정한 군대로 탄생한다. 특히 문민장관 시대를 열어 국방을 개혁하고 비리를 차단할 수 있다. 국민 행복을 추구하는 병사제도를 마련하면 국방은 비로소 국민의 품에서 발전하게 된다.

→ 민주주의 국가의 국방에 걸맞은 문민장관 시대 개막

지금과 같은 대장 출신 장관은 가까스로 조직을 유지할 수 있을 뿐 개혁이 불가능하고, 거대한 국방조직이 국민의 지지를 받지 못하고 폐쇄된 조직으로 남게 된다. 민주주의 국가에서 문민장관은 선택이 아니라 필수 사항이다. 사관학교를 나와 40년을 군에서 잔뼈가 굵고 모든 것을 계급의 상하관계로 판단하는 대장 출신은 정치를 감당하지 못한다. 문민장관은 자격이 없다고 단정 지어서는 안 된다. '대장'과 '장관'은 업무의 생리가 다르기 때문이다. 사관학교를 졸업하고 40년간 군에서 지휘관을 지낸 대장계급의 장군 출신이 장관이 될 수 없고 주장하는 이유는 다음과 같다.

첫째, 민주주의 국가에서 장관의 업무는 정치가 주가 된다.

정치는 다차원의 복잡한 세상이고 전쟁은 이차원의 가장 단순한 행정 분야이다. 그래서 모든 민주국가들은 군인은 전역 이후에 최소한 10년 정도는 지나야 장관이 될 자격을 부여한다. 군인이 정치를 쉽게 생각하는 것이 바로 정치군인들이 생각하는 소아적인 발상이다. 그들은 장관이 사관학교 선배가 아니면 상관으로 대접할 수 없다고 치부한다.

일반 국민들이 보기에 정치는 진흙탕 싸움이다. 특히 한국 정치는 더욱 그러하다. 장관은 정치인들과 설전을 벌이고 적당히 타협도 해야 하고 때로는 비굴한 모습도 보여야 한다. 전쟁의 논리로 적과 아군으로 편을 가르고, 계급으로 대우받으며, 지휘구조와 획일화된 의식으로 충만한 군대 생활 40년을 마친 사관학교 출신 대장이 할 일이 아니다.

둘째, 국민의 지지를 받기 어렵다.

대통령과 뜻을 같이하고 정부의 다른 부처와 연합해야 한다. 무엇보다 나라의 주인인 국민의 뜻을 살필 줄 알아야 한다. 그래야 국민이 지지를 받는 강한 군대가 만들어진다. 그런데 군인 출신 장관은 군대라는 거대한 조직을 군인들만의 조직으로 착각하고 국민을 배제한다. 국민을 향해 국방을 열면 국방이 혼란해진다는 착각에 빠지는 경향이 크다. 민주주의 국가에서는 그런 생각은 버려야 한다.

셋째, 범정부조직의 지원과 협조를 받기 어렵다.

전쟁은 군인만의 몫이 아니라 범국가 조직과 국민의 총력전이다. 군인은 단지 상비군으로 존재하여 즉각적이며 전문적인 조치만 하면 된다. 국방의 책임자인 장관은 정부의 모든 부처로부터 전폭적인 협조와 지원을 받아야 한다. 그렇게 하기 위해서는 대통령이 지명하는 모든 정부조직의 리더들과 호흡을 같이할 수 있어야 한다.

넷째, 전우들을 실망시키게 된다.

지금까지 한국의 국방장관은 대장 출신들이 독식을 하고 있다. 대장 계급으로 오르기까지 수많은 부대에서 수많은 장병들을 호령하여 40년을 지내 온다. 그런 장관이 정치의 수렁에서 헤어나지 못하는 모습을 보면, 장관과 함께하며 장관을 지켜보았던 전우들이 탄식한다. 지금까지 군인 출신 장관들이 국방부를 거쳐 갔지만 대부분 체면을 구기며 직책을 수행했다. 특히 군대에서 불미스런 사고로 국회의원들의 질책을 받을 때는 과연 그 장관이 대장까지 오르며 군대를 호령했던 사람이었는지를 의심하게 만들었다.

대장으로 전역해도 꼭 국가와 사회에 이바지하고 싶다면 국방의 분야에서 무보수 명예직으로 봉사하면 된다. 그 모습이 더욱 국민에게 믿음직스럽고, 명예로우며, 고급스러워 보인다. 특히 국방과 국가를 선진화하는 데 있어 지대한 기여를 하게 된다. 노블레스 오블리주의 장군으로 존경받을 수 있다. 예비역이 되어서도 돈과 명예와 권력을 좇아 이전투구를 벌이는 엉터리 대장들이 많은 안타까운 현실에서 한 줄기 빛이 된다.

다섯째, 국방개혁이 불가능하다.

아마도 이 문제가 문민장관이어야 하는 가장 큰 이유가 될 것이다. 첫째, 대장 출신의 장관은 자신이 40년 넘게 적응해 온 조직에서 무엇이 잘못되었는지 모른다. 심지어 개혁의 대상이 장관이 이루어 놓은 업적에 해당하는 일일 수도 있다. 대장은 오직 체제에 순응하는 모범을 보여야 도달할 수 있는 계급이 대장이다. 현재의 체제에 순응하는 것은 개혁의 의도가 없다는 뜻이다. 가만히 있기만 해도 조직의 환경이 바뀌므로 개혁은 필수이다. 둘째, 개혁 대상을 자신의 식구로 인식하여 과도한 변화를 주는 것을 식구를 헤치는 것으로 인식한다.

셋째, 예비역의 반대를 감당해 낼 능력이 없다. 예비역 장군들은 모두 장관이 실무에서 상전으로 모시고 있던 사람들이다. 그런 예비역이 볼 때 장관은 업무를 제대로 수행하지 못해 지적이나 받던 사람인데, 어느 날 갑자기 장관이 되었다고 해서 그들의 뜻을 어기는 것은 곧 항명이 된다. 한편, 잠시 후 장관직을 떠나면 평생을 같은 단체에 섞여 살아야 하는 사람들이기 때문에 그들을 무시했다가는 단체에서 왕따를 당하게 된다. 넷째, 개혁을 추진할 동력이 없다. 정치라는 격랑에 파묻혀 개혁의 절실함도 상실하고 만다.

문민장관을 주장하는 이유는 다음과 같다.

첫째, 국민의 지지를 받을 수 있다. 국민이 뽑은 대통령과 뜻을 같이 하는 정치인은 국민 과반수의 지지를 받는다.

둘째, 개혁이 가능하다. 군인 출신 장관이 가지는 핸디캡이 없다.

셋째, 범정부 조직과 협업이 가능하다. 다른 정부조직은 대부분이 대통령과 뜻을 같이하는 정치인들이기 때문에 정치인들 간의 협업이 용이하다.

넷째, 대통령(국군통수권자)의 입장에서 국방정책의 실정에 대해 책임을 묻기도 쉽다.

→ 문민장관과 통합 국방지휘구조의 특징

무엇보다도 가장 큰 변화를 겪는 조직은 각 군 본부이고 참모총장의 업무 영역이다. 지금의 본부조직은 사실상 폐지되기 때문에 참모총장이 행사하는 권한들은 모두 장군급 지휘관에게 이전되어 부대장이 책임지고 업무를 수행한다. 예를 들어 인사권은 인사사령관이 공개적이며 개방형으로 인사를 운영한다. 이 점은 장교 인사 개혁에서 설명한 바와 같다. 모든 권한을 분산한 참모총장은 업무적으로 책임이 없는 가벼운 존재가 된다.

최소한의 인력(15~20명)을 거느리고 국방부에 귀속되어 참모총장이라는 명칭은 그대로 유지하면서 각 군의 대표자로 역할을 수행하고, 대통령(장관), 그리고 국방총장의 참모기능을 수행하며, 각 군의 사기와 복지에 관한 업무를 수행하고, 국방부의 정책에 소속군의 해당 사항이 제대로 반영될 수 있도록 역량을 발휘한다. 또한 대외적으로 활동을 강화하여 해당 군의 정책에 대한 지지 여론을 조성한다. 지금의 권력에 대한 집착과 의전과 예우라는 허례허식을 버린 실무형 장군이라야 개혁된 조직의 참모총장이 탄생할 수 있다.

국방부는 군정·군령의 병합조직으로 만들어 국방장관의 지휘 아래에 군정업무는 차관들이 나누어 수행하고 군령업무는 국방총장이 수행한다. 이는 지금과 같이 국방부를 염두에 두지 않고 군을 군정(본부)과 군령(합참)으로 나누어 소모적인 권력투쟁으로 이끄는 근원을 없애게 된다. 군정과 군령을 군인끼리 나누어 책임과 권한의 경계를 따지는 것은 아무런 의미도 없고 생산성도 없을뿐더러 미래를 위한 발전도 도모할 수 없다. 그 무의미한 논쟁 때문에 지금 이 시간에도 한국군은 퇴보하고 있다. 지휘부가 아무런 행동도 취하지 않고 있는 사이에 세상은 무지하게 빠른 속도로 변하고 있기 때문이다.

개혁된 군사부의 조직에서는 별 4개의 대장계급이 많다는 특징이 있다. 이는 최고의 프로 전사로서 누구의 눈치를 살피지 않고 소신껏 자신의 역량을 발휘해야 하기 때문이다. 여기서 중요한 것은 그 대장들은 지금의 '한국형 장군'이 아니라 '책임·실무형' 장군들이어야 한다는 점이다. 지금과 같은 예우나 의전은 없다. 오직 자신의 손과 머리로 낡아빠진 매뉴얼에 얽매이지 않고 가장 신속하게 의사를 결정하며, 조직을 이끌어 가는 선진형 리더들이다. 가장 빨리 출근하고 가장 늦게 퇴근하며 군과 국가를 위해 헌신·봉사의 각오가 된 참 군인, 진짜 장군들이다. 그런 대장들만이 군대를 제대로 이끌 수 있고 미래를 위한 개혁과 혁신을 주도할 수 있다. 국방총장을 비롯한 3군 통합부대의 지휘관은 육·해·공군 대장을 돌아가면서 맡는다. 다수를 차지하는 육군이 불가능하다고 주장하는 부대는 육군조직으로 남기면 된다. 예를 들어 기무사령관은 육군 장군으로만 보직할 것이면 육군 기무사령부로 명칭을 바꾸어야 한다. 이를 위한 통합성의 교육을 계급에 맞게 실시하여 통합성의 기초를 다진다.

3인의 차관제로 운영하는 행정부(군정업무) 분야에도 군 조직임을 감안하여 현역을 적절히 배치해야 한다. 앞에서도 언급했지만 국방부는 정부조직 중에서도 가장 규모가 크고 안보와 정부에 미치는 영향이 지대하기 때문에 최소한 3인의 차관으로 업무를 분장하는 것이 필요하다.

방위사업청은 군대와 하나의 조직으로 움직여야 하는 매우 중요한 조직이다. 앞에서도 설명했지만, 단순히 정부의 조달청의 성격이 아니기 때문에 국방부장관의 직속으로 두어야 한다. 개혁된 국방구조와 개방을 통해 투명성을 확보하면 부정이나 비리를 걱정하지 않아도 된다. 현역(또는 예비역) 대장계급으로 운영하여 군이 필요로 하는 무기를 책임지고 만들게 해야 한다.

→ 작전부대의 지휘계선 축소

누구나가 인식하듯이 현대전은 통합의 전쟁이다. 시간이 흐를수록 네트워크화가 더욱 심화하여 모든 전투 요소들이 단일 네트워크로 묶인다. 지휘부와 전장의 전투개체가 직접적으로 정보를 교환하기 때문에 중간계층이 불필요해진다. 단지 불필요한 정도가 아니라 있으면 오히려 해가 된다. 중간계층에서 보고에 시간을 지체하고 정보의 왜곡도 발생하기 때문이다. 한편, 레이저무기, 무인 무기체계, 로봇병사가 보편화 되면서 육 · 해 · 공군의 경계도 사라지게 된다. 그래서 선진국들은 이미 1990년대에 접어들면서 중간계층의 장군지휘관들이 어떤 역할을 할 것인지를 고민하고 줄여 나간다.

한국군이 지금과 같이 중간계층을 두는 방식은 아날로그시대에나 합당한 것들이다. 선진국들처럼 지휘계선 축소나 통합지휘조직에 대한 지휘부의 인식과 실질적인 논의가 없다는 것은 개혁의 의지나 노력이 없다는 것을 의미한다. 오히려 지휘 구조와 중간계층을 비대화하여 시대의 변화에 역행한다. 과거에는 정보의 이동이 늦고 그만큼 작전을 수행하는 템포도 완만하였다. 그러나 지금은 지구 반대편의 정보가 영상과 함께 실시간으로 유통되는 IT 정보화 시대이고, 이런 변화는 더욱 가속화되고 있다.

이런 환경적인 변화와 한국 전장의 특성을 고려해 보았을 때, 육군의 지휘계선은 어떠한 이유에서도 옥상옥의 수직계열화라는 비판을 피해갈 수 없다. 육군은 지금의 군사령부와 군단 조직을 없애고 사단을 강

화하여 국방총장–육군작전사령관–사단장으로 지휘계선을 단축해야
한다. 지금과 같이 합참(육군본부)–군사령부–군단–사단(여단)으로 연
결되는 상태에서는 군사령부와 군단의 기능을 구분 짓지 못한다.

군사령부와 군단의 단계를 없애는 대신 사단장의 참모조직과 기계
화전력을 보강하고 사단의 관할구역을 확장하는 구역조정을 해야 한
다. 이런 단계를 축소하는 과정에서 필요하다면 사단장의 계급을 중장
(별 3개)으로 운영하는 것도 검토해 볼 만하다. 아니면 한국군에서는 사
단장이라는 명칭은 없애 버리고 아예 군단장을 사용해도 무방할 것이
다. 사단이니 군단이니 하는 말은 부대의 규모를 말하는 것이지, 그것
이 군대 조직의 필수조건도 아니고 그런 것들이 있어야 전쟁에서 이기
는 것도 아니다.

지금의 지상군 지휘계선은 미군의 해외원정 기동군 조직이지, 공성
전을 수행하는 한국군에 적합한 조직이 아니다. 현재의 육군 조직은
좁은 땅덩이를 이리저리 쪼개어 계선만 복잡하고 지휘에 거추장스러움
만 증가한다. 군사령부와 군단을 없애는 대신 육군작전사령부의 지휘
소에 기능을 강화하면 훨씬 효율적으로 전쟁을 수행할 수 있게 된다.

군대는 전쟁이라는 목적에 맞게 최적화되어야지 구색이나 모양새를
갖추는 조직이 아니다. 사단(별 2개)이 있느니 그 위에 군단(별 3개)이 있
어야 하고 그 위에 군사령부(별 4개)가 있어야 한다는 고식적인 생각은
오늘날의 전쟁 상황에서는 버려야 승리가 보장된다. 단순한 정보들조
차도 지휘계선 한 단계를 거치는 데만 몇 시간이 걸릴 수도 있고 정보
의 왜곡도 발생한다. 오늘날의 전쟁, 특히 한반도의 전쟁은 분초를 따
지지 못하면 승리를 장담하지 못한다.

지상의 헬기전력을 모두 공군에서 통합하여 지휘·관리하는 것이 훨씬 한국의 특성에 맞다. 한편, 해군이 운영하는 해상용 대잠항공기들은 그대로 해군이 운영하는 것이 바람직하다. 한국의 지상공역은 너무나 비좁기 때문에 지금과 같이 육군의 항공작전사령부가 분리되면 전시에 공역 관리에 어려움이 따른다. 특히 공군은 전시가 되면 모든 임무가 지상군과 연계하여 진행되기 때문에 국방총장의 전쟁 방침에 따라 공군에서 통합하여 운영하는 것이 훨씬 효과적이다. 이렇게 하면 육군은 '국방총장 → 육군작전사령관 → 사단 → 전투부대'로 지휘계선이 현재의 5단계에서 3단계로 축소된다. 해군은 '국방총장 → 해군작전사령관 → 함대 → 전투부대'의 3단계가 되고, 공군도 '국방총장 → 공군작전사령관 → 지역사령관 → 전투부대'로 유지된다.

한편, 해군과 공군이 현재와 같이 지역을 구분하여 지휘하는 것은 과도기 단계로 볼 수 있으며, 장차 미래전을 대비해서는 해군의 해역과 공군의 공역을 하나로 통합하여 작전사령관이 직접 지휘하는 체제로 발전해야 한다. 즉, 해군은 지금의 한반도 주변해역을 3등분하는 구조에서 해약을 1개로 보고 임무형 함대를 운영하고, 공군은 중부와 남부사를 없애고 하나의 공역으로 통합하는 구조를 말한다.

→ 예상되는 질문들

첫째, 통합 국방조직이 되면 국방부조직이 비대해진다?

참모조직을 비대하게 유지하는 허약한 한국군 지휘부의 시대착오적인 인식과 관행에서 기인한 것이다. 불필요한 의전이나 예우에 익숙한 한국군 지휘부는 도저히 상상을 할 수 없는 상태라는 것이 참으로 안타깝기만 하다. 장군들이 근무하는 모습이 파티션구조에 책상 하나가 전부인 모습이 아니면 전쟁이나 조직의 발전은 불가능하다. 개인참모나 비서진 그리고 생색내기 행사와 같은 허례허식들도 모두 없애야 한다.

둘째, 통합조직이 되면 육군 중심이 되는 것이 아닌가?

모든 통합조직은 육-해-공군이 순서대로 맡는 윤번제를 적용해야 한다. 육군이 인원수의 논리로 우위를 점해야 한다거나 해·공군의 장군은 절대로 지휘관으로 둘 수 없다고 주장하는 부대는 모두 육군부대로 유지하면 된다. 예를 들어 지금의 기무사와 같은 조직이다. 오직 육군의 장군만이 기무사령관이 될 수 있다고 우긴다면 그 부대는 국군기무사령부가 아니라 육군기무사령부가 되어야 합당하다. 부대의 모든 방침은 오직 지휘관에 의해 좌우되기 때문이다. 육군의 기무사령관이 3개 군대를 평가한다면 당연히 육군을 우선시하게 된다. 따라서 육군 장군만 지휘관으로 보직되는 군대 조직은 당연히 그 업무의 영역을 육군에만 한정해야 한다.

좀 더 현실적으로 판단해서 육군의 인원수 논리를 무시할 수 없는 처지이기 때문에 장군 지휘관을 '육군 → 해군 → 육군 → 공군' 정도로 육군에 우위를 두는 것은 이해할 수 있다. 그러나 전부를 육군이 독식한다는 것은 용납될 수 없다.

셋째, 각 군의 본부는 할 일이 많은 큰 조직이다?

이렇게 인식하거나 그것을 주장이라고 떠들어 대는 사람들은 국방개혁의 'ㄱ'자도 말할 자격이 없는 사람들이다. 현대전의 추세와 한국의 안보 환경, 전쟁 양상, 향후 발전 등 모든 것을 대입해도 '본부의 해체 수준 축소 및 국방부 분부에 귀속'이라는 단 한 가지 방법밖에 없다.

먼저 지금의 각 군 본부구조에서 참모총장들이 갖고 있는 모든 권한과 업무의 분야를 기능별로 분산하여 독립된 지휘관이 책임지고 운영하는 구조를 만들어야 한다. 그것이 현대 조직이 추구하는 권한의 분산이다.

한국 국방에서 본부라는 조직의 참모총장만큼 할 일이 없으면서 권력은 넘치도록 많은 조직은 선진국의 그 어떤 나라에도 없다. 선진국의 참모총장에 비한다면 한국의 참모총장들의 하루 일과는 대부분이 불필요하거나 발전과 역량결집을 저해하는 일들이다. 본부라는 거대한 조직이 참모총장 한 사람만을 위한 개인참모 조직으로 여겨진다. 업무의 구조와 의전비서조직 그리고 사무환경과 실제 업무내용을 선진국에 비교해 보면 가성비는 '0(제로)'에 가깝다는 결론에 쉽게 도달할 것이다.

각 군의 본부제를 포기하지 못하는 이유는 크게 두 가지로 볼 수 있다. 무엇보다도 자군 이기주의이고, 다음은 권력으로 인식되는 참모총장의 권한을 놓기 싫은 이유이다. 대통령이 강력한 의지를 갖고 개혁하지 않으면 누구도 선뜻 내려놓지 못할 것은 정한 이치이다.

앞에서 여러 차례 강조했지만 제2차 세계대전과 그 이후의 위기 그리고 무엇보다 정보화 시대의 도래로 통합성이 요구되고 있다. 이런 필요에 의해 선진국들은 오래전부터 각 군의 본부를 가장 소모적이며 효율성을 저해하는 조직이라는 인식을 갖고 본부와 참모총장의 역할과 기능을 축소하는 개혁을 단행했다.

따라서 본부와 참모총장의 역할과 기능을 축소하여 국방부에 귀속시키고 참모총장을 이른바 '자유로운 영혼'으로 만들어 국방정책의 의사 결정에 적극적으로 참여시키고 전쟁지휘부의 참모 기능을 수행하게 해야 한다.

넷째, 군정과 군령의 개념조차 모르는 무식한 발상이다?

처음부터 잘못된 인식으로 도입한 전근대적인 제도이다. 앞에서도 수차례 강조했지만, 군국주의 일본군의 제도를 모방한 데서 기인한 것이다. 서구의 선진국들은 처음부터 군정(행정, 정책, 전문분야)은 행정전문가들이 맡았고 군인은 전쟁의 조직에만 사용되어 처음부터 군정권이니 군령권이니 이런 말을 두고 소모적인 논쟁을 벌이는 일은 없다.

특히 지배력을 강조하는 정치군인들이 30년을 넘게 군대를 지배하는 과정에서 더욱 지배력을 강조하고, 책임도 없는 권한을 잔뜩 모아 업무의 분야와 책임을 권력으로 둔갑시킨 것이다. '군정권' 그리고 '군령권'이라는 글자는 국방에서 없어져야 한다. 선진국의 모든 군사조직에서는 권력으로 인식되는 권한과 지배력은 없다. 오직 일과 책임밖에 없다. 이 모습의 차이가 곧 군대의 전쟁 능력이 되고 진짜 군대와 가짜 군대를 구분 짓는 결정적인 요소가 된다.

다섯째, 대장(장군)은 높은 계급에 맞는 적절한 예우가 있어야 한다?

물론 어떤 조직에서도 계급에 상응하는 적절한 예우는 필요하다. 그러나 그런 것들은 행사나 꼭 의전이 필요한 경우에 적용되는 것들이다. 선진국은 업무를 수행하는 공간과 절차에서는 모든 예우니 의전이니 하는 따위를 거추장스럽고 업무를 방해하는 것으로 인식한다. 한국군은 모든 업무에 예우와 의전이라는 허례허식을 모든 것에 우선시한다. 이런 문화와 업무구조에서는 조직의 발전은 없다.

여섯째, 3군을 통합하면 국방총장의 지휘 폭이 커지고 계선이 길어진다?

군사부 조직구조에서 보듯이 지상, 해상, 공중의 작전요소를 직접 지휘하는 조직은 각 군의 작전사령관이다. 국방총장은 군사작전의 지침을 제공하고 통합성을 발휘하는 기능이다. 앞에서 설명한 대로 각 군은 3단계의 지휘계선으로 작전요소를 효과적으로 지휘한다. 미군은 한국보다 100배가 크지만 문제가 없다는 점을 강조했다. 장군의 업무 체질만 개선되면 업무를 수행하는 데 문제가 없다.

일곱째, 장교의 통합성 교육은?

특히 장교들의 통합성 교육이 강화되어야 한다. 지금의 스펙 쌓기 열풍은 통합성 교육의 장애가 된다. 가장 중요한 것은 계급에 맞게 교육을 시행하는 것이다. 통합성을 말하면서 사관학교 통합을 말하는 사람들이 있는데, 이는 마치 유치원생에게 대학원의 교육을 강제하는 것과 같다. 또 다른 마피아 조직으로 만들 우려도 크다.

소령, 중령, 대령 그리고 준장계급에서 통합부대의 참모와 지휘관으로 근무하는 우수자원들을 선별적으로 교육해야 낭비도 없고 교육의 효율성도 배가된다. 무분별한 통합성 교육은 필요성을 인지하지 못하는 학생장교들이 시간만 허비하게 된다. 무엇보다도 꼭 필요한 인원을 적절한 시기에 교육하는 것이 중요하다.

여덟째, 문민장관이 국방을 이끌 수 있나?

만일 이런 물음을 가진 사람이 있다면 정치(군)인의 성향을 의심해야 한다. 민주국가 정부의 국방장관이라는 자리는 정치인의 몫이지, 대장계급 군인의 몫이 아니다. 군사행동은 최고통수권자인 대통령이 군인(국방총장)에게 지시하여 군인들이 수행하는 것이지, 장관이 독단으로 군사작전을 지시하고 말고 하는 일이 아니다. 이런 기본적인 것조차 생각하지 못하는 것이 군사정권의 '군인 대통령 → 군인 장관 → 군인 지휘관'으로 이어져 내려온 체계에만 익숙한 편협한 생각의 한계이다. 개혁된 통합조직에서는 3군의 작전부대를 지휘하는 국방총장이 각 군의 총장을 참모로 두고 군사작전을 수행하기 때문에 문민장관이라고 해서 군사작전이 허술해지는 것이 아니다.

국방장관이 대장 출신 또는 사관학교 선배가 아닌 민간인 출신이라는 이유로 거수경례를 붙이기 거북하다고 생각하는 장군은 민주군대의 지휘관이 될 자격이 없다. 소아적인 영웅 심리에 빠진 군국주의 군인이거나 엘리트주의의 환상에 빠진 군복으로 위장한 아둔한 정치인일지 모른다.

민주주의 국가의 군대 지휘관은 나라의 주인인 국민이 뽑아 준 대통령과 그 대통령이 권한을 위임해 준 국방장관에게 경례만 하면 된다. 민주군대의 지휘관은 그 경례의 대상을 스스로 고를 수 있는 능력도 자격도 없다. 그 자격이 박탈당한다는 말이 정확한 표현이다. 그 경례의 대상을 고르는 사람은 지휘관의 자격이 없다. 당장 군복을 벗고 정치 무대로 나서야겠지만, 그런 옹졸함을 인정하여 표를 던져 줄 주인(국민)은 많지 않을 것이다.

04. 병사의 사기 진작 = 국민 행복의 시발점

: '장병(將兵)'이라는 용어는 장교, 부사관, 병사를 모두 포함하는 말이다. 여기서 말하는 '병사(兵士)'라는 용어는 징병제 때문에 의무적으로 군대에 복무하는 군인들을 말하며, 직업으로 군인을 택한 사람들은 모두 제외한다. 병사의 복지와 처우 개선을 마치 우는 아이에게 젖을 준다는 식으로 마지못해 찔끔찔끔 선심성으로 대해서는 안 된다. 국가의 차원에서 실질적이며, 지속 가능한 정책으로 확고하게 추진되어야 한다.

만일 "군복무를 마치지 않은 사람은 청문회를 통과하는 직책에 세우지 않겠다."라고 선언하는 대통령 또는 후보자가 있다면 대한민국의 정의는 한 걸음 진보할 것이다. 만일 그가 병사자원 관리를 국가에서 책임지겠다고 선언하면 대한민국의 행복이 시작된다. 징병제를 시행하는 한국에서 국방의 의무를 기피하였거나, 군대를 상대로 사리사욕을 취하여 군대와 국방을 망친 사람들이 국가지도층을 자처하는 것은 어불성설이다.

병사는 군대의 보배요 대한민국의 미래다. 병사가 살아야 전쟁에서 이긴다. 병사가 없는 군대는 존재하지 못한다. 병사는 지휘관이 의지하는 최고의 병기이자, 최후의 승리를 보장하는 유일한 존재이다. 지휘관이 '적과 싸워 이길 수 있다'고 호언장담하는 것은 그의 병사가 적과 싸워 이겨 줄 것이라고 믿기 때문이다. 병사는 군대를 지탱하는 가장 큰 힘이요, 장차 대한민국을 이끌어 갈 국가의 주역이다. 병사들의 사기가 저하하면 그 군대는 전쟁에서 이길 수 없다. 국가의 병사자원을 관리하는 정책이 정의롭지 못하면 대한민국의 미래는 불투명해 진다.

병영의 주인은 병사들이다. 그런데 한국군의 병사정책은 아직도 1960~70년대의 사고에 머문다. 지금의 국방지휘부를 이루고 정책을 수립하는 사람들이 그 시대의 사고에 머물러 있기 때문이다. 지금의 한국 병사는 몸값이 금값이다. 인구절벽 현상이 가장 빠르게 진행되고 있기 때문이다. 과거와 같이 무한정으로 끌어 쓸 수 있는 무한의 자원이 결코 아니다. 병사자원이 고갈되어 가는 형편이라 그 자원의 몸값이 천정부지로 치솟는다. 지금까지 국방부가 고수하는 고식적인 사고 방식과 의무라는 굴레로는 그들을 구속하지 못할 지경에 이르렀다. 병사자원을 관리하는 것은 대한민국의 미래를 관리하는 것이라는 발상과 인식의 전환이 절실하다. 국가의 미래는 국가가 혼신의 힘을 다해 관리해야만 보장된다.

한국은 세계 10대 경제대국이고 OECD의 발전된 민주주의 국가이다. 그런데도 병사제도가 아직도 낙후성을 면치 못하고 있는 이유는 국가와 국방지휘부가 병사 문제를 소홀히 대해 왔기 때문이다. 한국군 장군의 복지는 선진국의 모든 군대를 통틀어 비교할 수 없을 정도로 최고의 수준에 도달해 있다. 국방의 정책을 수립하는 사람들이 장군의 복지는 우선적으로 챙기면서 병사의 복지는 뒷전으로 미루어 왔기 때문이다. 병사의 병영 생활 여건과 병사와 관련된 제도 개선은 뒷전으로 미루고 장군들이 사용하는 골프장, 사우나, 식당, 장군화, 장군복, 장군용 사무실 그 사무실의 잠자는 내실, 그리고 권위의 상징물을 꾸미고 가꾸는 데는 예산과 인력을 아낌없이 투자하고 그런 일에 고급 인력들이 앞선다. 장군이 정책을 결정하니 자신들의 몫부터 챙기는 것이고, 장군의 권력에 아부하는 장교들이 앞다투어 발 벗고 나선 것이다.

장군을 비롯한 모든 직업군인은 직업으로 군인을 선택한 사람들이다. 군이 별도의 예산을 들여가면서까지 병영의 테두리 안에서 그들을 위한 복지를 챙기지 않아도 된다. 봉급과 수당, 직책 보조금, 그리고 연금까지 이르는 국가적 보상에 또 다른 보상을 더하는 중복된 혜택이다. 정책을 수행하는 고위급들은 병사를 빌미로 자신들의 복지를 챙겨왔다는 지적이 있다. 병영에 관한 일을 주도하는 직업군인들이 그들부터 앞세웠다는 비판도 크다. 선진국의 병영을 둘러보면, 복지에 관한 한 모든 구성원들이 계급의 차등으로 불평하지 않도록 환경을 조성한다. 최소한 일반 국민의 수준에 맞추고자 부단히 노력한다. 극도로 계급을 구분하여 복지를 시혜하면 그 군대는 망하기 십상이다.

→ 국가 차원의 중대한 업무인 병사자원 관리

국가 차원에서 병사를 관리하는 지속 가능한 정책을 시행해야 한다. 그것이 징병제를 운영하는 국가의 도리이다. 병사자원의 관리는 국가 차원의 중대한 업무이기 때문이다. 그러나 현실은 의무라는 굴레를 씌워 마치 소모품을 대하듯 등한시하는 경향이 강하다.

군인을 직업으로 선택한 직업군인의 입장에 비하면 병사의 의무복무 2년이 짧아 보일 수 있다. 이러한 인식이 병사의 관리를 소홀히 하는 시발점이 된다. 현실을 직시하지 못하는 크나큰 오산이다. 물론 절대 의무복무 기간은 2년이다. 그러나 입영 준비, 입영 시기 조정과 입영 그리고 의무복무를 마치고 본래의 자리에 복귀하는 과정이 포함된다. 개별적으로 행동하여 눈에는 잘 드러나지 않지만 분명히 시간과 노력이 투입되는 힘든 과정이다. 물론 이로 인해 상당한 액수의 경비도 지출해야 한다.

그리고 군 생활의 정신을 다시 사회화하고 뒤쳐진 분야를 따라잡아야 하는 기간을 감안하면, 군복무로 인해 허비되는 기간이 5년이 될 수도 있다. 경우에 따라서는 자신이 지금까지 학교와 사회생활을 통해 인생을 생각하며 구축해 온 모든 것을 포기하고 새로운 길을 다시 찾아야 하는 사람들도 많다.

단지 절대 복무 기간만을 생각하여 그들의 의무복무에 대한 가치평가를 절하해서는 안 된다. 이런 모든 애로를 총체적으로 이해하고 국가 차원에서 보상하는 조치가 반드시 이행되어야 한다. 청년은 국가를 위해 자신의 인생을 희생하는데 국가가 그들을 희생을 내팽개치는 것은 의무라는 굴레를 씌워 국가 스스로가 도리를 저버리는 무책임함의 극치이다. 지금과 같이 징병제가 지속되는 한 의무복무 병사에 대한 현실적인 보상은 반드시 이행되어야 마땅하다.

따라서 국방부 차원이 아니라 보다 높은 차원의 국가기관에서 수행해야 한다. 국방부는 병사로 입영하는 자원만 관리하면 된다. 지금의 병무청을 국방부의 외청의 차관급 작은 조직이 아니라 총리실 직속의 장관급 독립기관으로 격상해야 함이 마땅하다. 그 조직의 명칭도 병무청이 아닌 '국가 청년자원 관리청(가칭)'으로 해야 한다. 단순히 군에 입대하는 병사자원을 관리하는 일이 아니라 장차 나라의 주인이 될 젊은 세대를 국가 차원에서 관리하는 것으로 인식을 전환해야 하기 때문이다. 이미 한국은 인구가 현저히 줄어드는 국가인력자원 부족의 시대로 접어들었기 때문에 더욱 그러하다.

또한 현역 복무대상 인력은 단순히 국방부에서만 사용하는 것이 아니다. 경찰, 해경, 소방, 국가 공익 등 다양한 분야에서 활용한다. 징병대상에 해당하는 인력의 주인이 국방부가 되면 군대라는 조직에만 초점을 맞추어 다양성의 요구에 부응하지 못하게 된다. 이러한 맥락에서도 입영대상 인력관리는 반드시 보다 차원이 높은 부처에서 관리하는 것이 합당하고 미래지향적이다.

→ 시급한 장병인권 강화

제2차 세계대전 당시 쇼비니즘에 사로잡힌 군국주의 일본군의 지휘관들은 병사를 군대의 병(丙)의 위치에 있는 최하층 피지배계급으로 인식했다. 그들에게 있어 병사는 오직 계급으로 통제하고 억압하는 대상이며, 전투의 최일선에 보내는 소모품에 불과했다. 그들의 생각에는 병사의 복지 따위는 안중에도 없었다. 나치즘에 빠진 독일군과 파시즘의 이태리 군대의 지휘관들도 마찬가지였다. 그들에게는 미국과 같은 선진민주군대의 지휘관이 병사를 대하고 지휘하는 방식은 군대 조직을 좀먹는 거추장스럽고 복잡하고 시간과 인내만 요구하는 사치품에 불과했다.

한국군 병사들이 아직도 인권의 무시에 허덕이고 있는 것은 군국주의 일본군의 군대문화 때문이다. 한국군에서 아직도 제국주의 일본 군대의 퇴폐적인 군대문화가 지배하는 이유는 국방지휘부가 그런 문화를 일소하는 노력이 없었기 때문이다. 오히려 계급으로 지배하는 문화에 익숙하여 억압과 통제를 강화했기 때문에 병(丙)의 입장에 있는 병사들의 인권이 무시되어 왔다.

병사들에게 의무라는 굴레를 씌워 통제와 억압을 가해도 된다는 의식에서는 결코 장병의 인권이 개선되고 강화되지 못한다. 인권을 앞세우면 군대를 유지하기 어렵다는 의식으로 군대를 지휘하여 군대와 국가를 패망으로 이끈 제국주의 일본군의 사상을 하루빨리 군에서 몰아내야 한다.

그런 맥락에서 사관학교 교육부터 지금의 엘리트 의식화와 획일화된 군국주의 군대의식을 주입하는 방식에서 탈피하여 합리주의에 입각한 민주시민의식을 강화하도록 교육해야 한다.

→ 반드시 시행되어야 할 군필자의 가산점제도와 제대보상금

한국이 징병제의 의무복무 제도를 유지하는 동안에는 군필자에 대한 가산점 제도와 제대보상금 지급 제도를 반드시 시행해야 한다. 이 책에서 주장하는 병사제도 개혁의 핵심이다. 간단히 말해 의무복무 기간 동안은 1개월에 1점씩 가산점을 부여하고, 제대 시에는 500만 원 정도의 보상금을 지급하는 방안이다. 군필자에 대한 가산점과 보상금은 직업군인이 아니라 의무로 군대를 복무한 병사(단기 부사관 포함)를 대상으로 해야 한다.

개인이 국가를 위해 희생했다면 국가는 그 의무복무에 상응하게 보상하는 것이 정의를 실현하는 일이다. 앞에서도 지적했지만 의무복무 기간은 단순히 2년이 아니라 입영 전후의 준비와 사회 적응, 진로 회복 등을 고려하면 이보다 훨씬 길며, 경우에 따라서는 지금까지 자신이 구축해 온 진로를 포기하고 새로운 길을 찾아야 한다. 표면적으로 드러나는 것은 2년이지만 그 속에 포함된 것들은 참으로 험난한 과정이다. 그동안 이런 문제들이 제대로 해결되고 정착되지 못한 이유는 국방지도부들이 자신의 일이 아니라고 소홀히 했기 때문이다. 청년기에 맞이하는 삶의 밀도는 일생의 그 어떤 부분과 비교할 수 없을 정도로 높다. 청년기는 개인의 인생을 좌우하는 중요한 시기이기에 그 기간에 의무로 복무하는 2년은 인생의 방향에 결정적인 영향을 미친다. 최근 들어 병역을 기피하는 방법이 더욱 다양화되고 수법도 교묘해지는 추세를 보이고 있다. 국가는 보다 장기적인 안목에서 청년들이 기꺼이 국방의무를 수용하고 최선을 다해 그 의무를 다하는 사회적인 분위기를 조성할 수 있도록 보상대책을 적극적으로 강구해 나가야 한다.

아마도 여성이나 신체적 결함의 장애로 인해 군대를 가지 못한 사람들의 반대가 심할 것이다. 그러나 그 반대라는 것 때문에 한국의 대다수의 청년들이 인생을 거는 희생의 가치를 헛되이 버려서는 안 된다. 지금의 국가 복지정책은 여성과 신체적 장애에 대한 보상책이 마련되어 있다. 만일 부족한 것들이 있다면 그 자체로 국민적 합의를 거쳐 보상책을 보강하면 된다.

행정고시를 포함하여 공무원시험에 여성의 합격자 비율이 57%로 이미 절반을 넘어섰다. 물론 다른 이유도 있겠지만 무엇보다 군복무로 시험 준비를 제대로 할 수 없는 남성들이 손해를 보고 있는 이유가 가장 클 것이라고 생각한다.

첫째, 의무복무 1개월에 1점의 점수를 부여해야 한다.

가산점은 1개월에 1점씩을 부여하는 개념이지만, 군별로 복무기간이 다르기 때문에 어느 군이던지 정상적으로 의무복무를 마치면 총점은 20점으로 동일하게 적용한다. 그 이유는 어떤 임용(입사)시험이라도 1개월을 공부하면 최소한 1점 이상은 충분히 얻을 수 있다고 판단하기 때문이다. 물론 그 점수를 활용하는 것은 채용하는 기관(단체)의 성질에 따라 적용하겠지만, 국가는 점수의 적용을 의무화하여 그들의 희생의 대가를 보상해야 한다. 앞으로는 병사자원이 부족해지는 실정이다. 게다가 이런저런 사유와 양심적 거부와 같은 이유를 들어 병영입영을 피해 가는 사람들도 많아진다.

특히 군대 복무 기간이 짧은 만큼 훈련과 근무의 밀도를 높여야 한다. 이런 상황에서 군대에 입대하는 젊은이들이 자긍심을 갖고 힘든 훈련을 기꺼이 수용하게 하기 위해서는 국가가 이에 상응하는 보상을 해야 한다. 병사로 복무하면서 입사시험을 공부하는 것은 의미가 없다. 정보나 자료를 활용할 수 있는 여건도 형편없이 부족하다. 엄청난 스트레스에 시달리는 환경에서 밖에 있는 경쟁자들과 같은 수준으로 공부에 열중한다는 것은 어불성설이다. 한편, 군대에서 배우는 애국심, 불굴의 의지와 인내심, 질서, 전우애와 협동심, 단체생활 등은 사회와 조직에 보탬이 되는 것들이다. 시험의 점수로는 환산하지는 못하지만 가점으로서의 충분한 가치를 지닌 항목들이다.

둘째, 병사가 전역할 때는 제대보상금을 지급해야 한다.
즉, 전역하여 귀향하는 장병에게 최소한 500만 원 정도를 지급하는 방안이다. 이것은 국가를 위해 개인을 희생한 기간에 대한 국가 차원의 위로, 제대 이후 사회에 정착하는 비용, 입영을 전후하여 개인적으로 지출한 비용, 부모(가족)가 자식의 의무복무로 인해 불가피하게 지출한 비용 등을 보상하는 의미를 모두 포함한다. 물론 이 액수는 결코 큰 것은 아니지만 그들이 보람차게 의무복무를 마치고 사회에 안전하게 정착하여 자신이 하던 일을 계속하는 데 보탬이 된다. 국가는 비로소 국가의 의무를 다하는 것이다. 약자를 보호하여 정의를 실현하는 일이 된다.

예산문제를 걱정할 것 같아 한 가지 팁을 말한다. 병사들은 기본적으로 365일을 병영에서 보내는 것으로 예산을 책정한다. 그러나 현실적으로는 휴가와 외출외박 등 병영을 떠나는 시간이 계획보다 많기 때문에 책정된 예산이 남는다. 절대로 부족한 일은 없다. 남는 예산이라고 전용하지 말고 병사들의 제대 지원금에 보태야 한다. 허투루 사용되고 착복되는 예산만 제대로 관리해도 충분하다.

국방부는 지금까지 30~40년 군복무를 마치고 제대하는 직업군인들에게 다양한 지원책을 강구해 오고 있다. 기본적으로 결코 적지 않은 액수의 연금을 전역과 동시에 지급하고, 훈장을 수여하여 유공자로 대접하는 것은 물론이고 재취업까지 지원해 준다. 각 군의 본부에는 별도의 전역 지원 부서까지 마련되어 있다. 그런 노력은 직업군보다는 오히려 의무복무 병사들에게 우선적으로 쏟아야 한다. 그것이 징병제의 의무복무 제도를 선택한 국가가 미래를 짊어질 청년들에게 해 주어야 할 도리이기 때문이다.

→ 의무복무의 신성함을 모독하는 폐단 일소

지금 한국군의 병사제도에는 의무복무의 신성함을 모독하는 폐단과 악습들이 상존하고 있다. 그런 악습의 폐단으로 인해 금수저, 흙수저의 극단적인 신분 차별을 느끼고, 군복무를 기피한 미꾸라지들이 국민의 사기를 저하하며, 21세기의 민주군대에 인권이 무시되는 어처구니 없는 일이 일어난다. 그런 폐단을 일소해야 국방, 더 나아가 국가가 바로 선다. 무엇보다도 60~70년대의 사고에 고착된 지휘부의 전향적인 인식전환이 절실히 요구된다.

첫째, 군대를 황폐화시키는 '꽃보직'을 없애라.

군대의 대표적인 꽃보직은 주로 권력자들 시중이나 들면서 군 생활을 호화롭게 끝마치는 병사들을 말한다. 꽃보직은 그 자체로도 폐단이 많지만 전투병력의 부족현상을 초래하는 원인이 된다. 일부 몰염치한 권력자들은 자식의 병역의무에 두 가지의 꼼수를 선택한다. 교묘한 수단으로 병역을 면제받는 방법이고, 어쩔 수 없이 군에 입대할 경우 꽃보직을 받게 하는 방법이다. 두 가지 모두 국가와 군대를 좀먹는 파렴치한 행위이다.

군복무를 교묘히 피해 가는 미꾸라지 권력자들은 국가에서 합당한 조치를 취해야 하는 일이고, 군에서는 모든 꽃보직을 없애야 한다. 젊은이들이 권력자들 시중이나 들려고 단 한 번뿐인 아까운 청춘을 국가에 헌납하며 군대에 가는 것이 아니다. 지금도 많은 병사들이 당번병이라는 이름으로 장군들 시중드는 일에 투입된다. 모두 없애야 한다. 제국주의 일본군의 잔재다. 장군을 시중드는 일에 사람이 꼭 필요하면 그런 일로 정당하게 보수를 받는 직업군인이나 고용원을 써야 한다.

선진국은 장군방에도 시중드는 사람은 없고 간단한 음료기계 한 대만 비치한다. 별도의 냉장고조차도 없다. 이에 대해 선진국은 인건비가 비싸 부득이 그런 인력을 없앤다고 강변하는 장군이 있을지 모른다. 모두 선진 민주군대를 좀먹는 '똥별'의 사고방식이다. 자신의 신변일은 모두 자신의 손으로 해야 한다. 국민의 세금과 아까운 젊음을 하인들이나 하는 일에 허비할 수 없다.

그런 맥락에서 개인을 위한 승용차량과 그 차량의 운전병제도에 대해서도 대대적인 개선이 필요하다. 고위급을 위한 지정된 차량과 인원을 배치하는 것은 폐지되어야 한다. 선진국의 장군들은 극히 제한된 경우를 제외하고 모두 자가 차량이나 대중교통을 이용한다. 개인에게 차량과 운전병을 배치하는 일은 지극히 제한적이다. 아니, 거의 없다. 공무용 차량은 공용차량(carpool)개념으로 운용한다. 군대에서의 운전병은 전투와 지원차량에만 국한되어야 한다. 운전수가 꼭 개인용 차량이라면 감정노동 직종임을 고려하여 합당한 보수를 받는 사람을 배치해야 한다.

의무로 복무하는 병사들은 모두 전선을 지키거나 그것과 직접적으로 연관이 있는 일에만 투입되어야 한다. 그래야 젊음을 희생하는 의무복무의 신성함과 정의를 바로 세울 수 있다. 군대와 한국사회를 좀먹는 신분 차별의 잡음도 그치게 할 수 있다.

한국군에는 꽃보직을 두고 청탁과 잡음이 끊이지 않는다. 일반 병사들이 꽃보직이라고 부러워하는 보직은 모두 군대라는 조직을 뿌리부터 황폐화하는 암적인 요인이다. 특히 이 문제는 이 책에서 주장하는 군복무자 가산점과 제대 보상금 제도를 악용할 소지가 있기 때문에 더욱이 시정되어야 한다. 군복무 가산점에 현혹되면 일부 권력자의 자제들은 꽃보직으로 군대 의무복무를 하는 둥 마는 둥하면서 자유롭게 군대에서 스펙을 쌓는 일을 계속할 것이기 때문이다.

둘째, 의무의 굴레로 인권 본위를 무시하는 병사관리를 개선하라.

의무라는 굴레로 그 어떤 이유로도 인간 본위를 침해해서는 안 된다. 한국의 병사들은 자유의사로 군대를 가는 것이 아니다. 젊은이들은 군대를 가장 피하고 싶은 1순위로 꼽는다. 가장 치열하게 일생을 준비해야 할 시기에 모든 것을 내려놓고 징병되어 군대를 가야 하는 일에 자발적으로 나서는 사람은 많지 않다. 지금 한국의 모든 젊은이들의 머릿속은 '2년 동안 썩으러 간다.'는 극도의 부정적인 인식이 팽배하다.

그동안 국방 지휘부는 마치 소모품을 다루듯이 병사 문제를 취급했다. 장군의 복지는 챙기면서 병사의 복지는 팽개쳤다. 병사들은 가장 귀중한 인생의 한 부분을 신성한 국방의 의무에 희생한다. 그들의 희생이 결코 평가가 절하되거나 헛되이 낭비되어서는 안 된다. 군대를 지휘하는 장군이나 직업군인에게 있어 병사는 그저 스쳐 가는 존재일지 모르나, 병사에게는 일생이 걸린 가장 중요한 문제이다.

병사의 인권을 강화하면 기강이 무너진다는 고식적인 생각은 버려야 한다. 지휘관들이 단순히 억압적인 통제로만 병사를 관리하고 자신들의 권리와 복지만을 챙기는 것은 한마디로 구시대적인 사고방식에 갇힌 졸렬한 계급만능주의자의 행태이다.

장병의 인권을 강화하기 위해서는 먼저 군 사법제도를 개선하여야 한다. 지금의 제도는 모두 의무만을 강조하는 것이며 공정성과 형평성을 확보하지 못하는 제도들이다. 모든 조사와 재판 과정이 군의 헌병과 군사법정에서만 이루어지기 때문에 은폐와 축소를 합리화하는 것에 불과하다는 지적을 받는다. 조사와 재판 과정에 대한 투명성을 보장하도록 모든 개방성을 확보해야 한다.

무엇보다도 거주 환경도 시급히 개선해야 한다. 지금의 거주 환경 개선은 땜질식에 가깝다. 병영의 테두리에서 특히 고위급들의 환경은 나날이 개선되면서 장병들의 환경은 상대적으로 낙후를 면치 못하고 있다. 아울러 병영 내에 복지타운을 건립하여 병사들이 휴식을 마음대로 즐길 수 있도록 해야 한다. 목욕탕, 휴게실, 게임장, 운동시설 등 실질적으로 병사들이 병영의 테두리 안에서 휴식과 욕구를 충족할 수 있는 시설을 갖추어 주어야 한다.

이외에도 병사의 보험제도와 민간병원 진료 확대, 가족 및 지인과의 접촉성 향상, 개인 자유시간의 보장, 사생활 감찰의 한계 설정, 불편사항 신고제도의 활성화 등에 대해서도 전향적인 발전이 요구된다.

셋째, 군 미필자는 청문회를 통과하는 직책의 진출을 금지시켜라.

최근 어떤 국회의원의 조사에 따르면, 4급 이상 공직자의 10%가 병역을 면제받은 것으로 밝혀졌으며 그중 75%가 신체적 결함에 의한 이유라고 한다. 북한과 첨예하게 대치하는 징병제의 국가에서 도저히 믿을 수 없는 사실이다. 대한민국에서 징병제가 존속하는 한 1급 이상의 모든 공직자(임명직, 정무직, 선출직 포함)들은 자신과 아들의 병적기록을 공개되는 모든 신상자료에 명시하여 애국심의 본질을 국민들에게 증명해 보여야 한다. 특히 청문회를 통과하는 장/차관의 자리는 미필자의 진출을 금지시켜야 한다.

누가 보더라도 건강해 보이면서도 신체적 결함이라는 이유로 군대를 면제받은 사람들이 청문회를 통과하겠다고 나서는 현실에 국민의 상실감이 크다. 한국이 징병제를 유지하는 동안은 절대로 멀쩡해 보이는 신체를 갖고서도 신체적 사유로 군을 면제받은 사람이 청문회장에 들어서는 일이 있어서는 안 된다. 어떤 사람이 청문회장에서 자신의 병역미필 사실을 '국가와 국민께 빚진 마음'이라고 소회하지만 국민을 우롱하는 입에 발린 말로 들린다.

군대를 못 갈 정도로 몸이 허약하고 병든 사람들이 어떻게 고시공부라는 극한의 힘든 과정을 거쳐 시험을 통과했는가? 그리고 그동안의 힘든 공직을 어떻게 수행했는지 국민은 이해하지 못한다. 심지어 정신병자의 전력으로 면제를 받은 사람이 청문회를 통과하여 고관대작의 자리에 오르겠다고 나선다. 남들은 힘들게 군대라는 의무에 허덕이는 동안 자신은 요령을 부려 군대를 면제받고 그런 시간에 경쟁자들이 학업을 못하는 틈을 타 고시라는 관문을 통과한 요령꾼으로 보인다. 그런 요령꾼이 청문회를 통과하는 권력의 자리에서 어떻게 국가를 위해 헌신할 것이라고 믿겠는가? 권력의 힘을 빌려 사리사욕을 챙기는 파렴치한이 되기 십상이다. 그런 사람들이 의무복무의 신성함을 모독하는 대표적인 사례들이다.

그런 사람들이 청문회를 통과하여 국가의 지도자로 진출하는 모습을 보면 대한민국의 젊은이들은 그 요령을 배우게 될 것이다. 패기에 찬 젊은 시절에 국가를 위하지 못한 사람이 높은 자리에 앉았다고 애국심을 발휘하겠는가? 권력을 이용하여 사리사욕이나 챙기려 할 속셈이 불을 보듯 뻔하다.

그런 경력의 소유자라도 대통령이 굳이 높은 일자리를 주어야겠다면, 청문회를 통과하지 않는 자리도 얼마든지 많이 있다. 굳이 그런 사람들을 청문회에 세워 나머지 99.99%의 의무를 다한 사람들, 그 부모와 가족들 더 나아가 모든 국민을 좌절시킬 이유가 없다. 그런 위치에 세우려는 대통령의 의식마저 의심하게 만든다.

→ 지속 가능한 병사제도 시행

윤 일병 사건으로 자리를 물러나야 했던 육군참모총장의 "고질적인 병영의 병폐 쇄신"이라는 말은 그만큼 병영의 병폐가 광범위하게 존재하고 있어 쇄신에 노력이 필요하다는 말이다. 이와 같이 지금 이 시점에서도 한국군의 병사제도가 제자리를 찾지 못하고 낙후되는 가장 큰 이유는 정책을 결정하는 사람들이 자신의 문제가 아니라고 소홀히 해왔다는 지적이다.

군은 그동안 크고 작은 인명 사고가 있을 때마다 강도 높은 쇄신을 약속했지만 아직도 공염불에 그치고 있다. 임기응변으로 위기만 모면할 뿐 진정한 의미의 개선책은 없다. 그중에서 가장 중요한 요소가 군을 외부로부터 폐쇄하고 있다는 점이다. 병영의 악습을 근본적으로 해결하기 위해서는 보다 장기적인 비전을 갖고 병영의 개방성을 강화하는 조치가 필요하다.

첫째, 국민을 향해 열린 국방 구현의 차원에서 국민이 참여하는 병영생활 감시제를 강도 높게 시행하여야 한다.

의무이기 때문에 모든 것을 포기하라고 강요하는 것은 현실을 무시하는 처사이다. 의무는 죄가 아니기 때문이다. 인권 무시는 대놓고 '당신은 인격이 없다.'라고 말하는 것이 아니다. 병사로 뽑아 쓸 수 있는 인적 자원이 무한하다고 의무로 묶인 젊은 세대를 마치 소모품 취급하듯 대하는 정부의 정책 부재가 가장 큰 인권 무시의 증거이다.

둘째, 국방부에는 국가 청년자원 관리정책을 강화하는 측면에서 병사 관리를 전담하는 별도의 격상된 조직을 두어야 한다.

지금과 같은 작고 포괄적인 과수준의 조직에서는 실효성 있는 병사 관리가 불가능하다. 장차 병사자원 관리를 정부 차원에서 수행하는 것과 아울러 국방부에는 병사 관리를 전담하는 '병사 관리국(가칭)'을 만들어야 지속 가능한 병사 관리 체계가 수립된다.

직업군인이 시각에서는 2년이 아주 짧은 기간으로 보일 수 있다. 그런 이유 때문에 지금까지는 병사 관리가 소홀히 유지되어 온 것이 사실이다. 사관학교의 계급우선주의식 사고방식에 경도된 장군 지휘관들이 제량으로 병사정책을 수립한다는 것은 현실성이 결여될 소지가 크다. 따라서 병사를 관리하는 부서에는 실질적으로 그들에게 필요한 정책을 수립할 수 있는 전문가를 배치해야 한다.

셋째, 장기적인 비전으로 군대를 국가 청년자원에 대한 인격도야의 장(場)으로 만들어야 한다.

군대를 젊은이들이 인격을 도야하고 정의와 애국과 국가를 배우는 국가 차원의 거대한 교육의 장으로 육성해 나가야 한다. 국가지도자가 비전만 가진다면 징병제라는 장애물을 미래의 지도자들이 애국과 정의를 배우고 민주시민정신을 함양하는 기회로 활용할 수 있다는 말이다. 지난 70년 동안 지속되어 온 군대에 '썩으러 간다.'는 극단적인 부정의 고리를 끊고 군대를 통해 인간을 성숙하는 기회로 만드는 것이다. 그동안 한국에는 남성이라면 군대라는 관문을 통과해야 어른이 된다는 긍정적인 측면도 있어 왔기 때문에 이것을 비전으로 승화하면 쉽게 달성할 수 있다.

'코이의 법칙'이 있다. 코이라는 물고기는 큰 강물에서는 1미터가 넘게 자라지만, 어항 속에 관상용으로 키우면 작은 관상용 물고기로만 남게 된다. 대한민국의 군대를 작은 어항이 아니라 코이가 무한대로 자라는 강으로 만들어야 한다. 영구히 지속되는 대한민국의 모든 젊은이가 필수 과정으로 거쳐 가는 그 군대에서 그들이 정의를 배우고 험난한 인생을 개척하는 동력을 배워야 한다.

군대에서는 젊은이가 앞으로 인생을 살아가면서 필요한 인내심, 협동심, 전우애, 리더십 등을 연마할 수 있는 절호의 기회가 된다. 국가지도부가 관심만 가지면 얼마든지 국가적인 차원에서 훌륭한 교육의 도장으로 활용할 수 있다. 이렇게 만들어 가기 위해서는 국가와 국방의 지휘부가 병사를 지배의 대상이 아니라 병사의 입장에서 생각하는 의식을 가져야 한다. 병사들의 눈높이와 의식에 맞추어 병사들에게 필요한 제도를 갖추어야 한다.

전선을 지키는 한국군의 젊은 병사들은 현명하다. 지휘부가 어떻든 국가의 위기가 닥치고 북한이 위협하면 스스로 군화 끈을 조이고 총을 고쳐 멘다. 굳이 누가 지시하거나 명령하지 않아도 스스로 무엇을 해야 하는지 알기 때문이다. 의무의 신성함도 알고 그 의무를 다하는 방법도 안다. 그런 병사들에게 국가가 진정된 마음으로 대우해 간다면 군대라는 조직은 더 이상 절망이 아니라 희망이 될 수 있다.

→ 국방부의 병사 복지 전념 촉구

병영의 테두리 안에서 주인은 그곳에서 365일 생활하는 병사들이다. 하루 8시간 출근해서 일하는 직업군인들의 복지는 강조하고 병사의 복지를 소홀히 해서는 안 된다.

한국군에서는 "직업군인만 군인이고 병사는 소모품인가?"라는 질책을 자주 받는다. 장군의 복지는 우선시하고 병사의 복지는 팽개친다는 지적도 받는다. 한국군 병사들이 소모품으로 인식되고 취급된다는 점은 이미 오래전부터 거론되어 온 문제이다. 그런 병사들이 장군이 죽음을 목전에 두고 "돌격 앞으로!"를 명령하면 기꺼이 그렇게 할 수 있을 것이라고 바라는가? "당신이나 가시오."라고 대놓고 항명할지도 모른다. 최근에도 많은 언론들이 병영시설의 낙후성을 지적하고 있다. 6조 원의 막대한 세금으로 추진하는 침대교체사업이 왜 지지부진한지에 대해서도 궁금해하고 있다. 직업군인들의 복지만 챙기면서 골프장이나 건설하는 것이 아니냐며 질책의 목소리도 높다.

관(官)은 흥하는데 민(民)은 궁하면 나라가 망해 간다는 증거다. 장군은 흥하는데 병사들이 궁하다면 그 군대는 망해 간다는 말이다. 그들에게 죽음을 담보로 적과 싸우라고 자신 있게 명령할 수 있는 장군이 몇 명이나 될까?

→ 정치인의 근시안적 포퓰리즘 금지

군대는 정치인에게 놓칠 수 없는 매력적인 표밭이 되는 것이 사실이다. 병사들이 투표권을 갖고 있고, 그들의 가족, 친지 동료 등을 따지면 사실상 군대 자체가 국민 전체와 연결되는 큰 표밭이 된다. 그러나 군대는 전쟁을 하는 곳이지, 정치인들의 표밭이 아니다.

정치인들의 포퓰리즘의 사례로 여군 문제를 앞에서 언급했다. 여성의 사회 진출을 확대한다는 의미보다는 득보다 실이 많다는 점을 강조하여 설명했다. 과연 정치인들이 군대를 상대로 무차별한 정책을 발표하여 개인의 인지도를 높이고 인기를 얻는 것이 합당한지를 냉철히 판단해야 한다.

정치인들이 군대를 상대로 포퓰리즘적인 군사정책을 펼치는 것은 국방부의 정책이 국민적인 지지와 호응을 얻지 못한다는 방증이다. 국방부가 그만큼 합리적인 대안을 제시하지 못하니 정치인들이 근시안적인 판단을 대입하여 군대를 상대로 표를 얻기 위해 무리하게 인기 정책을 펼치는 것이다. 정부 차원의 종합적이며 지속가능한 병사관리제도가 없으니 아마추어 정치인들이 민감한 문제들을 들고 나와 포퓰리즘으로 인기에 영합하는 것이다.

최근에 정치인들이 모병제를 주장하는 것은 포퓰리즘이다. 선진국의 사례를 들먹이지만, 그 선진국들의 사정을 속속들이 모르면서 단순한 현상만을 보고 말하는 것들이 대부분이다. 군대는 3D 직종이다. 특히, 한국군의 병사라는 직업은 최악의 3D직종이다. 지금과 같은 복무 조건에서 '한 달에 20만 원 받고 병사로 군복무 할래? 아니면 200만 원을 받고 복무할래?'라는 식의 여론 조사 결과는 아무런 의미가 없다. 그런 결과를 무리하게 선전하고 인기를 끄는 것이 바로 정치인들의 포퓰리즘적 행동이다.

모병제의 병사는 자신들이 선택해서 군대에 왔으니 마음만 먹으면 언제든지 군을 떠날 수 있다. 위기가 고조되거나 사회의 대우가 좋아지면 하던 일을 팽개치고 언제든지 군을 떠날 수 있다는 말이다. 이런 위험을 방지하겠다고 이것저것 의무를 강조하는 법령을 만들면 개인의 직업 선택의 자유를 제한하는 인권 무시가 된다. 정작 모병제를 주장하는 본인이 병사로 군대를 가거나 그의 아들을 병사로 군대에 보낼 정치인은 아무도 없다. 자신이나 자신의 자식이 못할 일을 남에게 권장하는 일은 어불성설이다.

결론적으로 정치인의 모병제 주장은 현실을 무시한 대표적인 포퓰리즘이다. 물론 선진국은 모병제를 선택하지만, 이는 사회적인 여건과 국가의 안보를 고려한 정책이다. 군인도 하나의 직업이면 선택의 자유는 당연하다. 그런 의미에서 모병제는 언젠가는 시행되어야 하는 문제다. 그러나 남북한이 지금과 같이 대치하는 상황에서는 섣불리 도입하지 못한다. 통일 이후에 가서 논의해야 할 문제이다. 현실성이 없는 문제를 자신의 이름 알리기고 인기를 끄는 수단으로 사용해서는 안 된다.

진심으로 국가와 청년 그리고 병사정책을 걱정한다면 무리한 포퓰리즘으로 혼란을 부추기지 말아야 한다. 대신 이 책에서 주장하는 방향으로 병사제도와 의무복무의 정의를 바로 세워 나가야 한다. 그것이 지도자로서의 비전을 보여 주는 올바른 행동일 것이다.

05. 관료주의 타파와 고위급의 사무 공간 개혁

: 한국군의 관료주의를 타파하고 업무 구조를 개혁하는 것이란, 관료화된 수직적 업무 구조를 수평화하고, 협업(co-working)이 원활하게

이루어지도록 환경을 조성하며, 직무분석을 통해 개인의 직무를 세분화하고, 고위급도 남의 손과 머리를 빌리는 구조에서 탈피하는 것이다. 선진국 군대는 계급고하를 막론하고 자신의 업무는 직접 수행하는 구조로 개혁해 왔다. 관료주의 타파와 업무 개혁은 하루도 늦출 수 없는 시급한 문제이다. 지금 당장 시작해야 한다.

현재 한국군 지휘관의 사무 공간은 협업이 불가능한 구조이다. 지휘관이 되면 독립된 거대한 사무 공간을 차지하여 협업을 수행하는 조직과 분리되기 때문이다. 선진국은 한국군의 거대하다 못해 호화판 사무실 구조와 비교할 수조차 없이 남루하다. 업무의 공간에서 예우나 의전 따위를 따지지 않는다. 어떻게 업무를 효과적이고 생산적으로 수행할 것인지에만 관심을 둔다.

수직 계열화된 옥상옥의 직무 구조와 협업이 불가능한 사무 환경에서는 조직의 업무 능률이나 효율성이 극도로 저하된다. 가성비를 따질 수조차 없는 형편없는 수준이다. 조직의 업무 구조를 수평구조로 만들고 중간계층을 줄이며, 모든 사무 공간을 개방화해야 한다. 또 영국, 미국의 국방부를 방문하여 선진국의 장군들이 어떻게 근무하는지도 배워야 한다.

→ 업무 구조와 사무 공간 개혁의 함의

한국의 지휘관들이 일하는 그 책상 위에는 '권위주의'라는 글자만 놓여 있다. 왜 일하는 책상을 헝겊으로 덮고 그 위에 반짝이는 유리판을 깔아야 하는지 이유를 모르겠다. 한국군에는 온갖 권위의 상징물이 사무실의 입구에서 사무실 내부까지 즐비하다.

한국군의 업무 환경과 사무 공간에 익숙한 한국군의 장군들이 선진국 장군들의 일하는 사무 공간과 그들의 일하는 모습을 보면 기절할 만큼 놀랄 것이다. 선진국의 장군들은 사무 공간에서 예우와 의전은 제로에 가까운 데 반해 업무의 생산성과 능력발휘는 100에 가깝다. 처음부터 그럴 용기와 자신과 능력과 희생의 각오가 없는 장교는 장군이 되기를 스스로 포기하게 만드는 것이 선진국의 제도이다. 그런 장군들을 국민은 최고의 국가지도자로 인정하고 누구도 범접하지 못하는 능력의 소유자로 받들어 준다. 그런 모습으로 장군들이 일할 수 있어야 비로소 군대를 진화시키고 발전시킬 수 있다. 병사들의 사기와 복지도 보장된다.

조직을 둘러싼 환경의 변화를 따라잡고 필요에 따라 추월도 할 수 있는 조직으로 만드는 유일한 방법은 의사결정자 그 자체를 개방하는 것이다. 개방된 공간에서 능력을 발휘하고 협업을 이루어야 조직이 발전한다. 그런 환경 속에서 의사결정자의 능력도 검증받을 수 있다. '의사결정자=일과 책임'이지 '의사결정자=감투와 권력'이 아니다.

단순히 지금의 공간에서 출입문을 열어 두는 것으로 개방형이라고 생각하면 오산이다. 그 문은 열어 두고 내실에서 잠을 자기 때문이다. 내실의 문이 닫혀 있는데 그 문을 자신 있게 두드릴 수 있는 부하는 아무도 없다. 그런 사소한 일도 처리하지 못하는 능력 없는 부하로 낙인찍히기 때문이다. 지금의 모든 고위급들의 사무실은 개조하여 휴게실로 사용하고 공동의 사무실로 나와야 한다. 굳이 필요하다면 선진국과 같이 유리벽으로 조성하면 된다. 그렇게 만들어야 업무 시간에 엉뚱한 짓을 하지 않고 업무에 전념하는 환경이 완성된다. 그것은 국방 더 나아가 국가 선진화의 기초 작업이 된다.

최근에 어떤 참모총장이 3억 원의 예산을 들여 사무실을 개조했다는 보도가 있었다. 선진형으로 가는 유리벽 구조가 아니라 후진형을 더욱 강화하는 아방궁으로 만들었을 것이라고 믿어 의심치 않는다. 국민의 세금을 더욱 퇴보하는 방향으로 사용하는 어처구니없는 일이다. 그런 일이 지금도 한국군 그리고 한국의 모든 공적 조직에서 벌어지고 있다. 의사결정자의 사무실 구조를 선진형의 개방형으로 만드는 것만으로도 개혁의 절반은 달성된다. 사무실은 일을 하는 곳이다. 일을 하는 데 있어 의전과 예우는 불필요하다. 단순히 불필요한 게 아니라 거추장스럽다. 계급을 강조하는 것은 허상을 좇는 구시대적인 권위주의 발상이다. 업무의 공간은 업무라는 단 한 가지 목적으로 이용되어야 한다.

선진국 부대들을 방문하여 아무것도 하지 말고 그들의 사무 공간, 그들이 일하는 모습만 제대로 배워야 한다.

→ 수직계열화된 옥상옥의 업무 구조 수평화

지금까지 한국군의 지휘부가 조성하고 유지하는 옥상옥의 관료적 지배 구조의 조직을 선진국의 군사지휘부로 단순화하고 업무의 흐름을 수평화하는 것이 조직 개혁의 가장 큰 과제이다. 특히 우월적 지위를 가진 의사결정자의 독단적인 판단을 정당화하는 체계를 바꾸어야 한다. 조직에서 의사결정자에게 'NO!'라고 자신 있게 말할 수 있는 업무 구조와 조직문화를 만들어야 한다.

지금과 같이 업무처리나 보고와 지시의 정보 흐름이 수직의 상하구조로 이루어지면 정보의 처리 과정에서 각 단계마다 시간이 지체되고 정보의 치명적인 왜곡이 발생한다. 따라서 중간계층을 축소해야 하고 또 최초 보고자의 정보가 모든 정보 관련자들에게 동시에 전달되도록 해야 한다. 이를 업무조직 구조의 수평화라고 한다. 평상업무에 있어서는 생산성을 높이지만 특히 위기에 대응하는 능력이 강화된다. 천안함 폭침이나 세월호 침몰 사고를 대입해 보면 쉽게 이해될 수 있다.

수평적 구조란, 예를 들어 어떤 비상상황이 발생했을 때 보고자가 모든 업무관련자들에게 동시에 상황을 전파하며 상황을 접한 사람들은 각자의 역할만 달리하여 동시에 상황에 대처해 나가는 것을 말한다. 모든 평상업무도 이와 같은 형태로 진행하는 것이 서구 선진국의 업무 형태이다.

지금과 같은 수직상부를 향한 보고와 이를 통한 수직하방의 지시 형태에서는 단계마다 사람을 찾고 설명하고 결심을 받느라 시간만 허비된다. 이런 상태에서는 결국 조직은 다변하는 상황 변화를 따라잡지 못하고 허둥대는 모습만 반복하게 된다.

업무 구조를 수평화하면 무엇보다도 지휘부가 스스로 강해지는 모습을 보이게 된다. 이것은 곧 강해지기를 스스로 포기하는 약체 조직에서 탈피한다는 말이기도 하다. 한편, 모든 조직원들의 직무평가를 통해 개인 직무를 세분화하고 지휘관의 업무 방향성을 바꾸어 나가는 것도 중요하다.

상부로 한두 사람의 눈치를 살피고 아래로는 지배적인 영향력을 발휘하는 수직의 지배구조에서 탈피하여 자신의 상부와 치열하게 논쟁하고 자신의 뜻과 의지를 관철시켜 나가는 모습으로 선진화해야 한다.

그리고 자신의 수평관계에 있는 업무 관련자들을 설득하여 자신의 뜻과 의지를 지원할 수 있도록 설득하는 모습으로 일해야 한다. 그리고 하부의 조직에는 권력이나 지배력이 아니라 개방된 능력 발휘를 통해 리더십을 발휘해야 한다.

조직의 업무 구조가 수평·개방형으로 개선되면 조직의 문화와 관습도 긍정적인 모습으로 바뀌게 된다. 즉, 지금의 '아무나 할 수 있다. 무조건 진급이나 하고 보자.'에서 '장군은 아무나 할 수 없다. 능력과 희생의 각오가 없는 사람은 처음부터 장군이 될 엄두조차 내지 못한다.'로 발전하게 된다. 이것은 곧 선진형 조직이 완성되었다는 증거이기도 하다. 업무 구조와 사무실 구조를 개혁하여 도달하는 최종의 목표 지향점이다.

수평적 개방형 구조를 완성하여 아무나 할 수 있다는 그 위치를 아무나 할 수 없어 스스로 포기하고 자신의 위치를 설정할 수 있도록 만들어야 한다. 그래야 조직이 살고 나라가 산다. 비로소 권력을 좇는 부나방을 퇴치하여 참군인들이 장군이 되고, 그런 장군이 국가와 국민을 지켜내게 된다. 그런 장군이 지휘하는 군대가 진짜 군대이고 강한 군대이다.

→ 행사와 집합 그리고 회의 최소화

한국군이 수행하는 병력을 동원한 행사의 90% 이상은 없애도 되는 것들이다. 영국군은 참모총장이 바뀌어도 이취임식 행사조차 없다. 총장에 취임하면 A4지 4~5매 분량의 지휘서신만 전자메일로 발송한다. 그래도 세계에서 가장 우수한 군대를 유지하는 데 문제가 없다. 병사들을 모아 놓고 목청을 높여 봤자 귀담아 듣는 사람도 별로 없다. 오히려 모이고 행사하느라 시간과 경비만 허비한다. 만일 그 행사의 규모가 크다면 준비와 행사에 허비되는 인력과 국방예산은 기하급수적으로 증가한다.

장병들의 긍지와 자부심은 거창한 행사를 통해서 얻어지는 것이 아니라 복지와 혜택 그리고 강한 훈련을 통해 얻어진다. 대부분의 행사는 그것을 주관하는 사람의 생색내기에 불과하다. 한국군이 수행하는 모든 행사를 냉정히 따져 보고 필요성을 판단해야 한다. 한국군에는 불필요한 회의와 행사가 너무 많기 때문이다. 후진적인 모습이다. 행사를 대비하느라 부대를 지으면 널찍한 부지부터 마련한다. 이 역시도 매우 후진적인 발상이다.

지금은 정보화 시대다. 사람들을 모아야 정보가 전달된다는 것은 매우 시대착오적인 발상이다. 병정놀이 좋아하는 정치군인일수록 생색내기식의 거창한 행사나 집합을 좋아한다.

한두 사람을 이해시키는 목적으로 소집되는 회의가 너무 많다. 대부분의 회의는 간단한 메모 형식의 내부망 메일로도 얼마든지 소통이 가능한 것들이다. 회의는 조직 이외의 3자가 개입하는 경우에 한해서만 필요한 최소한의 인원으로 소집해야 한다. 조직의 내부에서 이루어지는 일들은 군이 회의를 소집하지 않더라도 정보의 소통이 얼마든지 가능하다.

장관이 장군들까지 집합시켜 집체교육을 하는 모습에서 한국군의 후진성을 본다. 무슨 거창한 행사 같아 보이지만, 사실 내용을 보면 1~2페이지 분량으로 요약할 수 있는 것들이다. 장군들까지도 집체교육으로 의사를 전달해야 할 정도로 소통이 부재하다는 것인지 아니면 그런 우발적인 일들이 많이 일어난다는 뜻인지, 두 가지 모두 후진국 군대에서

나 있을 법한 이야기이다. 그런 모습에서 장관은 권위를 느낄지 모르지만 장군들을 소집하는 데 따른 출장 경비와 인력 낭비만 초래한다. 아직도 지휘부가 전근대적인 의식에 사로잡혀 있다는 증거이기도 하다.

→ 업무의 공간을 메우는 불필요한 것들 제거

사무 공간에서 없애야 하는 것들이 선진국에 비해 너무 많다. 사무 공간은 일을 하는 곳이다. 그런데 사무 공간을 취미활동 공간으로 생각하는 사람도 있고, 난(蘭) 전시나 다도를 하는 사람들도 있다. 취미활동은 업무의 공간에서 하는 것이 아니라 사적인 공간에서 하는 것이다. 대부분의 것들에는 예산이 필요하고 관리하는 데 인력이 투입되어야 한다. 주로 병사들이 그런 물건들을 관리하는데, 이것은 국방의무의 신성함을 모독하는 것이다. 병사가 장군 뒷바라지나 하자고 군대에 온 것이 아니다. 그렇다면 사무 공간에서 없애야 할 불필요한 것들에는 어떠한 것이 있을까?

첫째, 모든 권위의 상징물들을 없애야 한다.

모두 박물관에 보내야 한다. 계급과 권위의 상징물들은 모두 정치군인들의 유산이다. 유난히 높아 보이고 싶고, 그것으로 신분을 세탁하고 싶은 욕구에서 비롯된 것들이다. 업무의 공간에서 내세울 것은 권위의 상징물들이 아니라 업무의 능력과 리더십이다. 권위는 억지로 세우는 것이 아니라 부하들이 세워 주는 것이다.

둘째, 구호들을 없애야 한다.

전쟁의 교훈만 돌에 새겨 기념하면 된다. 너도나도 이상주의나 영웅주의에 빠진 구호를 적어 둔다. 정치 성향이 높은 사람일수록 구호를 많이 사용한다. 구호는 선동주의자들의 전유물이다. 공산주의 국가일수록 구호가 많다. 민주군대는 전쟁의 교훈만 기억하면 된다.

셋째, 개인 취미활동성 물품들을 없애야 한다.

예를 들어 사무실에 난 화분을 많이 두는 지휘관들이 많이 있다. 물론 행사를 계기로 받은 것들이겠지만, 사무실에 둘 것이 아니라 집으로 가져가서 개인적으로 길러야 한다. 그중에서 일정 금액 이상으로 비싼 것들이 있다면 뇌물이 된다. 업무 시간에 고위급이 난 잎새를 닦고 있는 모습은 없어져야 한다. 부대에 두면 사무 공간도 차지하지만, 관리하는 데 인력이 투입되어야 한다. 실제로 난은 관리하기 까다로워 병사에게 맡기면 그 관리에 스트레스를 받게 된다. 병사가 지휘관이 기르는 난 화분이나 관리하자고 군대에 온 것이 아니다.

넷째, 한문으로 된 액자를 없애야 한다.

그러한 액자를 걸어야 품위가 있어 보이는 것은 아니다. 중국군대에 온 것으로 착각할 정도로 벽면의 장식물을 한문 액자나 병풍으로 채우는 사람들도 있다. 역사적인 가치가 있다면 박물관에 보관해야 하고, 그렇지 않다면 모두 사무 공간에서 치워야 한다. 사실 그 액자의 글을 제대로 읽고 뜻을 아는 사람도 거의 없는 실정이다.

다섯째, 용이 그려진 고가의 자개 명패를 없애야 한다.

꼭 용이 그려진 명패가 책상에 놓여야 일이 잘되고 권위가 서는가? 한국군의 고위급 사무용 책상은 업무를 하기 위한 공간이 아니다. 우선 책상 위에 반짝이는 유리판이 깔려 있어 물건을 놓기조차도 겁이 날 정도이다. 봉황이나 용이 자개로 새겨진 고가의 명판과 근사한 장식물들이 즐비하여 사무를 위한 책상이 아니라 권위를 세우는 도구로 인식된다. 업무를 수행하는 데 필요하지 않은 권위의 상징물이나 장식물은 모두 없애야 한다. 굳이 명패가 필요한 장소에는 깨끗하고 저렴한 재료로 만들어 놓으면 된다.

여섯째, 소파를 없애야 한다.

소파는 편하게 앉아 소일하거나 편안하게 앉아 잠을 자는 목적이지, 업무에 필요한 사무용 가구가 아니다. 한국군의 고위급 사무실에는 소파가 너무 많다. 특히 최근에 접어들어 예산의 여유가 있다고 고가의 소파를 들여오는 경우가 많다. 장군급 지휘관의 사무실에 규격화된 소파를 제외하고 나머지 공간의 소파들은 모두 치워 버려야 한다.

일곱째, 자신의 흔적 남기기를 없애야 한다.

한국군에는 유독 무엇인가 흔적을 남기고 싶어 하는 욕구가 강한 것 같다. 예를 들어 기념식수를 하는데 이것이 과연 필요한지 숙고해야 한다. 나무를 심고 근사하게 돌이나 동판에 이름을 새겨 표시를 해두지만, 얼마 지나지 않아 화단의 애물단지로 전락한다. 뒤이어 오는 사람들이 자리를 찾지 못하거나 정원수들을 관리하지 못해 애를 먹기도 한다. 나무를 구입하고 명패를 새기는 데에는 예산이 낭비되기도 한다. 스폰서의 지원을 받아 기념비나 조형물을 세우는 사람들도 많다. 지극히 자제해야 할 일이다.

여덟째, 역대 지휘관들의 사진 액자를 없애야 한다.

역대 지휘관들의 액자 사진을 전시하는 것도 불필요하다. 사실 그 벽면을 채우는 사진틀 속의 인물들 중에 과연 존경받을 만한 사람이 몇 명이나 있을지도 의문이다.

그 외에도 고급스런 다기세트, 고급 필기구함, 장식장과 장식물들, 장식용 수납장, 필요 이상의 책꽂이, 그림 액자 등 업무와 관련이 없는 장식들은 모두 없애야 한다.

→ 시급히 없애야 할 집무실에 딸린 내실

한국군의 지휘관과 고위급의 사무실에 딸린 내실을 없애지 못하면 한국군은 영원히 후진성의 늪에서 헤어나지 못한다. 이는 비단 군 조직뿐만 아니라 정부의 모든 공적 조직에도 해당하는 일이다. 업무 시간에 의사결정자가 낮잠을 자고 있으면 조직의 업무는 마비된다. 그렇게 업무 시간에 한가로이 낮잠을 잘 수 있는 직책이라면 그 직책은 없애도 된다. 최근 들어 그런 내실이 더욱 호화로워지는 경향을 보인다. 내실이 업무 공간의 필수품으로 여겨지는 현실이 참담하기만 하다.

전시나 비상시와 같이 부대나 조직에서 의사결정자가 숙식을 해야할 경우를 대비해서 꼭 필요하다고 강변하겠지만, 그런 주장은 모두 근거가 부족하다. 위기상황이라는 것을 핑계로 잠자는 공간을 만들고 싶은 변명에 불과하다. 위기상황을 대비한다면 지금과 같이 사무실에 딸린 내실의 형태로 만들 것이 아니라, 의사결정자가 지휘하는 상황실에 간이침실 형태로 만들어야 한다.

이때는 반드시 외부에서 의사결정자의 잠자는 모습이 보일 수 있게 만들어야 한다. 그래야 의사결정이 필요한 시점에 주저 없이 그에게 접근할 수 있다. 사무실에서 잠자는 내실문화도 정치군인들이 만든 유산이다. 사무 공간에서 일을 하는 것이 아니라 조직을 지배하는 것으로 인식한 데에서 비롯된 사고방식이다.

위기의 모든 순간에 의사결정자는 반드시 위기를 관리하는 상황실에 위치해야 한다. 군대 조직에서 맞게 되는 전쟁이나 위기 상황에서는 의사결정자가 내실에 들어가서 잠을 잘 수 있는 시간적인 여유가 없다. 특히 오늘날과 같이 상황 전개의 템포가 빨라지는 상태에서는 더욱 의사결정자가 상황실을 벗어나지 못한다. 물론 상황이 장기간 지속될 수도 있다. 이럴 경우에는 내실의 침대가 아니라 상황실의 공간에 마련된 간이침대에서 틈틈이 가수면을 취하면 된다. 만일 의사결정자가 상황실을 떠나 내실에 들어가서 숙면을 취하고 있으면 눈치가 보여 필요한 시간에도 깨울 수가 없다. 더군다나 상황에서 이격되어 있었기 때문에 지금까지의 상황 전개를 다시 설명해서 이해를 시키고 결심을 받아야 한다. 그런 사이에 적군은 흔적도 없이 사라지고 만다.

의사결정자가 이틀 이상을 연속적으로 부대에 존재하며 상황을 지휘해야 하는 일은 드문 일이다. 그런 드문 일에 쓰자는 목적으로 내실을 만든다고 우기는 것은 어불성설이다.

지휘관이나 고위급의 사무실에 딸린 내실은 업무 시간에 노골적으로 낮잠을 자거나 부하 여군을 성추행했던 그 지휘관이 사용하는 용도 외에는 아무것도 없다. 특히 한국군 지휘관들과 같이 회식이나 술자리가 많은 문화에서는 내실이 필요할지 모른다.

선진국의 의사결정자 사무실에는 내실이 없다. 노골적으로 업무공간에서 잠을 자는 내실은 물론이고 개인만을 위한 밀폐된 공간을 절대로 만들지 않는다. 협업과 업무의 효율성을 극대화하고 업무 시간에 엉뚱한 짓을 못하도록 하는 이유에서다. 부정은 밀폐된 골방에서 잉태한다는 사실을 역사를 통해 알고 있기 때문이다. 특히 여성의 사회 진출이 많아지는 현대의 사회에서 폐쇄된 공간은 모두 없애 버렸다.

지금까지는 비상 상황을 간주한 것이었고 일상적인 업무에서도 마찬가지다. 의사결정자는 어떠한 이유에서도 업무 시간에 협업을 수행하는 조직원들과 격리되어서는 안 된다. 의사결정자가 조직원들과 격리되면 업무는 마비되는 것은 물론이고, 조직의 업무 수행에서 가장 중요한 협업이라는 것이 불가능하다.

지금과 같이 오후가 되면 내실에 들어가서 1~2시간 오수를 취하는 것을 당연한 것으로 여기는 문화가 유지되면 후진성을 극복하지 못한다. 물론 휴식시간 틈틈이 의자에 몸을 기대고 잠시 눈을 붙이는 정도는 누구나 이해할 수 있다. 그러나 노골적으로 내실에 들어가 잠을 자는 문화는 시급히 없애야 한다. 군대를 포함한 모든 공조직의 업무시간에 내실에서 잠을 자는 의사결정자와 고위급이 많아질수록 그만큼 조직과 국가는 퇴보한다.

06. 지휘부의 의식 개혁과 장군의 업무 체질 개선

: 예우와 의전의 허례허식을 벗고 실용주의와 실사구시를 입어야 한다. 예우와 의전은 그 자체로도 인력과 예산이 허비되는 일이기도 하지만 무엇보다도 군의 관료화, 옥상옥의 지배구조, 계급(권력)만능주의를 부추기는 폐단을 불러온다. 선진국들은 처음부터도 이런 허례허식을 군대에 대입하지 않았을 뿐더러 근래에는 사소한 것들조차도 업무의 효율성과 가성비를 따져 없애 버렸다.

한국군은 날이 갈수록 허례허식이 심화되는 경향을 보인다. 한국군 지휘부의 시계가 거꾸로 돌아가고 있음을 실감한다. 앞에서는 주로 업무와 사무 공간에 대하여 논의했다면, 여기서는 70년간 적폐되어 온 예우와 의전을 중시하는 제도에서 비롯된 관습과 문화에 대해 논의하겠다. 정치군인들이 이룩해 놓은 권위주의, 권력지상주의, 계급지상주의는 반드시 뿌리 뽑아야 하는 전제군주국가의 유산이다. 정치군인들이 남긴 유산을 뿌리 뽑고 비정상을 정상화하는 것이 개혁이다. 이런 잘못된 제도에서 비롯된 관습과 문화는 제도를 선진화하더라도 곧바로 따라오지 못하므로 강력한 의식 개혁을 통해 단시간 내에 선진화를 달성해야 한다.

대한민국에서의 국방개혁은 국가 선진화의 전초전이다. 한국군의 모든 후진성의 중심에는 정치군인들이 만든 한국형 장군을 선진국형 장군으로 변모시키는 것이 가장 큰 걸림돌이 될 것으로 예상한다. 이 문제는 오직 지휘부의 강력한 의지를 통해 실현될 수 있으므로 확고한 의지와 비전을 가지고 추진해야 한다.

미국의 공군 중장(별 3개)이 국방부에 출근하는 모습
사진 출처 : 박성진의 군 이야기 블로그

【어깨에 메고 있는 커다란 가방이 미국 장군들의 업무량을 대변한다. 왼 손에 키를 들고 가는 모습에서 보듯이 자가 차량이나 대중교통을 이용하여 사무실에 출퇴근한다. 이런 모습으로 일하는 장군이라야 만이 전쟁과 위기대응을 제대로 준비하는 군대가 될 수 있다.】

→ 장군의 업무 체질 개선

'한국형 장군'의 업무 체질을 개선하는 것은 한국군, 더 나아가 국가를 선진화의 필수 관문이다. 이 관문을 통과할 수 있느냐의 문제에 한국군 선진화의 성패가 결정된다. 지금의 제왕적으로 군림하는 권위형 리더십에서 행동하는 리더십으로 바꾸어야 선진화의 길이 열린다.

선진국 군대의 장군들과 같이 오직 자신의 손과 머리로 자신의 일을 직접 수행하는 구조가 아니면 절대로 변화와 혁신은 불가능하다. 앞에서 이끌어야 할 사람이 뒤에서 호통이나 치고 하부조직이나 참모들에게 무리한 지시나 남발하며 보고나 채근하는 업무구조에서 혁신을 기대할 수 없다. 골든타임을 잡지도 못하고 컨트롤 타워를 세우기는 절대로 불가능하다.

군대가 강하다는 것은 지휘부가 강하다는 것을 의미한다. 지휘부가 강해지기 위해서는 지휘부가 통합되어야 하고, 그런 통합구조에서 대장을 포함한 모든 장군들이 자신의 손과 머리로 정책과 작전을 수립해야 한다. 그래야만 지휘부가 스스로 나서서 강함을 표현할 수 있다.

계급이 높다는 사람들이 거대한 분리형 사무실을 권위와 호화로움으로 장식하고 의전과 예우만 따지면서 업무는 하부 조직으로 미루는 사이에 행정 군대로 전락하고 만다. 그런 사실은 역사가 증명한다. 전쟁이나 위기 상황은 예고도 없이 시작되고 시나리오가 없이 전개되기 때문에 위기를 관리하기 위해서는 결국 의사결정자들이 앞서서 대응하는 수밖에 없다. '날 잡아 잡쉈' 하며 내가 놓은 덫에 걸려들어 오는 적은 없다.

한국보다 훨씬 잘살고 자유로우며 개성을 중시하는 선진국들이 예산이 부족하고 자유분방함의 여유를 몰라서 장군들의 업무를 옥죄고, 의전과 예우를 줄이고, 개인 사무실을 없애고, 개인 화장실과 내실이 딸린 사무실을 없애고, 방대한 참모조직과 개인비서를 없애는 것이 아니라는 사실을 직시해야 한다. 계급이라는 것에 거품을 잔뜩 끼워 두면 업무로 하는 일이 권력으로 둔갑하고 그 권력을 좇아 부나방들이 득세하여 조직은 물론이고 국가를 황폐하게 만든다는 사실을 잘 알기 때문이다. 국가에 진심으로 봉사하고 헌신할 수 있는 준비된 자가 대장이 되어 마음껏 그 능력을 발휘하고 그 대가로 국민이 하늘로 떠 받쳐 올려주는 영광을 누린다. 그러한 모습으로 변화하고 혁신해 가는 것이 개혁이다. 그동안 한국군 장군들이 가장 꺼려했던 미국군 장군의 업무 체질을 접목하고, 영국 등 한국과 규모가 유사한 국가들의 군사지휘구조 그리고 장군의 업무 체질을 도입하여 선진화해야 한다. 정치군인들이 근시안적 사고와 과욕 그리고 정치적 야망으로 망쳐 놓은 한국 국방을 제자리로 돌려놓는 단순한 작업이다. 사실 이런 일들은 거창한 개혁이 아니라 본래의 모습을 찾아가는 당연한 과정이다.

의사를 결정하고 발전의 방향을 제시하고 그것을 구체화하고 실현해 나가는 능력자는 오직 장군들밖에 없다. 특히 대장은 아무런 눈치를 보지 않고 모든 능력을 유감없이 발휘할 수 있는 유일한 계급이다. 그 능력자들이 개방되고 공개된 공간에서 마음껏 능력을 발휘할 수 있도록 제도와 환경을 만들어야 한다. 지금의 조직 구조와 골방 통치의 업무 공간에서는 절대로 불가능하다.

후진국 군대는 장군이라는 계급에 의전이나 예우와 같은 혜택을 10배로 늘려 주는데, 정작 그런 장군이 지휘하는 조직과 개인의 업무생산성은 10분의 1로 나타난다. 이에 반해 선진국 군대는 그런 혜택을 10분의 1로 줄이는데 업무의 생산성은 10배로 늘어난다.

만일 장군이라는 계급에 예우와 의전의 거품을 끼우는 것이 더욱 생산적이라고 판단했다면 국방비가 한국에 비해 100배가 많은 미국은 장군에게 100배로 많은 의전과 예우를 부여했을 것이다. 그런데 지금 미국군 장군의 의전이나 예우는 한국군에 비해 10분의 1도 안 된다. 그 단편적인 모습이 앞에 있는 사진에서 보는 것과 같다.

→ 의식 개혁이란 무엇인가?

"작전의 실패는 용납되어도 의전의 실패는 용서받지 못한다."라는 말은 한국군이 추구하는 가치의 허구성을 한마디로 표현하는 말이다. 또한 "장군이 되면 100가지 예우가 생긴다."라는 말에서 얼마나 계급이라는 것에 얼마나 많은 거품을 끼워 놓았는지 알 수 있다.

이러한 말들은 "의전이나 예우 따위의 허례허식은 필요 없다. 작전에 실패하는 지휘관은 죽음을 면치 못한다."로 인식과 의식이 바뀌어야 한다. "장군이 되면 책임질 일이 100가지 이상으로 늘어난다. 장군이 되면 100배로 무거운 일들을 하고 그 일을 하기 위해 100배의 능력을 발휘해야 한다. 그래서 장군은 100배로 힘든 자리가 된다."로 의식과 인식이 달라져야 한다. 이것이 한국군을 선진화로 이끄는 의식 개혁이다.

장군의 복장도 전투복, 정복, 근무복 이렇게 3가지만 있으면 사무실에서 일을 하고, 그 어떤 종류의 행사에 참가하고 전쟁을 치르는 데 아무런 문제가 없다. 허례허식의 사례를 육군 장군의 예(식)복을 예로 들어 보자. 그 어떤 종류의 행사라도 그냥 정복이면 충분한데 굳이 흰색 예복에 백구두를 신어야 하는가? 규정이 그렇다고? 화려한 예복을 입고 시선을 끌어 보고 싶고 허세를 부리고 싶은 욕구는 모두 의미가 없는 허례허식이고 소아적인 영웅 심리에 불과하다. 흰색의 예복이 군대의 필수품이라면 모든 군인에게 지급해야지, 굳이 계급을 구분하여 표시를 내야 하는가? 흰색 정복과 백구두가 그렇게 부러우면 해군으로 전과를 해야 한다. 그 장군예복이라는 것 한 벌을 만드는 데 쓸데없이 국방비를 쓰고, 부관은 부착물들 달아 주느라고 시간을 허비해야 한다. 그런 예복이라는 화려한 복장을 몇 번 입어 보지 않고 버리는 경우도 허다하다. 그 복장도 하복 따로, 동복 따로 만들면 한 해에 60여 명씩 양산되는 육군 장군들 예복을 만들어 주는 데 수억 원의 예산을 허비해야 한다. 장군의 복장이라고 최고급의 원단을 사용해야 한다.

미군들을 보니 화려한 예복이 있다고 말하는 사람들이 있을지 모르겠다. 미군은 세계를 무대로 근무하는 조건이고 파티문화가 일상화된 사회구조이며, 그런 문화에 최적화된 군대이기 때문에 좀 특별해 보이는 복장이 있을 수도 있다. 이치를 따져도 그렇지만 세계 각지의 수많은 군인들을 만나 보고, 또 국제행사에 참가해 본 경험으로도 정복 한 가지면 통하지 못할 행사가 없다.

흰색의 예복과 백구두가 없으면 행사에 참가할 수 없고, 장군이 그런 복장을 입지 않으면 병사들의 사기가 저하하며, 장군 자신의 근무의욕이 떨어져 일이 손에 잡히지 않기 때문에 꼭 필요하다고 주장하는 것은 어불성설이다.

사실 군인은 얼룩무늬 전투복 한 가지 복장만 있어도 언제든 어디든 통하는 직업이다. 전투나 훈련 때는 그냥 땀내 나는 전투복으로 입고 행사에 참가할 때는 깨끗이 세탁하여 주름을 잡은 전투복으로 입으면 그만이다. 장군이 그렇게 입는다고 해서 복장에 시비를 걸 사람은 아무도 없다. 병사들의 사기가 저하할 일은 만무하다. 제발 불필요한 허례허식에 예산과 인력을 낭비하지 말아야 한다. 개인적으로 경제적인 여유가 있으면 집에서 수백만 원짜리 명품 옷을 사 입어도 시비할 사람이 없다. 왜 굳이 아까운 세금으로 겉모양 내기를 해야 하는가? 국민의 세금으로 그렇게 모양을 내고 계급을 구분하고 싶은가? 이런 의미 없는 예우와 의전, 장군이 되면 100가지가 변한다는 '한국형 장군'을 만드는 요인들이다.

→ 동해의 깊은 바다에 던져 버려야 할 '삼정도'

장군이 되면 대통령이 '삼정도'라는 옛날식 장검을 하사한다. 이유를 둘러대겠지만 이런 모습으로 권위주의만 더욱 강화하는 허례허식은 불필요하다. 그 모습이 언론에 보도될 때마다 참으로 한심스러워 실소를 금치 못한다. 대통령이 삼정도를 하사하며 충성 서약을 받는 모습은 절대군주에게 맹목적인 충성을 강요하던 봉건시대 군주들의 모습과 흡사하기 때문이다.

한국군에 삼정도라는 전근대적인 물건을 들여온 것은 절대군주로 군림하고 싶었던 근시안적이며, 소아적 영웅주의에 사로잡혔던 정치군인 전두환의 작품이다. 조선시대 왕이 전쟁 무공을 세운 장수에게 하사한 것을 모방했다고 하나, 현대의 민주국가 군대의 지휘관에게는 아무런 의미가 없다. 진급심사 관문을 통과한 것에 대한 노고치하인지, 심지어 무엇에 쓰는 물건인지 용도도 모른다. 이런 모습들이 곧 군대를 거창하게 행사나 하는 행정 군대로 전락시키는 원인이 되기도 한다. 청와대가 나서서 그런 퇴폐적인 문화를 조장하는 것은 어불성설이다.

삼정도라는 구식 칼을 하사하면서 자신의 위상을 높이고 맹목적인 충성 서약을 받고 싶어 했던 비뚤어진 보스의 상징물에 불과하다. 그런 행위를 통해 권위주의를 조장하고 계급이라는 것에 거품을 끼우는 아둔한 처사에 지나지 않는다. 현대 민주국가에서는 군대 지휘관에게 퇴폐적인 권위주의를 조장하는 행위를 용납하지 않는다. 후배들에게 계급과 권위의 환상만 심어 주고 계급 간의 위하감만 조성할 뿐이다.

그런 장군들이 앞장서서 자신의 이득에만 눈이 어두워 사조직과 파벌을 조성하고, 방산비리나 저지르고, 국가 기밀을 팔아먹고, 공공장소에서 음주 추태를 부리고, 업무의 공간에서 노골적으로 부하 여군을 성추행하고, 공금이나 횡령하고, 지위를 내세워 이권이나 챙기고, 이기주의에 함몰되고, 기득권에 빠져 개혁을 팽개치고, 골방에서 낮잠이나 자는 등 기강을 스스로 무너뜨려 군대를 파멸의 늪으로 이끌고 가는 비참한 현실이다.

차라리 장군들에게 실탄이 한 발씩 장전된 권총을 쥐어주는 것이 도덕성과 의무를 강화하는 의미심장한 일일 것이다. 삼정도 한 개를 제작하는 비용은 300만 원이 든다고 한다. 한 해에 장군으로 진급하는 사람이 90여 명이 된다. 아무런 의미가 없고 오히려 합리성을 저해하는 무의미한 일에 3억 원에 달하는 혈세까지 낭비된다. 또, 그 물건을 놓고 부정의 시비까지 거론된다. 그런 시대에 뒤떨어진 권위주의와 허례허식을 동경하는 장교들이 한 해에 수백 명이 양산된다.

퇴폐성만 조장하는 삼정도는 동해의 깊은 물에 던져 버려라.

→ 벗어나야 할 보스형 지휘, 갖추어야 할 리더형 지휘

리더형 지휘관은 의전과 예우를 허례허식으로 인식하지만 보스형 지휘관은 그것이 군대의 전부라고 인식한다. 리더는 조직을 진화시키고 발전시키지만, 보스는 조직을 퇴화시키고 퇴보시킨다. 리더 지휘관은 전쟁을 승리로 이끌지만, 보스 지휘관은 전쟁과 나라를 패망으로 이끈다. 그 보스 지휘관의 대표적인 사례가 군국주의 일본군과 나치의 독일군이다. 군국주의 일본군의 보스 지휘관을 한국군에 대입한 것은 결정적인 실수였다.

한국형 장군의 모습에는 미국과 같은 선진국의 리더형 장군의 모습을 찾아보기 힘들다. 계급을 내세워 의전과 예우를 강조하고 부대를 권력으로 지배해 온 정치군인들의 군국주의 사상이 뿌리 깊게 존재하기 때문이다. 물론 이 같은 주장에 반대하고 모두 리더형 지휘관이라고 말하겠지만, 미국과 영국을 비롯한 수많은 장군들을 보아 온 경험에서 말하건대 한국에는 보스형 리더가 주류를 이룬다. 제도와 문화가 그렇게 형성되어 있기 때문이기도 하다. 한국군을 30년 넘게 지배해 온 정치군인들은 지휘관의 책임과 업무의 영역을 권력과 지배력으로 둔갑시켜 의전과 예우를 앞세우며 옥상옥의 관료주의 집단으로 만들었다. 그런 조직에서 보스로 군림하면서 골방통치형의 지배력을 행사했다. 또한 정치군인들은 자신들의 모태인 육사를 엘리트 의식화의 교육장으로 만들어 정치군인과 정치성향의 장교들을 양산하고 순혈의 후배를 군대에 유지하면서 기득권을 유지하고자 노력했다. 군림에만 몰두하고 리드하지 못하는 지휘관은 군대의 지휘관이 될 자격이 없다. 개방된 공간에서 리더십을 발휘하고 능력을 검증받은 자들만이 민주군대의 지휘관이 되고 이기는 군대로 이끈다. 보스형의 정치군인들은 골방통치의 공간에서 깊숙이 소파에 몸을 묻고 부하를 하인을 부리듯이 군림하고 지배하며 군대를 후진의 늪으로 이끈다.
리더 지휘관은 스스로 나서서 적을 이기는 방법을 제시하지만, 보스 지휘관은 부하에게 이기는 방법을 내놓으라고 다그치고 나가서 적을 이기고 오라고 호통만 친다. 리더 지휘관은 스스로 강함을 표현하고 그것을 당연시 여기지만, 보스 지휘관은 강함을 표현하기를 두려워하고 부하에게 강함을 보이라고 다그치기만 한다.

→ '장군'이라는 계급에 대한 인식 전환

지금의 한국형 장군은 스스로 하늘의 계급으로 수직 상승하고 싶어 했던, 그리고 그것을 통해 '장군=국가의 지도자'라는 등식을 세우고 신분을 세탁했던 정치군인들의 유산이라는 점을 앞에서 언급했다. 아울러 그들의 모태인 육사를 엘리트 의식화하여 국가지도자 양성소로 탈바꿈시키고 세력을 규합하고 세를 과시하는 기반으로 만들었다.

그런 폐단으로 사관학교만 나오면 모두 위대한(?) 장군이 되는 것으로 착각하게 만든다. 일개 소위를 양성하는 군사교육기관이 국가지도자를 양성하는 최고의 엘리트 교육기관으로 둔갑시킨 것이 오늘날의 한국 국방을 이 지경으로 만든 정치군인들이 남긴 거대한 유산이다. 육사의 정치화에 대해서는 사관학교 개혁에서 상세히 논의하겠다.

후진국 국가일수록 장군이라는 계급에 더 큰 의미를 두고 그것을 구분 지으려는 인위적인 장치와 도구들을 마련한다. 단순히 일을 하는 영역이 다름을 표시하는 계급이라는 것이 최고의 가치인 양 변질된다. 후진국은 계급을 지배력의 확대로 인식하지만 선진국은 업무의 분량과 책임의 증가로 인식한다. 그런 후진국은 장군이 하늘에 있는 다른 모양의 별이라고 인식하지만 선진국의 군대는 땅에서 가장 바쁘고 힘들게 일하는 사람으로 인식한다. 그런 선진국의 장군들은 스스로 하늘에 있다고 위세를 떨치는 것이 아니라 병사와 국민들이 그들을 떠받쳐 하늘에 올려 두고 존경한다.

　제대로 기능을 발휘하고 발전해 나가는 선진국 군대의 지휘부는 한국군 지휘부와 모양이 다르다. 선진국 지휘부가 훨씬 통합적이고 규모도 작다. 그런 국방에서 일하는 선진국 장군들은 한국형 장군과 다르다. 예우와 의전이라는 허례허식은 없는데 일은 더 혹독하게 하고 생산성은 비교하지 못할 정도로 높다. 한국군의 장군방에 그렇게 흔한 별판도 하나 놓을 장소조차 없고 문서도 직접 작성하고 업무시간에 차 한 잔 배달해 줄 비서가 없어도 세상에서 가장 강한 장군으로 자리한다. 책상 위에 봉황이 근사하게 그려진 화려한 명패나 그 흔한 난 화분 하나 놓을 장소가 없는 공간에서 세계가 주목하는 정책과 교리를 수립해 낸다.

　참으로 대단한 아이러니다. 그러나 그것이 결코 어려워 이론을 대입하여 공부하고 연구해야 할 일이 아니다. 간단히 그것도 아주 간단히 '허례허식' 한 가지를 버리면 가능한 일이다.

　지금 한국군의 지휘부는 전쟁의 목적에 맞지 않다. 위기에 대응하지 못한다. 미래를 위한 발전도 담보할 수 없다. 제도와 의식을 개혁하여 선진화해야 한다. 그 중심에 장군이라는 계급에 대한 인식의 전환이 있다.

→ 선진군대에서는 미덕이 아닌 '과묵하다'

　선진국의 장교 특히 장군들에게서 느끼는 공통적인 인상은 '개방된 공간에서 말을 잘하고 참 똑똑하다.'라는 것이다. 떠벌이나 궤변론자들이라는 것이 아니다. 어떤 대상을 앞에 두고서도 자신의 주의와 주장을 정확하고 조리 있게 말하고, 상대를 감화 굴복시키며, 설득하고 합의를 이끌어 내고, 토론을 주도하는 능력을 말한다. 민주사회는 밑바탕에 개방성이라는 전제를 깔고 업무를 수행하기 때문에 그만큼 만나야 하는 사람들도 다양하다. 그런 환경에서 자신의 능력을 발휘할 수 있는 방법은 말을 하고 상대와 토론하는 것이다. 일방적인 선포나 웅변, 궤변을 발표하는 것이 아니라 대화와 토론의 방식을 말한다.

과묵이라는 것을 미덕으로 앞세우면 그 과묵을 방패삼아 자신의 무식과 무능을 가릴 수도 있기 때문에 그 과묵을 무기로 활용하는 사람들이 많아진다. 그러면서 쓸데없이 이미지를 관리하는 데 치중한다. 이것으로 '과묵한 보스'를 탄생시키는 문화가 형성된다. 언론이라는 공개된 공간 앞에 나서는 대장계급을 비롯한 장군들이 무기력해 보이는 이유는 과묵을 미덕으로 간주해 온 구시대적 인물 평가에서 기인한 것이다. 과묵을 방패삼아 무식과 무능력을 감추고 이미지만 관리하여 장군이라는 계급에 도달한 문외한들이 군대에 존재해서는 안 된다.

장교들이라면 계급이 높아지는 만큼 상대해야 하는 개인이나 조직이 늘어난다. 장군이 되면 그런 대상은 기하급수적으로 늘어난다. 따라서 계급이 높아질수록 능력평가의 항목에 '개방된 공간에서 능력을 발휘하는 능력'을 강화하여 평가해야 한다.

이미지나 관리하면서 골방통치로 부대를 지휘하고 관리만하는 장군의 시대는 억압통치를 자행했던 군사정권에서 모두 끝났다. 이제는 민주주의 시대에서 열린 국방을 추구하고 국민과 함께 발전하는 선진 군대로 나가야 한다.

→ 버려야 할 문화는 과감히 버리는 선진 군대

앞에서 제시한 사항들 외에도 선진 군대를 만들기 위해 버려야 할 것들이 많다. 여기서는 대표적인 10가지 사항들을 예시한다.

첫째, 제왕적 군림문화를 버려야 한다.

선진국에서는 계급(직위)이 높아 갈수록 업무에 있어서는 전면으로 나서지만 권력에 있어서는 뒤로 물러난다. 한국군은 지배와 권위를 앞세워 이와 반대로 간다. 한국 군대에서 업무의 영역을 권력의 지배력으로 변질시킨 정치군인의 유산을 걷어내는 유일한 방법은 권한을 분산하고 개방하는 것이다.

둘째, 외형 키우기의 환상을 버려야 한다.

국방의 주변에서는 무조건 외형을 부풀리고 상부구조를 키우는 것이 비전으로 인식된다. 이러다 보니 너도나도 외형 키우기에 경쟁적으로 몰두하는 모습이다. 그런 사람들만 모두 비전이 있는 사람으로 인정과 존경을 받는다. 이러다보니 건물을 하나 지을 때도 쓸데없이 부지를 확장하고 건물의 크기를 필요 이상으로 웅장하고, 호화롭고 또 크게 짓는다. 무조건 확장하여 효율성을 떨어뜨리는 것이 비전이 아니다. 조직이든 업무 환경이든 목적에 맞게 최소화하는 합리성을 추구해야 한다.

셋째, 단기성과주의를 버려야 한다.

조직은 장기적인 안목에서 지휘되고 관리되어야 발전한다. 지금 한국군은 단기성과주의에 팽배해 있다. 먼저 지휘관의 보직기간이 1년에 불과하다 보니 과욕을 부리는 사람들이 많다. 그런 과욕적인 정책들은 결국 무리수를 안게 된다. 심지어 전임자가 만든 정책을 후임자는 다시 원위치로 환원하는 일이 벌어지기도 한다. 정책은 결코 근시안적인 시각으로 단기적인 결과를 얻겠다고 욕심을 부릴 일이 아니다. 나는 땅을 다지고, 다음 사람들은 주춧돌을 놓고 기둥을 세우고, 마지막에 오는 사람이 지붕을 올려 건물을 완성해 가는 식으로 오랜 기간에 걸쳐 많은 사람들이 참여하여 완성해 나가야 한다.

넷째, 형식주의를 버려야 한다.

선진국들은 이미 오래전부터 의미 없는 형식주의(meaningless apple polishing)를 배척했다. 즉, 사과에 광을 내는 따위의 행동으로 시간을 보내는 것을 업무에서 배척하고 실사구시를 택한 것이다.

이에 반해 한국군은 간단히 전자문서체계를 이용하여 메모나 메신저로 보고하거나 전달할 수 있는 사항들도 거창하게 형식과 모양을 갖추어 보고서를 만드는 것이 일반화되어 있다. 시간도 많이 소요되지만 그것으로 인력과 예산이 낭비되는 이중, 삼중의 자원 낭비가 된다. 이미 한국군도 실시간 문서전달체계를 구축하고 있으나 이런 현대화 장비와 체계들이 무용지물이 되는 현실이다.

현대전의 특징은 정보를 얼마나 광범위하고 빠르게 수집하고 처리하느냐의 능력에 달려 있다. 지휘관이 시시콜콜한 형식이나 따지고 그런 형식주의에 부하들이 얽매여 있어서는 안 된다.

다섯째, 수동적인 업무자세를 버려야 한다.

내가 신명나게 내 일을 하고 그것에서 만족감을 느낄 수 있도록 업무 구조를 만들어야 조직이 발전한다. 조직이 상부에 의해 지배되는 구조가 되면 수동성이 극대화되고 능동성은 사라지게 된다. 오직 감시와 감독 때문에 일을 하게 되고 그 감시와 감독이 없으면 무엇을 해야 할지 모르는 상태가 된다. 이런 현상이 지속되면 조직은 어떤 변화를 이루지 못하고 고식적인 구태의 늪에서 헤어나지 못한다.

지금과 같이 한국군이 옥상옥의 관료화 지배구조를 유지하면 권력에 의한 감시와 감독에만 의존하여 조직이 움직이는 수동적 조직으로 남게 된다. 먼저 조직진단을 통해 개인의 업무에 대한 영역과 책임의 한계를 명확하게 해야 한다. 그리고 중간계층을 줄이고 조직을 수평화하여 자신의 일에 대한 책임감을 강화해야 한다.

여섯째, 지휘관들의 의전실과 비서실(개인 비서)을 버려야 한다.

참모총장의 개인 비서는 일정 관리 담당 직원 한 명이면 충분하다. 선진국의 경우는 경험이 많은 나이가 지긋한 여성이 주로 근무한다. 한국에서는 불필요한 외부 인사들이 무더기로 몰려와서 참모총장의 업무를 방해하는 것이 현실이다. 대부분의 방문 인사들은 개인적인 지인들로 저녁 시간이나 휴일에 만나도 되는 사람들이다. 그런 사람들의 환심을 사는 것을 대단한 성과라고 생각하고 극진하게 예우를 따져 모신다. 이러다 보니 작전에 실패하면 용서가 되지만, 의전에 실패하면 죽음이라는 어처구니없는 의식이 생겨난다.

사람을 모시고 그 사람의 환심을 사는 것을 지상 목표로 삼아서는 안 된다. 총장이나 지휘관을 만나는 손님이라고 무조건 업무의 시간을 할

애하고 인력을 동원하여 환대하는 것을 삼가야 한다.

선진국은 총장이나 지휘관들의 업무시간에는 그런 한가로운 틈도 없고, 그런 공간도 없으며, 그런 일에 수족처럼 부릴 수 있는 인력과 장비도 없다. 고급 다기 세트도 없고 차심부름을 하는 여직원도 없다. 군이 차를 마시면서 이야기를 나누겠다면 공동의 휴게실을 이용하고 사무실 구석에 자판기 형식의 음료대를 설치한다.

일곱째, 박사학위의 스펙 쌓기 열풍을 버려야 한다.

불필요한 스펙을 쌓는 데는 시간과 노력을 투자하면서 정작 본업인 전쟁에 관한 문제는 소홀히 하는 것이 현실이다. 지휘관이 되고 고참이 되면 업무가 한가하고 시간이 남는다고 박사 학위를 공부하는 장교들이 많다. 또 그것을 국방부가 부추기니 도저히 이해할 수 없는 노릇이다. 개인에게는 무한정 좋은 기회지만 전쟁을 준비하는 데는 무한정의 정력 낭비가 된다. 전문성 결여에 빠진 본업은 뒷전에 두고 스펙 만능주의가 조성된다. 가짜 박사 학위 논문들도 양산된다. 언론에도 보도되지만 공직 기간 중에 받은 박사 학위는 표적의 가짜 논문들이 많다.

박사란 좁고 깊은 전문의 영역에서 국제 수준의 지식을 발휘하는 지극히 전문적인 분야이다. 국제 수준에서 전문가라 자부할 수 있는 그 박사 학위라는 것이 너무나 쉽거나 군대에서 할 일이 없다는 증거이다. 그런데 지금 한국군에는 장롱 속 면허증과도 같은 박사학위 열풍이 분다. 과연 바람직한 일인가?

학위 수여권한을 쥐고 있는 대학과 교수들을 상전으로 모시고 극진히 예우한다. 부대시설과 인력을 동원하여 행사를 치르기도 하고 군대의 휴양시설을 제공한다. 사실상 군대시설이 학위를 주는 대학의 총장이나 교수들을 로비하는 시설물로 이용된다. 대학의 총장이 부대를 방문하면 여기저기에서 전화가 걸려와 그 사람 잘 모시라는 청탁이 쇄도한다. 확실하게 문이 무를 지배하는 모습을 볼 수 있다(The pen is mightier than the sword). 대학의 학위수여권이 군인들에게 막강한 권력이 된다.

그런 모습이 단지 못마땅하다는 뜻이 아니다. 본업을 뒷전에 미루고 업무 외적인 일에 몰두하면 전문성은 확보하지 못한다. 특히, 통합성을 이루는 것은 불가능하다. 왜 미국에 비해 100분의 1도 못 미치는 한국적 전장 환경과 전력 그리고 국제관계에서 한국군 장군들은 미군 장군들보다 한국의 실정에도 전문성이 결여되어야 하는가?

지휘관이나 고급 장교들은 조직을 관리하고 업무를 수행하는데도 힘이 부칠 지경이다. 그런데도 유독 한국군만이 박사 학위에 대한 열풍이 일고 있는 현상은 스펙을 중시하는 사회현상과 무관하지 않다. 그 박사 학위라는 것이 너무 쉽거나 업무라는 자리가 전혀 할 일이 없든지 남의 머리와 손을 빌려 모든 것을 해결하는 이유들 중에 한 가지가 된다. 한국군의 전문성과 통합부대를 요구하는 시대적 요청에 부응하기 위해서는 오직 본업에 충실해야 한다.

국방과 주변에서 30년을 일하면서 많은 군인 박사들을 보아 왔지만 특히 사회인문 분야에서 '아, 저래서 저 사람이 박사구나.'라고 느끼게 해 준 사람은 한두 사람에 불과하다. 학위를 받느라 본업을 뒷전에 미룬 것과 국가에서 지원해 준 예산의 가성비는 계산하기조차 힘들 정도로 저조한 수준이다.

07. 군 골프장 개혁

　: 한국군 지휘부는 전쟁이라는 본업을 뒷전에 미루고 골프에만 몰입한다는 언론의 비판을 받는다. 군사정권에서 권력자들의 사교장으로 시작한 군 골프장은 근래에 급격한 증가 추세를 보이며, 이미 30개를 넘어서고 있다. 장병의 복지예산을 전용하는 문제로 언론의 지적을 받아 왔음에도 불구하고 군은 골프장 만들기를 계속한다. 일부의 고위급 장교와 전역한 예비역들의 전용 운동장을 짓는다는 비판과 골프장이 별들의 사교장이냐는 지적도 받는다. 골프장을 운영하여 매년 200억 원이 넘는 수익을 거두고 군인복지를 앞세워 국민의 세금으로 영리를 취한다는 비판도 받지만 아랑곳하지 않는다. 그 한국군의 골프장을 둘러싸고 갖가지 꼼수와 편법, 예산과 인력 낭비, 부정과 비리, 도덕성과 기강해이 등이 언론에 보도된다.

　여기서는 그런 문제들을 들추어 보고 개혁의 필요성을 논의한다. 이를 통해 '한국형 골프문화'를 일소하고 정상적인 인식에서 건전한 여가 선용을 위한 레저의 한 종목으로 골프를 즐길 수 있도록 제도와 문화를 선진화하고자 한다.

　골프의 나라 영국군에는 군대가 운영하는 골프장이 없다. 공군비행장의 활주로 옆에도, 해군기지의 유휴지에도, 육군의 방대한 부지에도 골프장이 없다. 그래도 세계에서 두 번 째가라면 서러워할 정도로 지휘부가 강하다. 유럽의 선진국들을 조사하지는 않았으나 당연히 없을 것이고, 있다손 치더라도 절대로 한국식의 군 골프장은 없다.

　미국의 군대에는 골프장이 있다. 그러나 골프에 대한 인식이나 운영

방식이 한국군과는 완전히 다르다. 특히 한국군과 같은 꼼수나 무리수는 그 어떤 곳에도 없다. 한국군과 같이 참모총장이 골프장 회장이 되고 운영부대장이 골프장 사장이 되는 형태가 아니다. 군을 지원하는 국방부의 복지지원단(MWR)에서 운영하고 수익금은 군대에 유입시키지도 않는다. 한국군처럼 골프장에서 수익을 걷어 그 돈으로 장병에게 술과 밥을 사 주는 것이 아니라, 골프장 그 자체를 복지로 인식하여 모든 장병에게 저렴한 사용료를 받는다. 그리고 군대의 지휘관이나 참모들은 골프장에 눈을 돌릴 틈이 없을 정도로 바쁘다. 20~30년 골프를 한 장교들도 골프 실력이 형편없는 수준이다. 가끔 골프를 잘하는 장교가 있기는 하지만 자신의 레저 종목으로 골프를 선택한 일종의 '마니아'들이다. 부대에서 장교들이 골프에 몰입하는 현상은 그 어디에도 없다. 병사부터 장군까지 누구나 동등하게 건전한 레저로 이용할 뿐이다. 그런 결과로 군이 골프장을 운영하는 데 있어 그 어떤 형태의 잡음도 일어나지 않는다. 그런 미군은 그냥 '골프장'이라고 부르지 한국군처럼 거창하게 '체력단련장'이라고 부르지 않는다. 어설프게 미국을 들먹이며 골프장이 무슨 군대의 필수품인 양 말하는 사람들이 많다. 골프장을 통해 이득을 취하는 사람들과 사리분별을 못하는 사람들의 억지 주장들이다. 미군의 골프는 '한국형 골프'와 다른 레저운동일 뿐이다. 골프라는 그 명칭을 제외하고는 같은 것이 단 한 가지도 없다.

장교들에게 골프를 강제하여 그 골프로 인해 부담을 갖게 하는 문화도 없애야 한다. 골프장에서 행사를 한다면서 부대 지휘관·참모, 부대와 타 기관(단체)등이 어울리고 그것을 기회로 폭탄주를 돌리는 회식문화도 한국형 골프문화의 폐단이다. 주말이면 지휘관들이 부하를 거느리고 골프장을 찾고, 훈련을 마치면 기다렸다는 듯이 무리를 지어 골프장으로 몰려가는 후진적인 골프문화도 없애야 한다. 건전한 레저 이상의 그 어떤 것도 골프장에 유입시켜서는 안 된다.

→ 군이 직접 골프장을 운영하는 데 따른 폐해

군은 30개의 골프장을 운영하면서 골프장 건설과 운영에 관한 예산 사용의 부당성과 이로 인한 장병 복지시설의 낙후, 골프에 몰입하는 한국군의 특유의 골프문화, 수익금 사용과 관련된 비리, 골프장 사용의 형평성, 골프와 관련되는 군인들의 기강 해이, 성추행과 같은 골프장에서 발생하는 사건 사고들로 군의 골프장을 바라보는 국민들의 시선은 곱지 않다. 군이 직접 골프장을 운영하는 것이 왜 문제가 되는가를 다음과 같은 10가지의 이유로 설명한다.

첫째, 골프장을 골프장으로 부르지 못하고 '체력단련장'이라고 우기는 것은 눈속임의 유치한 꼼수다.

지위고하를 막론하고 군인들에게는 전투 체력이 필요하다. 그러나 골프장에서는 절대로 군인에게 필요한 그 전투 체력을 단련하지 못한다. 골프장에서 한가로이 골프채를 휘두르며 체력을 단련할 수 있는 사람은 전투 체력이 필요한 군인이 아니라 노년층이나 체력이 약한 사람들이다. '골프 체력=군인의 전투 체력'이라는 등식은 성립되지 않는다. 만일 그렇다고 강변하면 한국군의 전투 체력 기준은 형편없는 수준이다. 골프장을 체력단련장이라고 주장하면 장교들에게 비겁한 꼼수나 부리는 거짓됨을 가르치는 격이 된다.

지금 당장 그 비열한 꼼수의 '체력단련장'이라는 간판을 내리고 '골프장'이라고 적어야 한다. 그것이 후배들에게 정의를 가르치는 올바른 모습니다. 명예를 목숨과 같이 소중하게 여기는 군인을 꼼수나 부리는 시정잡배로 보이게 만드는 단초가 될 수도 있다.

　미군은 대장까지 체력 검정을 받지만 골프장에서 체력 단련을 한다고 우기지 않는다. 계급이 높아도 1년에 한 번은 의무적으로 체력 검증을 하고 그 결과를 제출해야 하기 때문에 평소에 체력 관리에 무지하게 노력한다. 대령이나 장군이 되어도 조깅이나 자전거로 출퇴근하면서 체력을 관리하는 것을 흔히 볼 수 있고 틈틈이 웨이트장에서 체력을 다진다. 만일 한국군 지휘부가 골프장에서 얻는 체력정도를 전투체력이라고 진정으로 믿는다면 한국군의 전투체력은 미군의 10%에도 미치지 못하는 형편없는 수준이 된다. 아울러 한국군은 전투 체력의 기준을 다시 검토해야 한다. 미군에게는 레저를 위한 '골프장'만 있지 '체력단련장'이라는 이름은 없다. 골프장은 단지 레저를 위한 공간이지 전투 체력 단련을 위한 필수품이 아니라는 말이다.

　둘째, 군이 골프장을 건설하고 운영하는 데 드는 비용은 대부분이 장병(병사)의 복지예산이다.

　과연 골프장이 보편적인 복지시설인지에 대한 논란이 끊임없이 제기된다. 이것은 병영시설 내에서 병사들에게 사용되어야 할 복지예산이 엉뚱하게 골프장에 사용되어 병영의 복지가 낙후는 문제로 연결되기 때문이다. 장병의 복지예산으로 지어진 골프장은 정작 장병이 아닌 고급 지휘관(가족), 예비역(가족), 국방비의 적용 대상이 아닌 개인, 기관, 단체 등의 사람들이 회원으로 혜택을 누린다. 이와 같이 복지예산의 대상이 아닌 개인이나 집단을 회원으로 가입시켜 혜택을 주는 것은 군의 골프장을 유지하기 위한 꼼수로, 결코 정의롭지 못한 처사이다.

최근의 한 조사보고서에 따르면 2008년부터 5년간 군은 장병 복지예산 2,000억 원 중에서 무려 1,800억 원을 골프장 건설에 사용하였다. 한편, 매년 30개의 골프장을 운영하고 보수하는 데 200~300억 원의 국방예산을 사용하는 것으로 나타났다. 이게 과연 정의로운 일인가? 사실 군이 복지예산을 국가에 청구할 때는 병력의 인원수를 전제하는데, 그 80% 이상은 병사들이다. 인원의 비례로 따지더라도 복지예산의 80% 이상이 병사에게 사용되어야 한다. 다음으로 군의 복지예산은 광의로 따지면, 동원 예비군도 해당된다. 오늘날에 이르러도 예비군의 복지가 형편없이 낙후된 이유는 예비군을 제대로 관리하지 못하는 국방 지휘부의 책임이 크다. 어떤 이유에서도 복지의 예산은 병사를 주로 하고 예비군까지 고려되어야 한다. 국민이 세금을 내는 이유도 그런 목적으로 사용하라는 뜻이지, 일부의 특권층만을 위한 골프장을 지으라는 뜻이 아니다.

셋째, 군이 수익사업을 한다는 자체가 어불성설이다.

이 문제는 골프장뿐만 아니라 콘도, 호텔 등의 수익사업구조도 마찬가지로 3자 운영 방식으로 개선해야 한다. 여기에도 수익금 사용문제와 일부 특권층에만 혜택이 집중되는 치명적인 문제가 도사리고 있다. 골프장의 수익금으로 벌어들이는 돈은 골프장 회장 격인 참모총장이나 사장 격인 운영부대장의 비자금 꼴이 된다. 군에서 필요한 복지예산은 모두 국방예산으로 확보해야 한다. 물론 군은 골프장 운영과 수익금 사용에 관한 규정을 근거로 수익금을 사용하지만 결코 정의롭지 못한 것으로 보인다. 사실 군은 이전에는 이런 규정마저도 없이 수익금을 참모총장의 쌈짓돈처럼 사용했다. 그러다가 1994년에 골프장 수익금을 횡령해 온 사실이 언론에 보도되자 마지못해 규정을 만들었다. 그러나 최근까지도 수익금의 사용을 놓고 비리로 처벌받는 사례들이 있다. 그 수익금의 사용처가 명확하지 못한 것이 현실이다.

국가가 궁핍하여 장병의 복지를 소홀히 하니 지휘관이 직접 돈을 벌어 장병들의 복지를 챙기겠다는 것은 어불성설이다. 사실 그 수익금의 쓰임새를 보아도 결코 정의롭지 못한 점이 많다. 참모총장이 장병들을 불러 모아 술과 밥을 사 주는 것이 복지인가, 아니면 참모총장의 위세 떨치기인가? 그 돈으로 장병복지의 대상이 아닌 사람들을 불러 모아 술과 밥을 사주고 선물을 주는 것이 참모총장의 공적인 일인가, 사적인 일인가? 그런 자리에서 '당신이 최곱니다'라는 용비어천가를 듣는 것이 정의인가? 그 수익금으로 참모총장에게 필요한 물품을 구입하는 것이 정의인가?

넷째, 골프장 운영에 고급 인력이 허비된다.

군인의 본업은 전쟁이다. 골프장을 짓고 관리·운영하는 일은 현역이 해야 할 일이 아니다. 그에 못지않게 한국군의 고위인사나 그들의 비서진, 권력기관, 나머지 장군들은 골프부킹 청탁에 그것이 권력인 양 여긴다. 시즌에는 업무가 마비될 정도다. 골프장을 운영하고 골프티를 배정하고 골프청탁을 소화해 내느라 정작 본 업무는 뒷전이다.

골프장 자체를 운영하는 일에는 많은 인력과 업무 시간을 허비해야 한다. 그런데 골프장의 인력과 시설 그리고 종사원, 캐디 관리, 성추행 문제, 시비 거리 등과 같은 머리를 복잡하게 만드는 일들도 많이 발생한다. 이런 일은 모두 전쟁을 준비하는 군인이 해야 할 일이 아니다.

다섯째, 군이 예산과 인력을 투입하여 현역의 가족, 예비역과 가족 그리고 개인이나 단체의 복지까지 챙겨주어야 하는 것은 아니다.

고위급이나 권력기관의 예비역들은 골프장을 놀이터로 여기고 애용한다. 이것이 군이 지칠 줄 모르고 골프장에 집착하는 이유가 될 것이다. 예비역들은 골프장 30개의 회원권을 가진다. 이 문제는 군이 골프장을 줄기차게 건설하고 직접적으로 운영하는 근본적인 원인이 되기 때문에 반드시 개선되어야 한다.

여섯째, 군이 골프장을 체력단련시설, 군사시설이라고 우기면서 정상적인 골프장 운영에 관한 법질서를 어기고 있다.

환경의 규제나 지자체의 의무를 이행을 피해 가기 위해 불필요한 인원들을 회원으로 가입시켜 혜택을 주고 있다. 정의롭지 못한 꼼수이다.

일곱째, 골프에 몰입되는 '한국형 골프문화'가 형성된다.

월요일부터 주말까지 골프 친 이야기, 골프 계획 짜기 등의 골프에 관한 화제가 대화를 주도한다. 최근에는 부사관들까지 가세하여 삼삼오오 모이면 골프 이야기로 화제를 삼는다. 골프라는 운동이 한국군을 전문성 결여라는 늪으로 이끄는 결정적인 원인이 된다. 향후 통합성의 부대로 발전하는 데에도 가장 큰 걸림돌이 된다.

골프는 많은 투자가 필요한 고급 레저이다. 경기 자체도 5시간 정도가 소요되지만 연습에는 몇 곱절의 시간이 소비된다. 경비도 마찬가지다. 그래서 골프라는 운동은 사치적인 운동이지, 일반 서민의 레저운동은 아니다. 미국을 거론하겠지만, 미국이라는 사회와 시민들의 골프에 대한 인식은 한국과 완전히 다르다. 한국인들의 골프에 대한 사치성은 세계의 어느 나라와 비교할 수 없을 정도로 강하다. 골프용품, 복장, 작은 소품 하나에 이르기까지 한국처럼 사치성에 매몰되는 나라는 찾아보기 어렵다. 한국인의 유별난 도박성과 경쟁 심리도 독특하다. 군대에서 군인과 가족이 여가의 레저로 즐긴다는 말은 절대로 한국의 정서에는 맞지 않다. 그런 것을 기회로 골프로 정치를 하는 군인들도 있다.

여덟째, 골프장을 군사시설이라고 우기면 군사시설에 도박장을 개설하고 그 수익금을 챙기는 꼴이 된다.

한국 사람들의 골프도박은 세계적으로 정평이 나 있다. 평일에는 군 골프장을 거의 민간인들이 사용한다. 그들의 대부분은 골프도박이나 이와 유사한 형태로 골프한다. 레저운동을 하는 것이 아니라 골프로 도박을 하기 위해 골프를 치는 사람들이 많다. 그런 도박성 골프게임을 하는 사람들이 사용한 돈을 모금하여 지휘부가 사용하니 결국 도박장을 개설하여 수익금을 챙기는 격이 된다.

아홉째, 전시에 야적장, 숙영장, 훈련장, 공군전투기 조종사 대기 등 갖가지 사유를 대지만 모두 정의롭지 못한 꼼수이며 핑계들이다.

공군의 비행장에는 모두 골프장을 끼고 있다. 활주로를 건설하기 위해서는 일정량의 평지가 조성되어야 하기 때문에 활주로 주변에 유휴부지가 존재한다. 이런 유휴지를 그냥 두느니 골프장을 짓는다는 생각인데, 이것도 한국화된 생각이다. 세계의 모든 나라 공군부대의 활주로 옆에 골프장이 있는 것은 아니다. 오히려 나무를 심어 비상착륙의 위험성을 높인다는 이유로 골프장을 불허한다.

유독 한국의 공군만 활주로 옆에는 무조건 골프장을 지어야 한다는 생각에 사로잡혀 있다. 전투기 조종사를 부대에 붙들어 두기 위해서라는 말도 안 되는 논리를 적용하고 그것을 고집한다. 기지의 전투기들은 공중에 떠 있는 것들이 있고 바로 출격하기 위해 대기하는 것들이 있다. 정상적인 루틴(routine)으로 교대하는 경우에는 출격 시간이 정해져 있기 때문에 비상이라는 의미는 없다.

공군에서 주장하는 긴급 상황에서 비상으로 출격하는 전투기에 대해 알아보자. 이들 전투기의 조종사들은 출격명령이 떨어지면 보통 3~5분 이내에 출격해야 한다. 그렇지 못하면 비상이라는 것에는 아무런 의미가 없다. 휴전선 근방에 나타난 북한 전투기가 기습공격을 마치고 북한으로 되돌아 가 버린 상태이기 때문이다. 골프를 치고 있던 조종사가 긴급한 연락을 받고 출격하는 데까지 과연 시간이 얼마나 걸릴까?

아무리 빨리 서둘러도 20~30분은 족히 걸린다. 이것도 아주 가까운 위치에서 이상적으로 순서가 맞았을 때 이야기이고 현실을 감안하면 거의 1시간이 걸리거나 아예 출격을 못하게 될 가능성이 매우 높다. 골프를 치던 조종사가 출격명령을 받고 클럽하우스까지 허겁지겁 달려오는 데에만 수분은 족히 걸린다. 그런 과정에서 체력은 소진되고 땀으로 범벽이 된다. 서둘러 개인차를 몰거나 부대에서 온 차량에 탑승하고 상황실에 도착하여 상황 파악하고 비행복 입고(샤워는 생략하는 것으로 가정하고) 전투기 타고 가까스로 활주로를 벗어나기는 하겠지만, 그 조종사는 적과 만나기도 전에 이미 육체적·정신적으로 탈진 상태에 있게 된다. 만일 그늘집에서 막걸리라도 한 잔 마셨다면 음주비행이 된다.

과연 골프장이 비상출격을 대기하는 전투기 조종사의 대기 역할을 하는가? 비상대기 전투기 조종사는 조종복을 입고 상황실 옆에 있는 대기실에 있어야 비상 출격이 가능하고, 그런 비상 출격만이 의미가 있다. 열심히 골프를 치고 있는 비상대기 조종사는 없는 것과 마찬가지다.

전시를 대비한 야적장이나 숙영지는 군 골프장이 아니라도 얼마든지 많다. 교통망과 숙영시설이 구비된 대형 운동장이나 국가 및 지방정부의 시설들이 곳곳에 널려 있다. 민간인 골프장들도 많다. 굳이 군대가 그런 목적으로 골프장을 짓지 않더라도 그 정도의 기반은 갖추어져 있다는 말이다.

열째, 진심으로 일하고 싶어 하고 진심으로 국가와 군대를 위하는 장교들이 골프로 인해 좌절하고 의욕을 상실한다.

골프는 상급자에게 아부하기 좋은 매개체가 된다. 정치 성향에 밝은 군인일수록 군인일수록 고가의 골프용품이나 부인까지 동원한 골프 아부를 일삼으면서 경쟁적인 위치에서 소신을 갖고 눈치 살피지 않고 열심히 일하는 장교를 좌절에 빠뜨린다.

→ 군의 골프장 운영 방식 개혁을 통한 골프 문화 선진화

현재와 같이 골프장을 군에서 직접운영하고, 수익금을 참모총장 등 지휘관들이 사용하는 형태를 버리고, 다음과 같은 방식으로 개혁하여 골프를 여가선용의 건전한 레저로 선진화해야 한다.

첫째, 골프장의 운영방식을 '제3자 운영방식'으로 변경해야 한다.

고질적인 한국형 골프를 근본적으로 개혁하기 위해서는 군의 영향력이 미치지 않는 별개의 독립된 법인으로 골프장을 관리해야 한다. 국방부 소속의 조직이 직접 운영하고 수익을 창출하여 지휘관들이 사용하는 구조를 벗어나야 한다. 향후 수익금은 골프장 운영 유지 비용으로 소진하여 수익을 창출하지 않도록 하고, 현역 군인들에게는 공짜나 다름없는 저렴한 사용료를 받아 골프운동 그 자체를 복지화해야 한다.

이를 통해 골프장 건설과 유지에 장병의 복지예산 전용 방지, 비자금성 수익금의 군내 유입 차단, 골프장 운영에 따른 군 인력의 손실 방지, 꼼수와 편법, 부정과 비리, 도덕성과 기강해이 등의 원인 제거, 추가적인 군 골프장 건설 차단, 등을 달성한다. 이로써 '한국형 골프'를 척결하고 본업에 충실한 군대로 가는 기틀이 마련된다.

3자 운영방식으로 하되, 주말과 공휴일에는 오직 현역장병에게만 독점적으로 사용하는 권한을 부여하고 현역 이외의 그 어떤 사람도 골프장 출입을 금지시켜야 한다. 즉, 장병복지예산의 대상이 되는 사람에게만 권한을 부여하는 것이다. 이 문제는 골프문화를 올바르게 정착시키는 가장 핵심적인 조치가 된다. 장병의 복지예산으로 만들고 유지되는 군 골프장이 일부 특정인의 사교장이나 놀이터가 되는 폐단을 방지하는 가장 현실적인 조치가 된다.

그리고 어떤 계기에도 모두에게 골프를 금지하는 것과 같은 후진적인 사고에서 벗어나야 한다. 군인은 전쟁 중이라도 개별적으로 휴식이 보장되는 시간이라면 골프를 치게 해야 한다. 그것이 정신과 육체의 피로를 풀고 다시 전쟁터로 돌아가게 하는 선진화된 레저정책이다. 그런 목적으로 세금을 들여 레저시설을 만든 것이다. 전군에 골프금지령을 발령하고 그 명령을 어긴 사람을 찾아다니는 후진성에서 벗어나야 한다.

또한 골프를 하고 싶은 사람을 계급고하를 막론하고 직접 예약하게 해야 한다. 장군이나 그의 가족, 친지가 골프를 한다고 비서실에서 예약하는 일은 기필코 없애야 한다. 그런 사적인 일을 하라고 값비싼 세금으로 장교를 두는 것이 아니다. 그런 사적인 일에 장교가 시간을 허비해서도 안 된다. 그런 장교의 자리라면 그 자리를 없애고 전투부대에 배치해야 한다.

부대시설과 완전히 분리된 부지에 건립된 골프장은 쉽게 민간에게 관리를 이양할 수 있다. 그러나 군부대의 시설과 연결되는 곳, 특히 공군의 비행장과 연결되는 골프장은 경계에 관한 문제가 대두된다. 그러나 이것이 골프장 관리를 이관하지 못할 정도의 이유는 되지 못한다. 기본적으로 울타리 시설이 되어 있기 때문에 민간에서 운영해도 무방하다. 만일 외부인들이 쉽게 골프장을 통해 부대로 들어올 수 있는 구조라면 울타리를 보강하면 된다.

둘째, 병사와 동원예비군의 자유로운 사용을 보장하라.

고위급이나 예비역 고위급 그리고 그들의 가족들이 골프 특혜를 누리는 데 국가 예산을 낭비하는 것은 결코 정의롭지 못하며, 무슨 이유로도 정당화할 수 없다. 골프장에 대여용 골프용품을 비치하여, 병사들이 휴가 등의 사유가 있을 때에는 자유롭게 골프할 수 있는 여건을 조성해 주어야 한다. 복지 예산이 그들의 몫이기 때문이다.

특히 동원 예비군은 넓은 의미에서 장병 복지의 대상이기 때문에 회원의 자격으로 골프를 할 수 있게 해야 한다. 인원이 많다면 전산으로 관리하여 횟수를 제한하면 된다. 회원을 관리하는 것은 전산시스템으로 얼마든지 가능하다.

셋째, 개인, 기관, 단체의 회원자격을 박탈해야 한다.

군의 복지예산 대상자 그룹에 포함되지 못하는 개인, 기관, 단체는 회원자격을 정지해야 한다는 것이다. 앞에서도 언급했지만 군이 직접 골프장을 운영하는 방편을 마련하기 위해 회원으로 가입시킨 사람들이다. 군이 꼼수를 부리는 것은 결코 정의롭지 못한 일이다.

넷째, 현역 군인의 가족, 예비역 군인과 그 가족에 대한 회원자격 유지가 합당한지를 면밀히 검토해야 한다.

물론 미국은 예비역들에게 저렴한 이용료를 받고 있다. 심지어 외국의 장교나 예비역에게도 할인 혜택을 준다. 그러나 이 점에 대해서도 정확한 인식이 필요하다. 앞에서도 강조했지만 미국의 골프문화는 한국과 완전히 다르다. 미국이 그러니 우리도 한다는 생각은 버려야 한다. 한국군의 문제는 예비역이 되어 혜택을 누리기 위해 무리하게 장병의 복지예산으로 골프장을 짓고, 골프로 현역에게 갖가지 청탁을 하여 업무에 지장을 준다는 점이다. 이와 같은 과도한 혜택과 무리수들이 군의 골프문화를 왜곡시키는 중요한 요인이 되기 때문이다. 예를 들어 참모총장의 부인이 지인들을 데리고 골프를 한다면 비서실에서 그들을 돌보아야 한다. 예비역 장군들은 현역에 있는 고위급들의 은인이 되는 사람들이 많다. 그런 사람과 가족이 골프를 하겠다면 현역장군은 자신의 비서인력을 동원하지 않을 수 없다. 예비역들과 가족들이 골프로 모임행사를 한다고 현역에게 부담을 주기도 한다. 모두 한국형 골프문화의 병폐들이다. 예비역 군인으로 골프를 원하면 퍼브릭 골프장 정도의 비용으로 누구나 할 수 있다. 굳이 국가에서 예산을 들여 골프장을 짓고 그들과 가족들에게 평생혜택을 주지 않아도 될 정도로 충분하게 국가로부터 보상을 받은 사람들이다.

군 골프장은 분명히 일부의 현역군인 가족이나 예비역 군인들에게 특혜가 집중된다. 과연 장병복지예산의 대상이 아닌 사람들에게 형평성이 결여되는 보편적이지 못한 복지까지 국가가 챙겨주는 것이 합당한지 신중히 재검토되어야 한다.

지금의 한국군 골프장과 운영체계는 이원화되어 산만한 지휘구조 속의 관료화된 권위주의 지휘관들에게는 안성맞춤이다. 미국식의 레저는 죽고 고위급의 사교장으로 전락하여 군의 개혁과 선진화를 가로막는 두터운 장벽이 된다.

'한국군의 골프 병'을 근본적으로 치유하지 못하면 '선진강군 육성'은 한낱 구호로만 남게 된다. 이기는 군대를 만들기위한 미래지향적인 지휘부로의 구조개혁은 불가능해진다. 그 병을 치유하는 유일한 방법은 군대가 직접적으로 골프장을 운영하는 것에서 손을 떼는 것이다. 골프장에 붙들려있는 눈길을 전쟁이라는 본업으로 돌려야 비로소 이기는 군대로 가는 길이 보인다. 그렇게 해야만 지휘부의 머리 속에는 전쟁을 이기는 방법들이 그려지고, 그들의 손에는 승리의 영광이 쥐어진다. 누가 강제해서가 아니라 지휘부 스스로가 발목에 매인 골프라는 족쇄를 풀어서 던져버려야 가볍게 달려갈 수 있다. 그것의 부산물로 '한국군 골프, 한국형 골프문화' 그리고 그 골프와 관련된 모든 병폐들이 사라지고 건전한 레저로서 자리매김하게 된다.

변화무쌍한 미래는 이미 한국군 지휘부를 추월해 달려가고 있다. 비수를 든 적은 지휘부의 등 뒤에서 호시탐탐 기회만 노리고 있다. 과연 골프라는 함정에 빠져 마냥 그 큰 숙제들을 뒤로만 미루고 오늘을 즐기는 것에만 몰입하는 것이 의무를 진 사람들의 도리인가? 이것이 과연 위국헌신군인본분(爲國獻身軍人本分)을 입버릇처럼 외치고, 명예를 하늘같이 여긴다는 장군들의 정의인가?

08. 기무사령부 개혁

: "기무사령부(옛 보안사)를 해체하고 기능별로 분산하여 군 지휘관의 체계 속에 일원화해야 한다." 이 말은 합참의장을 지낸 이상희 전 국방장관의 주장이다. 이 주장에 전폭적으로 동의한다. 그동안 기무사를 해

체하자는 주장들이 제기되었으나 대부분은 용공으로 몰려 가차 없는 비판을 받았다. 대안이 없는 일방적인 해체 주장에는 당연히 반대한다. 특히 북한의 세습정권에 동조하는 반국가 정치집단의 주장은 용공의 의도가 깔려 있기 때문에 절대 반대한다. 오직 국방 선진화 더 나아가 국가 선진화를 달성하는 필수적인 과제로서 기무사의 개혁을 주장한다.

김관진 전 국방장관은 재임 시절에 "20세기의 낡은 생각과 관행으로 21세기를 살아갈 수 없다."라며 강도 높게 기무사 개혁을 주장했다. 그는 대변인 발표를 통해 "군내부의 동향을 음성적으로 청와대(대통령)에 보고하고, 지휘관의 사생활 조사를 통해 군 조직의 상관인 장관을 무시하고, 군 인사에 개입하는 등의 관행을 폐지하여 기무사 본연의 임무에 충실하도록 하는 것이 장관의 생각이다."라고 구체적인 개혁 방향을 제시했다. 이 같은 일은 장군의 진급과 관련하여 장관과 기무사령관이 갈등을 빚은 일에서 비롯된 것으로, 장관의 지휘권이 침해되는 문제를 드러내는 사례이다.

지금은 군대의 지휘관을 감시하고 통제하며, 권력으로 지배하는 시대가 아니다. 21세기는 권력으로 인식되는 업무의 분야를 모두 개방하고 공개하여 투명성과 공정성을 강화하는 체계와 제도의 시대이다. 군사정권에서와 같이 권력기관으로 장군지휘관을 옥죄는 공포통치가 필요한 시대가 아니다. 20세기의 군사정권이 지배력을 장악하는 수단으로 사용한 조직구조와 의식으로 21세기 다변화의 시대를 맞이하면, 그 다변화가 군대라는 조직을 집어삼켜버리고 영원히 후진의 늪에서 헤어나지 못하게 된다.

군조직의 기무사를 국정원 정도로 생각하는 것은 오산이다. 국정원과 성격이 비슷한 면도 있지만, 국정원은 독단적으로 권한을 행사하지 못하도록 견제하는 수단들이 많다. 그러나 기무사는 폐쇄된 국방의 울타리에서 아무도 간섭하지 못하는 독보적인 권력으로 군림하기 때문에 권력을 독점하는 문제의 심각성이 더욱 커진다.

미국이나 영국과 같은 선진국의 군대에도 정보조직이 있지만 한국의 기무사와 같은 지휘체계가 무너진 통합형 권력조직은 없다. 모든 조직들이 장관과 지휘관의 업무로 단일화되어 있다. 특히, 군대에 간첩이 침투하는 것을 막는 방첩(防諜) 활동을 담당하는 부대는 존재를 드러내지 않고 베일에 싸인 은폐된 조직으로 운영하여 간첩이 군대에 침투하는 것을 효과적으로 차단한다. 한국의 기무사가 수행하는 모든 업무는 분야별로 분산하여 국방장관의 지휘조직으로 지휘권을 단일화하고, 정상적인 군대의 지휘조직으로 운영해야 한다.

육사를 나와 별을 4개까지 달고 국방장관을 지낸 사람들이 과연 용공의 의도나 사사로운 감정 때문에 그렇게 강력하게 공개적으로 기무사 폐지와 개혁을 주장하겠는가? 민주시대와 21세기의 첨단시대에 적합하게 군을 정상적으로 발전시키고자 하는 일념에서 고뇌에 찬 주장을 펼치는 것이라고 판단한다.

→ 기무사령부가 불필요한 이유

이미 잘 알려진 바와 같이 기무사는 20세기의 낡은 생각에서 군사정권이 사용했던 공포통치의 수단이다. 왜 기무사가 20세기의 낡은 생각과 관행의 조직인지 그리고 21세기에 필요가 없는 조직인지는 다음과 같은 10가지 정도의 이유로 설명할 수 있다.

첫째, 권력을 또 다른 권력으로 지배하는 구조는 선진 민주시대에 적합하지 못하다.

장군들이 부대 지휘권을 권력으로 인식하고 그 권력을 남용할 수 있으니 권력기관(기무사)으로 감시하고 통제해야 한다는 것은 20세기 군사정권의 생각이다. 권력을 권력으로 지배하는 구조는 정치군인들이 남긴 국방과 한국 사회의 대표적인 적폐이며 유산이다. 한국 사회가 안고 있는 후진적인 권력형 지배구조의 대표적인 사례이다.

앞에서도 여러 차례 강조했듯이 선진국을 업무의 영역을 책임으로 인식하지, 지배력의 권력으로 인식하지 않는다. 감사나 감독의 대상이 되는 모든 업무를 공개하여 개방적으로 운영함으로써 투명성을 확보하고 이를 통해 공정성을 강화하는 체계와 제도를 발전시켜야 한다.

예를 들어, 참모총장이 수행하는 인사권에 관한 업무는 인사사령부에서 공개된 자료로 관리하면 참모총장이 인사권의 남용을 막을 수 있다. 이것으로써 기무사가 인사권을 남용하는 참모총장을 감시하는 후진적인 구조를 탈피할 수 있다. 예산 감시도 마찬가지다. 예산을 모두 공개적으로 운영하면 기무사가 개입하여 감시할 필요가 없어진다.

지금과 같은 전자 플랫폼 시대에서 예산을 투명하게 관리하는 것은 손쉬운 일이다. 군이 권력기관이 인력과 노력과 예산을 들여가며 감시하는 것보다 훨씬 간단하고 확실하다. 방사청의 예산을 감시하라니 기무사 요원들이 그 감시권한을 빌미로 비리를 저지르는 역효과가 발생된다. 오직 공개로써 투명성을 확보하고 이를 통해 공정성과 공평성을 추구하는 것이 진정한 정의 실현이다. 비열한 뒷조사, 비밀정보파일(인사파일)은 전근대적인 발상이다. 인위적인 조작이 가미되는 파일은 정보로서의 가치가 없다.

둘째, 장관과 기무사령관이 권력 싸움을 하는 것은 일선 부대까지 갈등을 빚는다는 증거다.

장관이 기무사령관과 업무영역을 놓고 다툼을 벌이면 일선에서는 장군지휘관과 기무부대장들 사이에서도 마찬가지 현상이 발생한다. 이는 또한 실무 장교들도 기무요원들과 동일한 갈등을 겪고 있다는 증거가된다. 지휘부의 갈등이 고스란히 일선 부대에까지 그대로 이전되는 것은 초급장교들까지 다 아는 사실이다. 조직 내부적으로 권력 다툼이나 일삼는 군대가 어찌 외부의 적을 이길 수 있겠는가?

셋째, 신성불가침의 영역인 장군 지휘관의 지휘권이 침해받는다.

군대를 지휘하는 장군 부대장의 지휘권은 그 누구도 어떠한 이유에서도 결코 침해되지 못하는 신성불가침의 영역이다. 장군이 책임을 지고 부대를 지휘하는 일에 누군가가 간섭을 하는 것은 장군이라는 계급체계를 뿌리째 부정하고 군의 지휘체계를 뒤흔드는 일이다. 장군지휘관이 부대를 지휘하는 것이 아니라 모양만 내고 있고, 지도하는 기무부대장이 지휘관 위에 군림하는 모양이라는 비판이 제기된다. 군대의 지휘권, 특히 장군지휘권이 침해당하는 군대는 제2차 세계대전의 나치독일군이나 군국주의 일본 군대에서 모두 끝났다. 현대의 선진국 군대에는 그런 현상을 그 어떤 위치에서도 볼 수 없다.

군대의 지휘관이 행사하는 지휘권은 군대의 본질이다. 그 지휘권을 훼손하는 행위는 곧 군대 자체를 부정하는 행위이다.

넷째, 장군 지휘관들은 모두 기무사의 개혁을 바란다.

소위 말하는 '지휘관(부대) 동향보고'라는 후환이 두려워 속내를 말하지 못할 뿐이지, 한국군의 모든 장군지휘관들은 기무사의 지휘권 도전과 훼손에 거부감을 갖는다. 무서워서가 아니라 더러워서 논쟁을 피해간다는 인식이다. 겉으로 표현을 못하여 참고 지낼 뿐이다. 앞에서 언급한 장관들은 그런 감시의 범위를 벗어나 솔직한 의견을 피력해도 되는 입장에서 그런 속내를 여과 없이 솔직하게 말한 것이다.

누군가가 자신과 자신의 부대를 몰래 뒷조사하고 다닌다는 것에 거부감을 느끼지 않을 장군 지휘관은 없다. 장군 지휘관 옆을 수첩 한 권들고 따라다니며 작은 행동이나 가벼운 말 한마디까지 감시하는 기무요원에게 불쾌감을 느끼지 않는 지휘관은 없다. 군대의 지휘권이 무엇인지조차 모르는 영혼 없는 아첨꾼은 기무사의 권력을 등에 업고 출세해 보겠다면서 권력구조에 맹목적으로 순응할지 모른다. 그러나 정상적인 사고를 지닌 장군 지휘관들은 부대에서 일어나는 일을 시시콜콜 감시하고 어떤 일이 있어도 기무조직에 먼저 알려야 하는 감시와 통제를 거부한다

심지어 위상이라는 것을 앞세워 장군지휘관의 상전에서 놀겠다고 거들먹거리는 얼빠진 작태를 참지 못해 호통을 쳤다가 역풍을 맞은 사례들도 있다. 특히 일선부대에서 젊은 장교들은 기무요원들의 거들먹거림에 참지 못하여 울분을 토로하는 사례들이 많고 또 그런 일로 군대에

회의를 품고 군을 떠난 장교들도 있다. 지휘부의 권력다툼이 하부조직에까지 미쳐 발생하는 어처구니없는 피해자들이다.

다섯째, 비대한 관료화 조직으로는 방첩기능을 발휘하지 못한다.

모든 조직도 마찬가지이지만 특히 북한과 이념전쟁을 벌이는 한국군에 있어 이념이 다른 불순분자가 군대에 침투하는 것은 절대로 용인하지 못할 일이다. 지금의 관료화되고 비대한 기무사의 지휘조직으로는 방첩이라는 중요한 기능을 제대로 수행하지 못한다.

여섯째, 절대 권력은 절대 부패한다.

보안사령부(기무사의 전신)의 민간인 사찰, 인권 유린, 이권 개입, 권력형 부정·비리 등은 이미 군사정권을 통해 수없이 지적되어 온 사항이다. 권력 남용, 권력형 비리와 부정의 아이콘이 되었고, 쿠데타의 도구로 사용되어 국민을 배신했다. 권력은 부패한다. 절대 권력은 절대 부패한다. 국방의 폐쇄된 공간에서 이루어지는 기무사의 권력은 절대 권력의 대표적인 조직이다. 대표적으로 국민들이 알 수 있는 사례가 방산비리 사례들이다. 비리를 감시하라고 인원을 배치해 두었지만 비리를 적발하기는커녕 오히려 정보력을 먹이로 뇌물을 받고 비밀을 팔아먹기까지 했다.

정치군인들의 군사정권은 지지기반의 취약점을 극복하기 위해 보안사라는 권력조직으로 군대를 비롯한 국가기관을 옥죄는 초법적인 공포통치를 자행했다. 특히 그들은 소위 말하는 '안가'라는 비밀아지트를 만들어 술판을 벌이며 향락을 즐기기도 했다. 군인들을 불러 충성 서약을 받고, 재벌들의 팔을 비틀어 비자금을 뜯어내는 등 폐쇄적인 권력의 무한 자유를 만끽했다.

일곱째, '보고채널의 다양화'는 개방된 공간에서 통하는 말이다.

폐쇄된 절대 권력은 보고의 채널을 다양화하는 것이 아니라, 정상적인 채널을 마비시키고 무력화시키며 채널을 독점한다. 정보화 사회의 특징은 정보의 독점이 아니라 정보의 공유이다. 개방된 공간에서 투명하게 드러나는 실적으로 평가받는다. 그런 개방형 자료에 담겨 있는 정보만이 신뢰성을 담보할 수 있다. 폐쇄회로에 담긴 정보는 조작이 가미되어 의사결정자에게 혼란만 초래한다.

여덟째, 감시와 통제로 지배하는 구조로는 조직의 발전을 담보하지 못한다.

군사정권의 군인 출신 대통령들은 보안사라는 정보권력 조직을 앞세워 지휘관들을 뒷조사로 옥죄고, 그들과 보안사령관의 충성경쟁을 부추기고 그것을 즐겼다. 사람을 뒷조사하여 '나는 네가 어제 밤에 무슨 나쁜 짓을 했는지 다 알고 있다'는 식으로 옥죄는 방법은 가장 저급한 조직관리 기법이다. 그러면 그 정보권력 기관은 누가 또 뒷조사하나? 정작 권력자와 정보권력 기관은 그런 장치를 방패삼아 온갖 전횡을 저지른다. 저급하고, 비열한 권력놀음이다.

감시하고 통제하는 대상을 개방하는 것이 조직의 발전이다. 예를 들어, 인사권은 권한이 아니라 공개적으로 투명하게 수행하는 업무 영역이다. 그런 업무가 공정하게 이루어지도록 체계와 제도를 발전시키는 방법만이 미래의 발전을 담보할 수 있는 유일한 방법이다.

 아홉째, 권력기관의 평가기준이 합리적이지 못하여 공정성을 담보하지 못한다.
 평가는 누구나가 공감하는 공개적이며 공평한 기준이 적용되어야 공정성이 보장된다. '귀에 걸면 귀걸이 코에 걸면 코걸이'라는 식의 자의적 판단이 지배하는 구조에서는 불합리성이 만연하고 이로 인한 불공정성의 논란이 상존하게 된다. 기무사의 업무들이 대부분 이런 식의 평가라는 것이 일반적인 시각이다. 마음에 들지 않으면 이것저것 이유를 들어 처벌하지만, 정작 그 처벌이 고무줄처럼 들쭉날쭉하게 일관성과 객관성이 없다는 인식이 지배적이다. 민주적이거나 법치적이지 못하여 수긍하지 못하는 것들이 많다. 예를 들어 보안감사라는 절차는 기무요원들이 위상 유지 수단에 불과하다.
 군대에서 보안은 지휘관이 일상 업무를 통해 이루어지는 업무의 분야이지, 누군가의 감시를 받아야 하는 것이 아니다. 그런 수동적인 장군이라면 계급을 달 자격이 없다. 보안은 장교의 기본 소양에 해당하는 업무 영역이다. 내가 가진 비밀을 적이 마음대로 뽑아 쓸 수 있도록 업무하고 방호책을 수립하지 못하는 장교나 지휘관은 군사 업무의 첫걸음부터 자격을 갖추지 못한 사람들이다.

 열째, 수동성을 강제하면 그 조직은 발전하는 능동성을 발휘하지 못한다.
 내가 신명나게 내 일을 하고 그것에서 만족감을 느낀다면 조직은 발전한다. 내 일을 하는데 누군가가 감시하고 있는 상태면 내 일에 신명을 바칠 지휘관은 없다. 감시가 무서워 일을 해야 하는 조직문화에서는 능동성이 퇴화하여 발전하지 못한다.

보이지 않는 검은 손에 지배를 당하여 마지못해 업무를 하고 규정을 지켜야 한다는 구시대적이며 수동적인 업무 구조를 탈피하지 못하면, 조직의 발전은 결코 이루지 못한다.

→ 기무사령부 개혁 방안

기무사는 국가보안법에 근거하며 1950년 창설된 육군방첩대를 모태로 한다. 그 후 조직을 강화하여 1971년 보안사령부로 확대했고, 1991년 민간인 사찰 사건을 계기로 기무사령부로 개명했다. 본래의 목적이 방첩에서 군사정권을 거치는 과정에서 영역이 확대되었다.

기무사는 군의 비밀을 보호하는 보안과 간첩의 침투를 막는 방첩, 군과 관련된 모든 첩보의 수집과 처리, 정보의 방호와 정보전 지원, 특수범죄 수사(내란, 외환, 보안법 범죄, 이적 죄, 군사보안, 방산 등), 정보통신 기반체계 보호 등의 업무를 수행한다. 이런 업무를 수행하기 위해 지휘관을 포함하여 군대의 동향을 파악하고 보안과 방첩과 관련된 감사를 실시한다. 특히, 사령관은 대통령(국군통수권자)에게 직접 보고권한을 갖기 때문에 사실상 국방부장관의 지휘를 벗어난 군의 최고 권력기관으로 존재하게 된다.

기무사는 국방부장관을 비롯하여 모든 장군지휘관들과 그들이 지휘하는 부대에 대해 감시와 감독과 조사와 수사까지 하지만, 그 기무사를 감시하거나 감독하는 조직은 없다. 이것으로 기무사는 군의 유일한 권력기관이 되고 무소불위의 권력 발휘가 가능해진다. 일반 사회의 국정원, 검찰(기소), 경찰(수사), 감사원, 정보, 사이버수사대의 기능을 모두 통합하는 군대 최고의 권력 조직이기 때문이다.

물론 군검찰과 헌병이 별도로 있지만 기무사의 권력에는 비할 바가 없다. 방대한 분야를 총괄하는 업무뿐만 아니라 모든 부대를 감시하고 감독하는 무소불위의 권력을 행사하게 된다.

과연 이런 조직을 기무사령관이라는 사람이 제대로 통제할 수 있는 전문 지식을 가지고 있겠는가? 어떤 조직이든 그 조직이 제대로 관리되기 위해서는 지휘관이 부대가 하는 모든 일에 최고의 전문가가 되어야 한다. 예를 들어 특수범죄의 수사라는 한 가지만 해도 고도의 전문 분야이다. 과연 기무사령관이 내란죄의 수사에 책임을 질 수 있을 정도로 법률에 대한 전문 지식이 있는가? 물론 법을 전공한 부하 장교가 그 일을 수행하지만, 결국 사령관은 그의 말에 의존하여 결심하고 지시해야 한다.

지휘관이 부하장교에 의존하여 부대를 지휘한다면 그 지휘관은 자격이 없다. 그런 일이 광범위하게 존재한다면 그런 조직은 존재의 가치가 상실된다. 지금의 기무사 조직이 관장하는 업무를 세세하게 따져보면, 과연 그런 모든 업무를 제대로 알고 책임질 수 있는 능력을 가진 장군은 한국에서 구하지 못할 것이라는 결론에 도달한다. 어떤 초능력의 소유자라도 이런 기능을 모두 소화하기는 어려울 정도로 업무가 방대하고 권한도 너무 크다.

업무와 책임을 감당하지 못하는 조직이면 결국 기무사령관은 얼굴마담이나 바지사장이 되는 꼴이다. 이게 무슨 군대 조직인가? 누구를 위해 무엇을 하는 조직인가? 분야별로 전문가가 따로 있고 그 사람들이 조직을 좌우하는 조직이 무슨 부대고 지휘관인가? 그냥 주체도 못하는 그런 권한을 잔뜩 어깨에 걸머지고 부하들이 적어 주는 보고서나 읽는 수준이면 왜 지휘관이 필요하겠는가?

나는 몰라도 그런 일을 하는 사람들만 부리면 된다? 천만의 말씀이다. 지휘관이 부대를 장악하지 못하면 그 부대는 모두 허상들이다. 지휘관이 손아귀에 장악하지 못하는 기능과 조직은 군대조직이 아니다. 군사정권의 정보권력은 결국 그 주체하지 못하는 권력에 짓눌려 부패했고 그만큼 국가가 후퇴했다. 이와 같이 비판하는 이유는 기무사가 오늘날의 후진적인 군대를 만드는 요인이 되고, 모든 제도와 문화를 권력형 지배 구조로 만들어 정상적인 민주국가의 군대로 발전하는 것은 방해했기 때문이다. 앞에서 언급한 두 명의 전직 장관이 지적한 대로 지금의 기무사가 갖고 있는 업무는 모두 기능별로 나누어 지휘관의 업무로 일원화해야 한다.

여기까지는 "낡은 20세기의 사고로 21세기를 살아 갈 수 없다."는 김 장관의 말을 해석한 것이다. 이제 "기무사를 해체하고 기능별로 분산하여 군 지휘관의 체계 속에 일원화해야 한다."라는 이 장관의 생각을 구체적으로 실현하는 방법을 제시해 보겠다.

그렇다면 지금의 기무사를 어떻게 21세기에 적합한 조직으로 만들 것인가? 지금의 기능들을 모두 분산하여 지휘관의 고유 업무로 단일화하고 대신 방첩기능은 별도의 독립조직으로 만들어 그 기능을 강화해야 한다. 구체적인 방안은 다음과 같다.

첫째, 방첩 분야는 분리하여 독립된 조직으로 기능을 강화한다.

군대에 간첩이 침투하여 활동하는 일은 기필코 막아야 한다. 특히 북한과 첨예하게 이념이 대립되는 지금의 한국군에 간첩이 침투한다면 군이 와해되는 참사가 빚어질 수도 있다. 따라서 어떠한 이유에서도 간첩이 군대 조직에 침투하는 것을 막는 '방첩활동'이 중요하다. 또한, 방산 분야에도 스파이가 활동하기 때문에 감시를 소홀히 하지 못한다. 이러한 방첩의 분야는 고도의 전문성이 요구된다.

기무사의 최초 목적은 군대에 간첩이 침투하는 것을 막는 방첩업무를 수행하는 것이었다. 그 후 군사정권에서 국가 보안법을 근거로 업무의 영역을 확대하고 조직을 키웠으며 보안사로 확대했다. 정치군인 지도자들은 보안사라는 조직을 동원하여 민간인까지 사찰하고 방첩이라는 도구를 앞세워 전횡을 저질렀다.

지금의 관료화되고 비대해진 기무사의 조직으로는 방첩이라는 기능을 효과적으로 수행하지 못한다. 방첩에 대한 전문 지식이 없는 지휘관과 참모조직 그리고 업무를 협조하는 부서에서 방첩 업무를 방해하게 된다. 방첩 기능에도 비전문 장교가 책임자를 맡을 수도 있고, 관료화된 조직문화가 방첩 기능에까지 이전된다.

군대 조직의 모든 정책, 방침, 그리고 작은 행동 하나까지 세세한 지휘관의 판단과 결심이 필요하다. 그런 모든 결심에는 책임이 수반되고 그 책임을 감내하는 사람이 지휘관이다. 은밀성을 바탕으로 경우에 따라서는 민첩하고 신속하게 수행되어야 할 방첩작전이 보고나 업무 처리 절차라는 형식 때문에 은밀성이 깨지고 민첩성과 신속성이 훼손된다면 작전으로서의 가치가 없다. 기무사가 관장하는 모든 업무의 영역도 마찬가지다. 방대한 업무의 분야의 작은 것 하나에까지 사령관이 책임지고 판단하고 구체적인 행동을 지시하지 못한다면 군대 조직으로서의 가치가 없다.

따라서 방첩조직은 완전히 실체가 드러나지 않는 비밀조직으로 유지되어야 한다. 숨어서 활동하는 간첩들보다 더 은밀하게 숨어서 활동할 수 있어야 간첩을 제대로 잡을 수 있다. 지금처럼 실체가 드러나 있고 관료화된 조직으로는 기동성이 둔한 조직이 되어 간첩의 꽁무니나 쫓아다니게 된다. 숨어 있는 간첩을 잡으러 다니는 사람이 '나 간첩 잡으러 다닌다.'고 광고하고 다니면, 거기에 걸려들 간첩은 없다.

물론 나름대로 은닉된 요원을 운용하기도 하겠지만 그들을 운영하는 관리 계층이 관료화되어 있기 때문에 성과는 기대에 미치지 못하게 된다. 방첩 업무를 수행하는 과정에서도 방대한 지휘조직을 거치는 동안 방첩에 불필요한 인원들이 업무에 개입하게 된다.

지금의 권력화와 관료화로 둔화된 지휘 구조에서는 군의 간첩 침투를 차단하는 방첩 업무에 효과적이지 못하다. 특히 군사정권의 공포통치의 제도와 잔재가 그대로 남아 있어 군의 지휘관의 지휘권을 훼손하는 부분이 지적된다.

둘째, 기능별로 분리하여 지휘권을 일원화한다.

현재와 같이 기무사가 슈퍼 갑의 입장이 되도록 만드는 권력의 원천들은 사실 모두가 업무의 영역으로 지휘관들이 정상적으로 수행해야 하는 일상적인 일들이다. 이러한 업무들을 끌어모아 조사와 수사, 감사와 감시뿐만 아니라 대통령에 직접 보고하는 권한을 맡겨 두기 때문에 사소한 업무가 권력으로 둔갑하는 것이다. 이와 같이 기무사의 업무들 중에서 방첩 분야를 제외한 업무들은 다른 부대들의 업무들과 대부분 중복된다.

국방에 관한 업무를 국군통수권자인 대통령에게 보고하는 일은 당연히 국방장관이 해야 한다. 만일 보고하는 사항이 군사전문 분야라서 군인만이 할 수 있는 것이라면 합참의장이나 참모총장이 배석하여 보충하고 경우에 따라서는 의장이나 총장이 보고하고 국방부장관이 배석하면 된다. 이런 모양이 군대의 지휘권을 단일화하는 첫걸음이 된다. 지금처럼 기무사령관이 국방장관, 합참의장, 참모총장을 모두 배제하고 단독으로 대통령에게 보고하는 구조에서는 지휘권의 이원화와 알력싸움이 시작된다. 군대라는 조직이 권력싸움의 도구로 변질되는 것이다.

군대에 관한 업무를 대통령에게 보고하는데 장관이 그 사실을 모르고 최고의 지휘관이라는 합참의장과 참모총장들이 모르고 있다면 그게 무슨 책임지는 최고의 지휘관이라고 할 수 있겠는가? 음성적인 그런 보고에 공정성을 담보할 수 있겠는가? 최고의 지휘관들을 바보로 만들어 버리는 그런 보고가 과연 민주국가의 군대에서 존재할 수 있다고 생각하는가? 공포통치의 시대에 지휘관들을 옥죄는 수단으로밖에 볼 수 없다. 군인 출신 대통령이라면 권력자(의장, 총장, 사령관)들에게 충성 경쟁을 시켜 놓고 그것을 즐기는 모양새가 된다. 그런 모양은 후진적인 20세기의 군사정권에나 통하는 모습이지, 21세기에 적합한 모습이 아니다.

군 내부의 동향을 음성적으로 청와대(대통령)에게 보고하고, 지휘관의 사생활 조사를 통해 군 조직의 상관인 장관을 무시하고, 군 인사에 개입하는 등의 관행을 폐지하여 기무사 본연의 임무에 충실하도록 하는 것은 비단 김관진 장관만의 생각이 아니다. 군을 정상적으로 지휘하고 시대에 맞게 발전시키고 싶은 모든 장군지휘관들의 열망이다.

그것이 아무리 작은 것이라도 지휘관은 모든 판단에는 책임이 따른다. 그런 책임지는 일을 하기 위해 지휘권이라는 것이 존재한다. 책임도 없으면서 감놔라 배놔라식의 간섭은 지휘권을 침해하는 일이다. 부대 안에서 이루어지는 일은 모두 지휘관의 고유의 업무 영역이다.

인사자료를 대통령에게 보고하여 국방부의 장군인사에 개입하는 문제와 국방과 관련되는 첩보들을 별도로 수집하고 처리하는 것이 과연 올바른 처사인지에 대해 생각해 보아야 한다. 이른바 비선실세와도 같은 기무사라는 조직이 국방부의 공식적인 채널을 무력화하는 것과 같다. 공식적인 업무 채널을 무력화하는 일은 어떤 조직에서도 용납되지 못하는 불법이며 탈법적인 일이다.

아울러 기무사가 처리하는 모든 업무를 지휘관에게 분산하여 공식적인 업무 채널로 수행해야 한다. 군의 비밀을 보호하는 보안 업무는 장교와 지휘관의 기본 업무이며, 군과 관련된 모든 첩보의 수집과 처리는 기존의 정보사령부나 부대 지휘관의 업무 영역이다. 또한 정보의 방호와 정보전 지원도 마찬가지로 정보사와 정보참모의 업무 영역이며, 특수범죄 수사(내란, 외환, 보안법 범죄, 이적 죄, 군사보안, 방산 등)에 관한 업무는 모두 군검찰에서 수행해야 한다. 이와 관련되는 조사 업무는 군의 헌병대에 분산하여야 한다. 만일 이들 조직에 전문인력이 부족하다면 인력을 보강하면 된다. 정보통신 기반체계 보호 등에 관한 업무도 국군 통신사령부와 부대의 통신참모가 수행하면 된다.

앞에서도 언급했지만 인사에 관한 업무는 인사사령부에서 개방적이며, 공개적인 인사를 운영하면 인사에 대한 모든 잡음을 근본적으로 없앨 수 있다. 또한 조직을 개혁하여 높은 사람들이 직접 일하도록 선진화하면 누구나 장군 되겠다고 나서지 않게 된다. 방위사업청의 방산 기술보호는 방사청에 별도의 전담 조직을 구성하여 업무를 수행하도록 하면 된다. 예산에 대한 감독은 예산의 편성에서부터 마지막 사용한 실적까지를 모두 개방하면 비리의 소지를 근본적으로 없앨 수 있다.

업무를 권한으로 둔갑시키고 그 권한들을 권력기관으로 감독한다는 것은 고양이에게 생선을 맡기는 꼴이 된다. 이러한 폐단들을 지금까지 겪어 오고 있다. 개방하고 공개하여 공정성을 확보하는 것만이 지금까지 국방과 국가가 겪고 있는 모든 권력형 비리, 폐쇄형 비리들을 한꺼번에 치료하는 유일한 방법이 된다.

→ 기무사령부 개혁을 반대하는 사람들

군사정권에서 보안사는 국가 보안법을 근거로 무소불위의 권력을 갖는 조직으로 탄생했다. 그리고 이런 권력의 집중으로 군대의 모든 지휘관들을 장악하고 계급체계 조차도 무너뜨렸다. 한 마디로 지휘권이 무너진 군대가 된 것이다.

보안사의 지역부대장이나 보안요원만 되어도 일선 지휘관들은 모두 머리를 조아리는 형편이었다. 소위 말하는 '위상정립'은 지휘관들을 보안요원들에게 무릎을 꿇게 만드는 용어였다. 그 서슬이 퍼런 위상정립 앞에서 군대의 '계급장'은 하찮은 장식품에 불과 했고 지휘체계도 무용지물이었다. 보안요원이 휴가를 간다고 담당하는 부대들을 순회하면서 휴가비를 상납 받는 일은 일상이었다. 모든 이권에 개입하고 특히 사소한 군납업체들마저도 보안요원의 권력을 등에 업었다.

부식을 공급하는 업체는 보안사 요원의 지인들이었다. 이러다 보니 원가에 절반에도 못 미치는 형편없는 부식이 부대에 공급되고 그런 사실을 알면서도 지휘관들은 입을 닫았다. 병사들의 보직이나 이동에도 권력을 발휘하고 장교의 진급에도 깊숙이 개입했다. 보안사가 개입하는 업무는 '귀에 걸면 귀걸이 코에 걸면 코걸이'라고 노골적으로 말하며 기준도 없이 처리했다.

보안요원의 경조사에는 부조금과 화환과 방문객이 넘쳐났다. 이뿐만 아니다. 보안사 요원이 직접 운영하거나 가족 친지가 운영하는 식당에는 거의 매일 군인 손님들로 북새통을 이루는 지경이었다. 혹시 매출을 올려 주지 못하면 후환이 두려워 지휘관들은 너도나도 그 집에서 회식을 하고 매출을 올려 주었다. 그런 집의 벽에 전두환과 함께 찍은 사진을 보란 듯이 걸어 두었다. 이런 이야기들만 적어도 책이 한 권은 될 분량이 된다.

그 위세는 비단 군에만 그치는 것이 아니었다. 일반 사회 특히 공조직은 모두 보안사의 관할에 있었다. 검찰도 경찰도 모두 보안사의 권력에 아부하는 처지였다. 그 잔재는 아직도 기무사와 군대에 그대로 남아 있다. 누가 기무사의 개혁을 반대하고 누가 기무사의 개혁을 공개적으로 말할 수 있겠는가? 20세기의 낡은 생각을 가진 조직이 21세기를 살아가지 못하는 이유가 된다.

영국에 근무할 당시, 기무사령관이 비서실장과 전속통역장교(육군 중위)를 대동하고 영국을 방문했다. 어떻게든 공식 일정을 만들어 내라는 지시에 무척 난감했었다. 영국군에는 한국의 기무사와 같은 조직이 없기 때문에 방문지를 찾지 못해 애를 먹었다.

우여곡절 끝에 영국 정보본부장과 면담하는 구실로 공식 방문을 성사시켰다. 영국국방부는 외유성 방문에 색칠을 입혀 주는 형식적인 공식 방문을 절대로 수용하지 않는다. 상대 조직(counterpart)이 없으니 더 큰 애를 먹을 수밖에 없었다. 일정이 바쁜 영국의 정보본부장을 설득하여 가까스로 30분 정도 면담하는 '공식 방문'을 만들었고, 그것으로 기무사령관 일행은 무려 3일간의 일정으로 영국을 방문하게 되었다. 권력기관의 수장이니 그러려니 했다.

그런데 놀라운 사실 두 가지를 발견했다. 첫째는 그의 아들이 런던에서 유학 중이라는 사실이었다. 아, 그래서 그렇게 기를 쓰고 3일간이나 영국을 오고자 했구나 하는 정도로 납득했다. 사령관이 일행을 거느리고 영국까지 와서 3일간 지내는 그 비용은 500~600만 원은 족히 된다. 권력기관의 수장이니 외유성 출장에도 누가 시비할 수 있겠는가? 그러나 도저히 납득하지 못하는 것은 두 번째 문제이다. 그의 전속 통역장교가 국내 굴지의 방산업체를 거느린 대기업 회장의 아들이라는 점 때문이었다. 이게 가능한 이야기인가?

모두가 알고 있듯이 기무사의 가장 큰 임무는 방산비리와 군-업체의 유착을 감시하는 일이다. 그런 일을 하는 권력기관의 수장이 굴지의 방산업체 회장의 아들을 전속부관으로 거느리고 그의 아들이 유학하는 곳에 3일 동안이나 방문한다는 사실이 무엇을 의미하는지 알았을 때는 회의가 몰려왔다.

물론 방산업체 회장의 아들이 통역장교로 군에 올 수 있다. 과연 그 장교를 기무사에 배치해야 하는가? 과연 그 장교를 기무사령관이 사용해야 하는가? 그리고 그 회장은 자신의 사업에 목줄을 쥐고 있는 기무사령관이 자신의 아들을 대동하고 외국, 그것도 돈이 필요한 아들이 유학하는 곳에 간다는데 과연 그냥 가만히 있을까?

감시와 통제는 허울 좋은 핑계에 불과하다. 그런 도덕성의 최소한의 한계마저도 헌신짝처럼 버려지는 곳이 바로 권력기관이다. 자신은 지고의 법이요, 타인은 타도의 대상일 뿐이다. 그것이 권력의 속성이다. 그래서 절대 권력은 절대 부패하게 되는 것이다. 폐쇄된 조직의 권력은 더욱 그런 경향이 강하다.

방산비리의 소지가 되는 군-업체 유착관계를 감시해야 하는 일에 마지막 보루가 되어야 하는 사령관이 스스로 나서서 업체회장과 유착관계를 형성한다는 것이 말이 되는 이야긴가? 사령관부터 이렇게 도덕성이 해이하고 기준을 무너뜨리고 있으니 당연히 조직원들은 그 '감시'라는 기능이 허물어질 수밖에 없다. 그 결과로 나타나는 현상이 방산비리의 사례들이다. 방사청에 파견되어 비리를 감시하는 기무요원들은 그렇게 많이 보도된 방산비리를 예방하지 못했다.

권력기관인 기무사에서 비리나 사건이 터질 때마다 자정을 약속했다. 겉으로 무엇인가 보여 주어야 비난을 모면하기 때문이다. 그런데 과연 속내는? 권력기관에게 자정을 바라는 것은 물탱크에 고여 썩은 물이 스스로 정화되기를 바라는 것과 같다. 흐르지 않고 썩어 있는 물탱크에 정화용제를 뿌리면 일시적으로 맑아지는 효과는 나타난다. 그러나 시간이 조금만 지나면 예전의 썩은 물로 되돌아가고 만다.

권력은 마약과도 같다. 마약에 중독된 사람은 종말을 잊은 채 오로지 환각의 쾌락에 도취한다. 권력이라는 마약에 도취한 기득권은 조직이 황폐해지는 것도 잊은 채 권력의 즐거움에 도취한다. 군사정권의 권력이 그랬었고, 그 부패한 권력은 국민의 심판으로 단죄되었다.

그 권력을 사용하여 권세를 누릴 수 있고, 그 권력으로 이득을 취할 수 있고, 그 권력의 향수에 젖어 있는 사람들은 기를 쓰고 '그 권력의 본산'을 지키고 싶어 할 것이다.

→ 피해야 할 인력과 예산 낭비 그리고 전문성 결여의 우(遇)

기무사에서 관장하는 모든 업무들은 사실상 고도의 전문성을 요구하는 분야들이다. 앞에서도 언급했지만, 그런 업무 한 가지 한 가지에 지휘관이 전문 지식을 발휘하지 못하면 조직은 결코 발전하지 못한다. 여기에는 예하장교들의 전문성 발휘 문제도 포함된다. 결국 지휘관이 전문성을 발휘할 수 있어야 장교들의 전문성도 확보되고 유지되고 발전할 수 있다는 것은 누구나 인지하는 사실이다.

예를 들어 조사와 수사는 극도의 전문성이 필요한 업무이고 여기에 결부되는 가장 중요한 요소는 인권이다. 이런 업무는 폐쇄적인 권력조직이 수행하는 것이 아니다. 폐쇄적인 권력조직으로 그런 업무를 수행해야 효과적이라고 생각하는 사람들은 인권을 무시하는 권력형 지배론자들이다.

기무사라는 조직을 살리기 위해 무리한 긍지와 자부심만을 강요해서 유능한 젊은 장교들을 허비해서는 안 된다. 조직의 정통성이나 국가에 대한 기여도를 주장하는 모든 것에는 과거 군사정권의 폭거적인 권력

남용이 고스란히 묻어 있다.

긍지와 자부심을 내세우면 조직원들은 모범적인 성향을 보일 것이라는 생각은 버려야 한다. 오히려 자신이 최고라는 자만에 빠지고 부패한다. 개인의 충성심이나 도적성에 호소하는 것은 조직의 인력을 유지하는 지속 가능한 방법이 아니다. 피라미드 구조로 형성되는 조직의 인력 구조를 효과적으로 관리하는 방안이 수립되지 못하면 소속원들은 미래를 보장받지 못하는 불안감을 느낄 수밖에 없다.

기무사장교들이 보인 퇴폐적이며, 국민의 분노를 자아내는 행동들은 수없이 많다. 비밀을 팔아먹고, 권력 남용에 업무 태만, 성추행과 음주운전, 성매매를 알선하는 파렴치 범죄까지 일반 사회의 부패, 범죄 집단이 저지르는 모든 것을 그대로 답습한다. 똑같은 인간의 속성을 가진 사람들에게 권력까지 안겨 주면 당연히 일탈 행동이 심해질 수밖에 없다.

기무부대에서는 사관학교 출신 장교를 비롯하여 다양한 인력자원들 중에서 비교적 우수한 자원들을 모집하는 것이 사실이다. 그들이 얼마 지나지 않아 삶과 군 생활의 방향성을 상실하고 방황의 늪으로 빠지게 해서는 안 된다. 결국 피라미드 구조의 지배 조직에서 진급에 탈락하면 고배를 마셔야 하고 그런 것을 무마하기 위해 꼼수를 부려야 하고, 업무를 뒷전으로 미루고 박사 학위와 같은 사회에 통용되는 스펙을 쌓는 데 열중해야 한다.

기무사는 예산을 확보하는 측면에서는 모든 군 조직을 통틀어 가장 능력이 우수하다고 본다. 권력기관이 예산이 필요하다는 데 반대할 사람은 그리 많지 않다. 인력과 시설을 확충하고 유지하는 일에는 많은 예산이 들어간다. 이뿐만 아니라 기무사는 앞에서도 언급했듯이 다양한 업무 특히 최근의 사이버나 통신, 정보와 같은 분야에서 첨단의 장비를 필요로 한다. 이런 업무들은 이미 군 조직에서 수행하고 있기 때문에 기무사가 장비를 구입하는 데도 예산을 사용한다. 결국 중복의 이중투자가 되는 셈이다.

그런 폐쇄적인 권력조직에서 예산을 사용하면 예산의 사용에 대한 검증이 어렵다는 문제도 발생한다. 현실적으로 무리하게 예산을 요구하여 국방부와 마찰을 빚는 일이 발생한다. 권력기관의 요구를 들어주지 못한 데 따르는 후환 때문에 담당자는 부담을 느끼게 된다.

20세기의 사고에서 비롯되어 21세기에 적합하지 못한, 그래서 미래지향적이지 못한 조직에서 우수한 인력과 예산을 낭비해서는 안 된다.

군대라는 조직은 한 사람의 지휘관이 정상적으로 지휘하고 통제할 수 있을 때만 가치를 창출한다. 그 지휘관이 상부조직의 지시와 방침에 충실할 때만 조직으로서 고유의 기능을 발휘한다. 그 지휘관이 수행하는 업무가 개방적으로 감시와 통제를 받을 때만 조직의 정의가 실현된다. 한 사람의 지휘관이 감당하지도 못하는 권력을 산더미처럼 쌓아 놓으면 그 권력은 절대 권력으로 변질되고 부패의 나락으로 빠져든다.

지금 대한민국에서 가장 시급한 문제는 권력을 개방하여 감시와 통제가 이루어지게 하는 것이다. 그래야 정의가 실현된다. 그런 폐단의 시초가 군사정권이다. 필자가 형편없는 지식과 글재주에 의존하여 국방을 매개로 대한민국 선진화를 주장하는 이유이다.

09. 사관학교 개혁

: 이 글은 3군 사관학교와 그곳을 거쳐 간 모든 졸업생들 그리고 지금의 생도들을 비난하거나 폄하하기 위한 목적이 아니다. 단지 육사를 졸업한 정치군인들과 그들이 만든 정치화된 육사, 그리고 사관학교의 엘리트 의식화 교육을 비판한다. 이를 통해 성숙한 민주시민정신에 입각한 미래 지향적인 올바른 군인정신 함양의 중요성과 교육 개혁의 필요성을 강조하는 것에만 이 글의 목적을 둔다.

선진국들도 사관학교를 운영하지만 한국의 육사만큼 엘리트 의식화되고 정치화된 사관학교는 없다. 미국에도 4년제 사관학교가 있다. 그러나 엘리트 의식화나 정치화의 흔적은 없다. 세계인들이 인정하는 제도의 선진국인 영국에도 사관학교가 있다. 1년 과정의 단기 군사교육이다. 엘리트 의식화의 허식이 끼어들 틈이 없다. 전투병과만 1년이고 나머지 지원병과는 수주~수개월이다. 모두 같은 시설에서 교육한다. 프랑스는 국가 엘리트 교육기관의 사관학교가 있다. 그러나 엘리트 의식화나 정치화의 교육은 아니다. 어느 나라에도 엘리트가 필요하다. 소수의 엘리트가 국가를 이끌어 가기 때문이다. 그러나 유독 한국의 사관학교만 엘리트 의식화가 심하다.

묘판에 묘종을 키우면서 과도하게 비료를 많이 주면 싹이 웃자란다. 그 묘종을 밭에 내다 심으면 이내 시들어 버린다. 사관학교는 장교의 가장 낮은 계급인 소위를 양성하는 곳이다. 당연히 가장 용맹스런 프로 전사 소위를 양성하는 것에만 집중해야 한다. 미래의 국가지도자 육성이니, 호국의 간성이니, 화랑의 후예니 하는 과도한 엘리트 의식화 교육으로는 프로 전사 소위를 양성하기 힘들다. 묘판에서 웃자란 쓸모없는 묘종만 양산할 가능성이 크다는 말이다.

장교계급의 정점은 장군(제독)이다. 사관학교의 양성 교육과 경력 발전 과정을 거쳐 최고의 지휘관 위치에 도달한다. 세계에는 그런 프로 장군(제독)들이 많다. 그중에서도 가장 유능하고 똑똑한 프로 선수들은 1년제 사관학교 과정을 거친 영국의 장군들이다. 필자는 수많은 외국 장군들을 만나 보았지만, 그 가운데 영국의 장군들이 가장 으뜸이었다. 4년제 사관학교를 졸업한 미국의 장군을 능가한다.

영국 장군들은 예비역이 되어도 국가에 충성하고 조직에 헌신하는 모습을 결코 달리하지 않는다. 영국은 미국과 같이 원정전쟁을 치른다. 최근에도 영국군의 희생이 따르는 이라크, 아프가니스탄에 군대를 파견했다. 오늘까지 국방부에서 국장으로 일하던 장군이 내일이면 전쟁터로 떠나 여단장, 사단장을 맡아 6개월~1년씩 전쟁을 지휘하고 원래 있던 자리로 복귀한다. 그리고는 언제 그랬냐는 듯 책상에 앉아 하던 일을 계속한다. 골프장을 지어 달라고 보채지도 않고, 번쩍번쩍 빛나는 권위의 상징을 달라고 요구하지도 않으며, 운전병 딸린 개인 승용차를 요구하지도 않는다. 그들은 내실이 딸린 거대한 개인 집무실도 없이 초라한 파티션 구조의 책상에서 수족처럼 부리는 참모가 없이도 세계 으뜸의 프로 장군이 되고 스스로 그 능력을 증명해 보인다. 엘리트 의식화되지 않고 정치화되지 않은 프로 전사를 양성하는 1년 과정의 사관학교를 거치고 바닥부터 시작하여 오직 능력과 실력 발휘로 최고 지휘관에 오르는 진정한 전쟁 프로들의 모습이 한없이 경탄스럽기만 하다.

영국을 예로 드는 것은 군이 엘리트 의식화된 4년 과정의 사관학교가 아니어도 훌륭한 장군이 되는 것에는 전혀 문제가 없음을 증명하기 위해서다. 한국과 같이 꼭 4년 동안의 엘리트 의식화 교육을 받아야 국가에 대한 충성심이 움트고, 불의를 참지 못하는 정의감과 명예심이 자라며, 전장을 장악하는 전쟁술이 성숙되고, 합동성이 강화되는 것이 아니라는 사실을 거듭 강조하기 위해서다.

민족의 성웅 이순신 장군도 엘리트 과정 출신도, 해군 출신도 아닌 변방의 육군소위 출신이다. 중년의 나이에 바다와 수군을 처음으로 접했지만 섬나라의 해군 일본 함대를 맞아 23전 전승을 거두는 해군 전략을 수립하고 전술을 개발하는 데 문제가 없었다. 그는 혼자만의 노력으로 나라와 백성을 구하고 민족의 자존심을 세워 주었다.

영국은 3군병립 통합군 지휘체계를 유지한다. 2차 대전과 수에즈운하사태를 겪고 지휘부를 통합했다. 3군을 분리해서 전쟁을 해 보니 콩가루가 되어 전쟁이 어렵다는 교훈을 얻었기 때문이다. 8층짜리 구식건물 하나에 국방부, 합참, 육·해·공군 본부가 모두 들어가 있다. 장관도 대장들도 모두 유리벽 10평짜리 방이고 나머지 장군은 파티션구조의 사무실에 책상 하나가 전부이다. 육·해·공군에는 1년 과정의 사관학교가 별도로 있고 소령~준장에 걸쳐 계급에 맞게 합동성을 교육한다. 한국군의 합동성을 강화하자는 취지에서 3군 사관학교를 통합하자는 주장은 의미가 없음을 말하는 것이다. 영국은 통합부대의 지휘관과 주요 참모는 모두 3군이 돌아가며 맡는 윤번제를 유지한다. 그들은 한국과 같이 좁은 한정된 전쟁터가 아니라 5대양 6대주를 원정하며 전쟁을 수행한다. 한국에는 없는 전략핵잠수함과 항공모함도 있다. 육군이나 공군대장이 통합군의 최고 지휘관인 국방참모총장을 맡아도 지휘에 문제가 없다. 업무에 집중하고, 계급에 맞는 통합성 교육에 충실했기 때문이다. 영국군의 지휘관이 맞이하는 전장의 다양성이 한국군 지휘관이 맞이하는 그것과는 비교할 수 없는 수준임을 강조하는 말이다. 영국의 사관학교 교육제도를 배워 볼 만한 근거가 된다.

사관학교 교육은 엘리트 의식화나 정치화의 구도에서 벗어나 소위계급의 임무에 충실한 교육이 필요하다는 것을 강조하기 위해 장황되게 설명한 말이다. 엘리트 의식화의 교육으로 정치 성향을 띄게 되면 군대를 황폐화시키는 정치군인, 군복으로 위장한 정치장군들이 탄생한다는 것을 강조한다.

장교의 가장 낮은 계급, 소위가 되기 위해 군사교육 과정으로 들어서는 생도들의 첫걸음부터 구름 위에 올려놓는 우를 범하지 말기를 바랄 뿐이다.

→ 청산해야 할 과제, 군사정권의 유산인 육사의 엘리트 의식화

고등학교 학업성적 우수자를 유인책으로 모집하여 사관학교라는 폐쇄된 공간에서 군국주의식 엘리트 교육을 강조하는 순혈주의는 소시민적 사고방식을 부추길 수 있다. 이런 교육과정을 통해 애국심이 충실한 엘리트 장교가 육성되고, 더 나아가 국가지도자로 성장할 것이라는 생각은 현실과 부합되지 못한다. 엘리트란 어떤 특정기간 동안 주입식 교육으로 길러지는 것이 아니다. 능력이 있는 보편적인 인재가 스스로 능력을 발휘해 가는 과정에서 검증되어 타인에 의해 엘리트로 인정받는 것이다.

유신 때에는 행정고시도 치르지 않은 대위계급 장교를 대상으로 한 해에 100명이 넘는 인원을 선발하여 5급 사무관으로 공직에 보냈다. 아마도 그들이 공무원 집단을 장악하고 또 커지면 마치 연어가 모천으로 회귀하듯 국방부를 비롯한 정부의 고위관료직을 장악하는 계획이었으나 엄청난 후폭풍만 안은 채 실패한 정책이 되었다.

한 해에 대략 5,000명 정도의 육군 소위가 탄생한다고 가정하면 육사 졸업생이 250명 정도로 5% 정도를 차지한다. 이렇게 탄생한 육군 소위는 모두 군대의 가장 기초 단위인 소대장을 맡는다. 5%를 차지하는 육사 출신 소위들만 유독 금수저 귀족 집안의 화랑의 후예라고 주장하면, 나머지 95% 소대장들은 하층 평민 집안의 흙수저 소위로 전락한다. 군의 단결을 저해하고 결정적으로 전투력마저 손상시키는 신분의 차별을 국가가 스스로 조장하는 아둔함을 지속해서는 안 된다.

소대는 부대의 최전위에 서고 그 소대는 소대장이 앞장서 지휘하기에 전투가 벌어지면 소대장이 가장 먼저 목숨을 잃게 될 가능성이 크다. 그런 위험을 무릅쓰는 소대장이 신분의 차별을 느끼고 단결하지 못하면 전쟁이 제대로 수행되겠는가? 육사 출신 정책가들이 끝까지 '육사=화랑의 후예'를 고수할 양이면 3사 출신, ROTC 출신 장교들에게도 육사와 동일한 화랑정신을 함양하여 신분의 차별을 두지 말아야 한다.

5·16 군사정변을 일으킨 이후 20년 동안 초창기 한국을 이끈 박정희 대통령은 일본 육사를 우수한 성적으로 졸업한 일본군의 육군 장교 출신이다. 여기에서 그의 친일 행적을 논하는 것은 아니다. 국가지도자로서 그의 사상과 철학을 비판한다. 제국주의 일본군의 군국주의 사

상에 경도된 그가 육사를 지나치게 엘리트화한 것은 장기적인 안목에서 결코 바람직한 정책이 아니었다. 그는 군국주의 일본 군대의 과대망상적인 지휘 철학과 제도에 매료되었으나 정작 그 일본군대는 전쟁 패망과 동시에 모든 군국주의를 벗어던지고 오늘의 민주군대로 탈바꿈했다. 국가를 폭망의 길로 이끈 군국주의 철학과 제도는 민주주의와는 맞지 않기 때문에 패전 이후에 일본은 군국주의 청산에 매진했다.

육사의 엘리트 의식화 교육에 고무되어 탄생한 정치군인 집단이 신군부 세력이다. 신군부에 의한 12·12 쿠데타의 비합법성과의 그들이 구성한 하나회라는 사조직의 폐해는 이미 잘 알려진 사실이다. 특히 오늘날의 정상적인 군대와 지휘구조를 이루지 못하는 배경에 엘리트 의식화에 치중하는 육사의 교육 방식과 이 과정에서 초창기의 의도에는 맞지 않게 정치군인들이 양산되었다. 만일 이런 점을 간과하고 지금처럼 엘리트 의식화와 출신의 차별정책을 지속한다면 한국군의 정상화와 선진화는 영원히 구호에 그치고 말 것이기에 조속히 개선해야 한다.

그런 맥락에서 육사가 표방하는 신라의 화랑이 과연 보편타당한 민족적·민주국민적 숭상의 대상인가에 대해서도 시대정신에 입각하여 신중히 재검토해야 한다. 즉, 육사를 나온 정치군인들이 자신들의 정치적 모태인 육사에 대한 엘리트 의식화의 방편으로 무리하게 신라의 화랑을 도입했다는 주장이다.

신라의 화랑과 삼국통일방식에 대해서는 학자들에 따라 의견을 달리하는 부분이 많다. 여기에서 역사의 본질을 따질 수는 없지만, 드러난 역사적인 기록과 평가들이 너무나 다양하여 민족적·국민적 입장에서 시대 상황에 맞게 재해석해 볼 여지가 충분히 있다. 그래서 국민의 민주 군대 지휘관을 양성하는 육사가 가치 창출의 징표로 삼아도 되는 것인 지를 논의해 보자는 것이다.

육사는 화랑이 세속오계를 바탕으로 문무를 겸비한 모범적인 청년 집 단이었고 삼국통일의 주역으로 활동하였다는 이유로 신라의 화랑을 생 도와 학교의 정신적 지주로 삼고 있다. 『삼국사기』에는 '귀족의 자녀 중 에서 외모가 아름다운 남자를 뽑아 곱게 단장하여 화랑이라고 불렀다.' 로 기록되어 있다. 신라의 화랑이 삼국통일 전쟁에서 기여한 것은 사실 이다. 김유신을 비롯한 삼국통일의 주역들도 화랑 출신이었다. 그러나 통일 이후에는 부패와 타락의 길로 접어들어 역사에서 사라지고 말았다.

물론 '귀족 집단의 청년들이 호국의 정신으로 무장하여 심신을 단련 하고 삼국통일에 기여하였다.'는 점은 인정된다. 그러나 민주국가의 국민적인 차원에서 보면 이른바 금수저 귀족 집안의 여자처럼 얼굴이 예쁜 남자들로 극한의 신분 차별 집단이고, 귀족의 정체성을 지키는 집단을 구성하고, 통일 이후에는 귀족 간의 권력 투쟁의 도구로 전락 했으며, 문란한 동성애와 귀족 부인들의 성적 노리개가 된 기록도 갖 고 있어 보편적인 숭상의 단체로 보기는 어렵다.

이보다 더 중요한 사실은 신라의 삼국통일은 화랑이 완성한 것이 아 니라 외세인 당나라의 힘을 빌린 것이고 이런 과정에서 당나라와 한강 이남의 땅만 차지하겠다는 치욕적인 약속까지 했다는 점이다. 이는 고 구려의 옛 영토를 상실하는 결정적인 이유가 되었다. 지금까지 육사 지휘부는 '화랑의 삼국통일 정신을 계승하여 한반도 통일을 달성하자.' 고 강조해왔다.

민족사학자 신채호 선생께서는 신라가 당나라의 힘에 의존하여 삼국 통일을 달성한 것에 대해 "다른 종족을 끌어들여 같은 종족을 멸망시킨 것은 도적을 끌어들여 형제를 죽인 것과 같다."라고 신라통일의 근시 안적 반민족성을 비판했다. 이후로 한국의 역사는 한반도로 축소되었 으며, 고려와 조선은 중국의 왕조에 조공을 바치는 굴욕적인 군신 관 계를 맺기도 하였다.

이런 사실을 근거로 다음과 같이 주장한다.

첫째, 국민의 0.01%에 불과한 귀족 집안의 여성스런 외모의 소유자 만 선발한 바, 이에 속하지 못하는 99.99%의 지지를 받을 수 없다. 극 단의 신분 차별은 보편성의 민주사회에 맞지 않는 차별주의다.

둘째, 귀족의 자제로 구성된 집단으로 일시적인 성과는 달성하였으 나 이내 부패와 타락의 나락으로 추락한 집단은 국민적 숭상을 받는 항 구적인 가치를 지니지 못한다.

셋째, 외세의 힘을 빌려 반쪽짜리 민족 통일과 자주성을 저버린 역사 를 만든 신라의 삼국통일방식은 역사일 뿐이다. 즉, 민족적이지 못하 고 근시안적인 삼국통일방식은 한민족의 입장에서 절대적인 숭상의 가 치가 부족하다.

화랑의 세속오계 중에서 군인에게 해당하는 덕목은 사군이충(事君以 忠)과 임전무퇴(臨戰無退) 두 가지이다. 먼저 임전무퇴는 화랑의 전유 물이 아니다. 화랑이 나오기 수만 년 이전부터 전쟁터에 나가는 모든 군인들은 적과 싸워 물러서지 않는다는 것을 전제로 전쟁터에 나갔다. 굳이 화랑이 만든 수준이 높은 군인의 덕목이라고 칭송할 이유가 없 다. 화랑의 사군이충은 지금의 민주국가의 군인이 가지는 국민과 국가에 대한 충성과는 지향점이 다른 충성이다. 귀족의, 귀족에 의한, 귀족을 위한 귀족 국가에서 말하는 귀족들의 충성은 오직 왕에 대한 충성이다. 왕은 귀족의 대표자이고 귀족은 왕을 위해 백성을 부리는 지배층이기에, 귀족이 말하는 충성에는 백성이 완전히 배제된다. 이는 국민이 국가의 주인이고 군인의 충성은 곧 국민에 대한 충성을 의미하는 현대 민주국가와는 의미가 다른 충성이다.

종합적으로 화랑의 실체, 신라의 삼국통일정신은 한민족의 역사성과 민주시민정신 모두에서 비판과 논쟁거리가 산재하여 보편타당성이 결여된다.

만일 화랑과 삼국통일이 신분의 차별을 두지 않고 국민의 자제를 대상으로 화랑을 선발하였고, 비록 반쪽짜리 통일이었지만 외세의 힘을 빌지 않았으며, 끝까지 부패 타락하지 않는 조직이었고, 이후 한반도 역사에서 유구히 숭상되는 항구적인 가치였다면 지금처럼 육사에서 숭상해도 무방하다.

육사가 화랑과 신라통일의 가치를 무리하게 높인 것은 자신들의 출신 학교를 신성화하고자 했던 정치군인과 이들의 정책을 지원하던 학자들의 근시안적 판단에 의한 것이 아닐까? 민족적이며 국민적인 시각에서 냉철히 판단해 볼 문제이다.

사실 한국의 사관학교를 선택하는 고등학교 졸업 학생들은 99%가 지극히 서민 출신들이다. 금수저에 비해 흙수저가 절대다수를 차지한다. 지금은 직업군인의 형편이 좀 나아지고 국민의 수준도 향상되어 중산층 이상의 자녀들도 사관학교에 입학한다.

그러나 지금의 그리고 얼마 전까지 국방을 좌지우지하던 고위급 장군들의 시절에 사관학교는 대학입학금을 낼 형편조차 어려운 지극히 서민적인 집안의 비교적 모범 학생들이 택하는 길이었다. 국가에서 학자금에 생활비까지 지급하고 졸업하면 취직도 보장되고 누구나 국방의 의무가 있으니, 병사보다는 차라리 장교로 복무하는 생각도 있었다. 왜 그런 지극한 서민 집안의 생도가 갑자기 0.01%의 신라 귀족 집안의 화랑으로 탈바꿈되어야 하는지 모를 일이다.

성숙한 시민정신에 입각하여 발전하는 민주시대에 신분의 차별을 두는 것은 합당하지 못하다. 특히 엘리트 의식화에 경도되면 군인의 참모습보다는 지배력이나 권력에 관심을 두는 정치 의식화된 군인이 다수 양산되어 군대가 본연의 업무를 소홀히 하는 비정상적인 방향으로 흐를 경향이 크다. 초임 장교들이 신분의 차이를 느끼거나 장군이라는 허황된 꿈에 부푸는 것을 국가가 조장하는 우를 범하지 말아야 한다. 오직 민주시민의식 함양에만 주력해야 한다.

→ 전두환의 육사발전기금 기탁과 생도사열식 임석상관

다소 지엽적인 문제를 이 책에서 언급하는 이유는 역사의 한 장면으로 기록되었기 때문이다. 전두환의 육사발전기금 그리고 사열식 임석상관장면을 통해 육사의 군사엘리트 의식화와 정치화의 모습을 한눈에 보게 된다.

먼저 사관학교들이 발전기금을 모금하는 것은 어떤 이유에서도 정의롭지 못한 처사로서 중단해야 한다. 사관학교는 일반 대학이 아니다.

국가와 운명을 같이해야 하는 가장 명예로운 장교육성 기관이다. 장교는 국가와 국민 그리고 충성과 명예를 목숨같이 소중히 여긴다. 국가가 생도를 부양할 수 없을 정도로 가난하다면 당연히 생도는 궁핍을 겪어야 한다. 그래야 올바른 국가관이 움튼다. 국가가 쪼들리니 여기저기서 생활비를 모금해서 배를 채우는 모습에서 국가와 운명을 같이하는 충성된 모습을 연상하기 어렵다. 자칫 자신들을 궁핍에 빠뜨린 국가보다는 자신들을 배불리 먹여 준 개인이나 단체를 우선시할 가능성도 배제하지 못한다. 사관학교를 국가조직이 아니라 사조직으로 전락시키는 위험한 발상이 될 수도 있다. 출처가 명확하지 못한 검은 돈이 유입될 소지도 크다. 국가예산이 아니라 모금한 돈이니 마음대로 사용해도 되는 돈이 된다. 이것이 바로 조직이나 개인의 비자금이 아닌가?

지금의 한국은 한 해에 40조 원에 달하는 예산을 국방비로 배정한다. 군이 개인이나 기업에게 손을 벌리지 않아도 사관학교를 발전시킬 수 있을 정도로 형편이 넉넉하다. 굳이 발전기금을 내고 싶어 하는 사람들이 있다면 지금처럼 사관학교별로 직접 모금하여 관리하지 말고, 군과 관련이 없는 별도의 조직으로 기금을 받아 기부자가 표시나지 않게 사용해야 한다. 자칫 사관학교 발전기금이 자신의 세력을 과시하고 존재감을 나타내는 수단으로 악용될 수 있기 때문이다. 감수성이 예민한 시기의 생도들이 자신들을 궁핍에 빠뜨린 국가보다 자신들의 굶주린 배를 채워 준 개인을 숭배하는 불상사를 초래할 소지가 크다.

발전기금의 부정적인 측면의 모든 것이 집약된 것이 바로 전두환의 육사발전기금 납부 그리고 사열식 임석상관사례이다.

전두환과 5·6공화국의 군사정권 주역들은 이미 민주주의 대한민국의 국민이 정한 법에 의해 10가지가 넘는 죄목이 적용되는 중대 범죄자로 단죄되었다. 복잡한 정치적인 해석은 차치하고 군인으로서 도저히 용납되지 못할 중대한 범죄를 저질렀기 때문에 그를 비판하는 것이다. 그는 온갖 부정한 방법으로 1조 원에 육박하는 비자금을 조성하였고, 권력을 앞세워 영리를 취득하여 지금까지도 국민의 지탄을 받는 대상이다. 국가에서 부가한 부당수익 환수명령에 자식들에게 액수를 가늠하기 힘든 재산을 증여하고도 재산이 29만 원밖에 없다며 버티는 파렴치한이다. 국민과 전우의 가슴에 총구를 겨눈 점은 어떤 이유에서도 용서받지 못할 대역죄이다.

그 어떤 의미에서도 국민적인 존경의 대상이 아니다. 그를 추종하여 이득을 취한 사람들만이 충성을 발휘할 뿐이다. 그런 그가 육사에 거액의 발전기금을 납부했다고 하니 그 돈을 받은 육사 지휘부는 제정신인지를 묻고 싶다. 당장 그 출처가 불명확한 돈은 본인에게 돌려주고 행사를 주관한 지휘부는 국민 앞에 사죄함이 마땅하다.

군대에서의 사열은 임석상관에 대해 충성을 맹세하며 큰 절을 올리는 가장 권위 있는 의식 행사이다. 자신의 비자금으로 육사에 발전기금을 납부한 전두환을 임석상관에 세우고 생도들로 하여금 충성을 맹세하게 만드는 것은 국민의 입장에서 결코 용납하지 못한다. 국민의 입장에서 부패한 권력자는 국법에 의한 심판과 단죄의 대상이 될 뿐이지, 그 어떤 이유에서도 존경의 대상이 되지 못하기 때문이다.

쿠데타의 수괴요 비리와 부정의 범죄자를 영웅시하면 생도들이 무엇을 배우고 무엇을 가슴에 간직하겠는가? 진정으로 육사지휘부는 제2,

제3의 전두환이 나타나기를 기다리는가? 물론 군인도 정치인이 되고 행정가가 될 수 있다. 군국주의나 제국주의를 제외하고 근현대사에서는 미국을 건설한 조지 워싱턴이나 아이젠하워가 대표적인 인물이다. 그러나 그들은 민주적인 절차를 통해 국민적 지지를 받은 사람들이다. 무력과 권력을 동원하여 인위적으로 조작된 지도자가 아니라는 말이다.

육사를 신분 세탁과 정치 기반의 모태로 이용하고, 장군이라는 계급을 신분 상승의 수단으로 이용하여 계급에 의한 지배주의적이며 권위주의에 빠진 지금의 후진적인 국방을 만든 주범인 정치군인들이 아직도 육사를 정치적인 수단으로 사용하는 모습으로 보인다. 국가와 국민은 정치군인들이 육사 발전기금이라는 명목으로 자신의 존재감과 세력의 건재함을 과시하는 현실을 묵과해서는 안 된다.

무엇인가 기념이 될 만한 구조물을 세우고 그곳에 이름을 새겨 후배들이 숭배하고 기념하기를 바라는 그 자체가 한없이 아둔한 영웅주의다. 선배의 그런 모습에서 후배가 배울 것이라고는 권력에 대한 무모한 동경심밖에 없다. 권력의 자리에 올라 무한의 지배력을 발휘하는 꿈을 꾸는 젊은이는 나라를 폭망의 길로 인도할 뿐이다. 그것은 젊은이의 비전이 아니라 군복을 입은 정치꾼의 야망에 불과하다. 만일 육사가 지금의 정치의식화에서 벗어나지 못하면 진정한 프로 군인보다는 정치군인들이 더 많이 탄생하게 될 것이라 우려된다. 그런 상태가 지속되는 한 한국군의 지휘 구조 개혁이나 장군의 업무 체질 개선과 같은 개혁의 필수 관문은 절대로 통과하지 못한다. 지금과 같은 권력형 부정과 비리가 만연하고, 위기 때마다 뒤통수나 얻어맞고 뒷북이나 요란하게 쳐대는 모습에서 탈피하지 못한다.

장군으로서 지위와 권위를 세워 놓았고, 보수와 혜택이 충분하며, 지위와 권력을 이용하여 평생 걱정거리 없는 충분한 부를 축적했고, 전역 이후에는 죽을 때까지 월 400만 원이 넘는 연금이 보장되며, 죽어도 묻힐 근사한 묏자리(국립묘지 장군묘역)가 보장되어 있고, 재취업 일자리와 놀이터 골프장이 30개나 마련되어 있다. 군이 장군화에 흙 묻히고 더운데 땀 흘리고 고생할 이유가 뭐 있겠나? 내실이 딸린 호화로운 집무실의 소파에 깊숙이 묻혀 잠에 빠져들기 직전까지 풍요로운 인생을 즐기기만 골몰한다. 혼자만의 업무 공간에서 할 일이 없어 졸음만 오니 내실에 마련된 푹신한 침대에 누워 잠에 빠져든다. 군대와 국가를 황폐화시키는 전형적인 정치군인들의 모습이다.

국민의 군대를 지휘하는 장교를 육성하는 육사는 더 이상 정치화의 늪에 빠져 있어서는 안 된다. 육사가 정치군인이 모이는 구심점이 되어서도 안 된다. 사관학교가 정치 의식화되면 전쟁에는 관심이 없는 군복 입은 정치인, 정치군인들이 탄생하여 지휘부를 퇴화시키고 국가와 국민을 위기에 빠뜨린다는 점을 명심하길 바란다. 사관학교는 '프로 전사 양성소'이지 '아마추어 전문인이나 정치인 양성소'가 아니다.

→ 민주적 소양과 사고의 유연성부터 교육해야 할 사관학교

사관학교가 경직된 엘리트 의식화 교육에 열중하면 군과 국가에 막심한 피해만 초래하다. 스스로를 엘리트라 착각하며 지배력에만 관심을 두는 정치군인들이 양산되어 군대를 황폐화시킨다. 권력의 헛된 욕망을 좇아 출세를 지향하는 요령에만 충실한 '똥별'들을 양산한다. 그런 척박한 환경에서 참군인들이 설 자리가 없어진다. 사관학교는 엘리트 의식화의 늪에서 벗어나서 민주시민정신과 소양을 바탕으로 사고의 유연성을 갖춘 소위를 양성하는 데 집중해야 한다. 그런 소위가 성장하여 능력을 발휘하여 장군이 되고, 전쟁을 승리로 이끌어 영웅이 되면 국민의 존경을 받게 되는 순리를 가르쳐야 한다.

국민이 뽑은 대통령(국군통수권자)까지 무시하고, 사관학교 선배가 아닌 장관에게는 거수경례를 붙일 수 없다는 장군이 바로 치졸한 군국주의적 권위주의 사상에 물든 정치군인의 전형이다. 민주시민정신이 결여되고 사고의 경직을 강요하는 군국주의 일본군 사관학교 교육의 산물이다. 장교들의 사고가 경직되고 민주시민의식이 결여되면 군대를 정상적으로 지휘하지 못할뿐더러 국가라는 큰 조직에서 국방을 제대로 운영하지 못한다.

이러한 관점에서 사관학교의 3금제도에 대해서도 언급해보자. 사관학교는 성직자 양성기관이 아니다. 사관학교에서 엄격하게 시행하고 있는 3금제도는 정작 현실과 괴리가 크다. 학교 내에서도 일탈이 은밀하게 이루어져 왔고, 휴가나 외출에서 자신의 일탈을 무용담처럼 자랑하는 생도가 많은 것이 현실이다. 또한 졸업한 순간부터는 3금은 아무런 의미를 갖지 못한다. 이런 현실을 무시하고 3금제도를 유지하기 위해 시간과 노력을 투입하는 것은 불필요한 낭비이다. 지키지도 못할 제도를 고수하기 보다는 통상적인 사회적 규범과 사관학교에서 규정한 자신의 학업과 체력에 대한 책임의식을 갖추도록 하는 것이 더 중요하다.

통제를 강화하여 절제를 강요하는 수도승적 생활은 더 이상 다양성이 중시되는 시대적 요구에도 부합되지 못한다. 지금의 세대와 사관학교 정책을 결정짓는 장군들의 세대 사이에는 큰 세대 간의 의식차가 존재한다. 시대에 맞는 사고의 유연성을 갖추어야 한다.

자기 입으로 '국가를 위해 헌신했다. 국가에 청춘을 바쳤다. 나만이 애국자다.'며 스스로의 가치 존중에 빠진 군인들이 많다. 의무로 군대에 복무한 병사나 박봉에 시달리며 국가를 지킨 부사관은 그렇게 말할 수 있다. 그러나 사관학교를 나온 장교, 연금까지 수혜를 받는 장교는 그렇게 주장할 수 없다. 자신이 선택한 직업의 길이기 때문이다. 사관학교 교육에 장교보수에 연금까지 이미 국가에서 충분한 보상을 받았다. 오히려 어려운 형편에 그런 혜택을 준 국가와 국민에 감사하고 또 감사해야 한다.

생도들에게 국가지도자가 되고 장군이 되는 그릇된 이상을 심어 주기보다는 올바른 민주시민의식이 충만한 소위가 되는 것에 교육과 훈육의 중점을 두어야 한다. 군국주의 일본군의 잔재를 말끔히 씻어야 한다.

→ 전투병과 소위 양성에 집중해야 할 사관학교

사관학교 출신 장교가 전문 분야까지 장악하여 군대와 사회 그리고 국가를 장악하는 것이 사관학교 엘리트 교육의 요체였다. 이런 잘못된 교육으로 정치군인만 양산되고 전문성 결여, 관료화의 심화 국방의 폐쇄성 증대, 국방예산의 낭비, 아마추어 전문인력 양성, 자군 이기주의 그리고 전사정신의 유전자가 퇴색되는 문제가 발생하고 있다. 1명의 사관생도를 4년 동안 교육시키는 데 드는 비용이 대략 1억 5천만 원 정도라고 한다. 그러나 이 액수는 1명에게 투자되는 절대비용이고 임직원 비용, 시설비, 운영 유지비 등을 모두 합산하면 이보다 몇 갑절의 비용이 든다. 사관학교는 대학 과정 교육을 기반으로 군사학을 학습하기 때문에 학업시간의 80% 정도가 전공을 이수하는 데 소요된다. 즉, 4년 과정의 1년 정도만 군사학을 교육하는 데 소요되는 셈이다.

의사나 법관은 개인의 미래가 확실히 보장되는 전문인이다. 그런데 그런 전문인이 되기 위해 사관학교에 입학하는 학업 우수자들이 많다고 말하면, 국민들은 의아해할 것이다. 첫걸음의 시작부터 전쟁 프로다운 발상이 아니다. 소위로 임관한 이후에는 유학이나 일반 대학 위탁교육자를 경쟁으로 선발한다. 당연히 학업 성적이 우수한 장교들이 열심히 준비하여 응시와 경쟁을 통해 선발된다. 전문병과에 전과하기 위한 과정도 있고, 미국이나 선진국의 군사교육에 가기 위한 목적도 있다. 그런데 학업 성적이 우수한 장교들이 전투병과를 기피하고 위탁교육에 매달린다니 한심한 노릇이다. 국가가 막대한 예산으로 사관학교를 유지하면 모두가 특히 학업 성적 우수자들이 모두 전쟁하는 일에 몰려야 정상이다. 그런데 정작 소위로 임관하면 너도나도 해외 유학시험 준비, 일반 대학 위탁시험 준비, 전문병과 선발시험 준비 등으로 본업인 군사 업무는 소홀하게 되니 정책이 잘못된 것이 자명하다.

처음부터 국가의 혜택으로 전문인력이 되겠다고 사관학교에 입학하는 학업성적 우수자들이 있다면 국민들은 의아해 할 것이다. 최근의 사관학교를 보면 특히 여학생들이 입학과 졸업의 상위권을 차지하는 경향이 두드러진다. 전문인이 되는 것에 목적을 둔 학생들이 졸업한 이후에는 유학이나 위탁교육을 통과하여 전문인이 되고 최소한 소령 진급이 보장된다. 이렇게 학업을 위한 유학과 직장인과 다름없는 전문 업종에서 근무하는 것만으로 20년만 채우면 매달 200만 원의 연금(매년 일정비율로 인상)을 본인 사망 때까지 수령한다. 도대체 이런 최고급 직종이 대한민국에 또 어디에 있나? 사관학교를 졸업하면 20대 초중반이고 20년 군 생활을 해도 40대 중반이다. 평균 기대수명이 길어져 100세 인생인데 군 생활보다 몇 곱절이나 긴 세월 동안 안정된 연금을 수령할 수 있으니 말이다. 사관학교 교육은 말할 것도 없고, 임관 이후에 계급에 따른 월급은 그대로 유지된다는 상태에서 일반 대학의 학자금과 유학생활비까지 국비로 지급되는 점을 감안하면 개인에게 부여되는 혜택은 이루 말할 수 없이 크다.

예를 들어 의사가 되고 법관이 되고 박사가 되기 위해 최소한 10년에 가까운 기간이 필요하다. 그 기간 동안 혜택을 받는 장교는 하는 일이 오직 공부밖에 없다. 그러면 군인의 본업인 국방의 일, 전선에서 나라 지키는 일은 누가 하나? 단순히 국방예산이 낭비된다는 점을 지적하는 것이 아니다. 사관학교의 존재 이유, 그 근본적인 목적이 무엇인가를 묻고 있다.

사관학교를 우수한 학업 성적으로 졸업한 장교들이 본업을 떠나 자신의 스펙을 쌓는 일에 몰두하는 긴 세월을, 어느 집단 어떤 부류의 장교들이 힘들고 어렵고 자칫 잘못하여 책임지고 처벌까지 받을 일에 전념하고 있는가?

사관학교를 졸업한 장교들의 전문인화에 대해서도 그 가성비를 따져 보면 투자 대 효과 면에서 비율을 따지지 못할 정도로 형편없이 저조하다. 사관학교부터 전문인이 되는 과정까지 교육비와 국방의 업무를 배제해 준 것까지를 따지면 일반인의 2~3갑절의 비용이 투입된 셈이다. 그런 전문 인력의 전문도는 얼마나 될지 의심스럽다.

　박사는 전공 분야에서 좁고 깊게 세계 수준급의 독보적인 지식의 소유자다. 박사라는 타이틀을 유지하기 위해서는 주기적으로 연구논문을 발표하는 등 자신의 전공분야에서 끊임없이 노력해야 한다. 그런데 군인박사는 장롱 속 면허증이 대부분이다.

　박사 학위를 공부하기 위해 선진국에 보내는 것은 군인으로서 그 나라의 선진군사제도를 공부하는 목적이 주를 이룬다. 그런데 정작 논문은 한국이나 한국군에 관한 이야기가 태반이다. 한마디로 한국에서 써야 할 논문을 영어로 쓰는 학위가 대다수를 차지한다. 육사 출신 장교들이 위탁교육과 유학으로 경력을 쌓는 동안 결국 3사관학교와 학사 출신 장교들이 어렵과 힘든 전선을 지키는 일들은 도맡아 했다는 말이 진실로 들린다.

　"나는 안일한 불의의 길보다 험난한 정의를 걷는다."라는 사관생도훈이 공허한 메아리로 들리는 안타까운 현실이다. 사관학교를 졸업한 장교는 모두 전투병과에 근무해야 한다. 그 전투병과 장교들은 처음의 시작부터 본업인 전투 업무에만 전념해야 한다. 그래서 최고도의 합동성이 보장되는 합동부대의 지휘관이 될 수 있다. 3면이 바다요, 북쪽이 막혀 섬과 같은 한국군은 통합성이 없으면 전쟁이 불가능하다. 이미 여러 차례의 위기 상황으로 수차례에 걸쳐 패배의 쓴맛을 보았다. 한국군의 통합지휘구조와 실무형 장군은 한국군의 선진화에 필수적인 과제들이다. 한국형 전장의 특성에서는 장군(소장 이상)이면 누구나 언제든지 통합군을 지휘할 수 있어야 한다. 그것이 진정한 프로 군인의 모습이다.

군이 통합성을 따지지 않더라도 잠시 후면 육·해·공군을 구분 짓지 못하는 전쟁이 전개된다. 가까스로 자신이 속한 군대나 전문 분야의 지식 한 가지만으로는 장군이라고 말하지 못하는 환경이 조성된다. 사관학교 교육부터 그리고 위관장교라는 시작점부터 오직 전투라는 본업에 충실한 교육과 경력과 인력을 관리해야 전문성 결여의 장벽을 넘어 선진 국방을 달성하는 길이 열린다.

비효율적으로 양산되는 사관학교 출신 전문 인력 양성에 투입되는 예산만으로도 민간 출신 전문 인력에게 수당을 지급하면 얼마든지 우수한 전문 인력을 군에서 안정되게 확보할 수 있다. 아웃소싱이 불가능한 전문 인력은 비사관학교 출신의 장교들을 얼마든지 활용할 수 있다. 지금과 같은 군장학생 제도를 활용하여 군에서 필요한 전문 인력을 양성할 수 있다. 군이 사관학교 졸업자를 재교육하여 예산을 낭비하고 또 위탁교육시험에 낭비되는 인력의 낭비도 막을 수 있다. 전사 정신이 투철한 젊은이들이 사관학교를 입교하고, 그 장교들은 비록 힘들고 어렵더라도 오직 본업인 전쟁 업무에 전념해야 한다. 그래야 처음부터 엉뚱한 것에 몰입하지 않고 전투력이 극대화되는 한국군을 완성할 수 있다. 사관학교가 지향하는 '안일한 불의의 길보다 험난한 정의의 길을 걷는' 프로 전사 소위들만 탄생한다.

재차 강조하지만 사관학교는 프로 전사 소위를 양성하는 것에만 집중하고, 졸업장교는 모두 전투병과에 보내야 한다. 학업 성적 우수자들이 엉뚱한 분야로 빠져나가고, 초임 때부터 유학이나 위탁교육에 몰입하고, 또 그런 인력이 다수를 차지하는 여건에서는 전투와 전쟁이라는 본업은 뒷전으로 밀린다. 사관학교라는 국가장학제도를 이용하여 공짜로 공부하고 장교가 되어 국가예산으로 전문인이 되겠다는 생각을 가진 학업 우수자가 사관학교에 발을 들여놓게 해서는 안 된다. 이에 대해 장교의 진출을 다양화하지 못하면 고등학교의 학업 우수자를 유인할 수 없다고 말할지도 모른다. 국가의 혜택으로 전문인이 되겠다는 젊은이는 전사의 기질이 없는 사람들이다. 그런 학업 우수자를 유인하여 개인에게 혜택을 주자고 사관학교라는 거대한 조직이 존속되어서는 안 된다.

→ 시대 상황에 적합하도록 교육 체계 변화 추구

지금의 고등학교 졸업 → 사관학교 진학 → 소위 임관의 사관학교 입학제도는 50년대에 마련된 것으로 시대 상황에 부합하지 못하다는 주장이다. 무턱대고 고등학교의 학업 성적이 우수 학생을 선발하여 군복을 입히고 군인정신을 주입하여 군인으로 만든다는 생각은 시대 상황에 맞지 않다.

먼저 사관학교는 전투병과 소위를 양성하는 것에만 목적을 두어야 함을 전제한다. 고등학교를 졸업하고 사관학교에 입학하는 생도는 미래의 국가지도자도, 호국의 간성도 아니다. 그냥 소위가 되기 위해 국비장학생으로 입학한 것이고 훌륭히 성장하면 장군도 될 수 있고 국가지도자도 될 수 있는 대한민국의 보편적인 젊은이들 중의 한 사람이다.

섣불리 미국 등 서구 선진국의 사관학교와 한국의 사관학교를 비교해서는 안 된다. 미국의 사관학교에 입교하는 고등학교 졸업 학생들은 이미 사회라는 큰 바다를 맛본 상태에서 입교한다. 미국의 고등학교는 한국의 대학과 유사한 정도의 자율성을 바탕으로 교육이 이루어진다.

한국의 고등학교는 대학 입학을 위한 전문학원 수준이고, 고등학생들은 사회와 동떨어져 오직 학업에만 전념한다. 그리고 사관학교에 입학하면 바로 혹독한 군대식 교육에 몰입해야 한다. 사관학교를 졸업할 때까지 어느 구석에서도 폭넓게 사회를 경험할 여유가 없다. 오직 군대식 사고의 틀에 경직되면 사고의 유연성이 제한되어 복잡한 문제를 합리적으로 처리할 능력이 부족해진다.

사관학교 출신의 고위급 장교들 중에는 사관학교를 졸업한 지 30년이 가까운 시점에서도 여전히 사관학교식의 의식구조에 빠져 있는 사람들이 많다. 실제로 사회를 경험하고 군대에 들어오는 학사장교나 3사관학교 출신의 장교들의 사고가 훨씬 유연하고 또 병사들을 관리하는 데도 뛰어나다는 평가가 나오는 이유가 여기에 있다.

소위는 가장 젊은 나이의 병사들을 직접 관리해야 하며, 이후 계급이나 직급이 상향되어도 마찬가지의 요구들이 발생한다. 따라서 지금의 고등학교졸업→사관학교 입교→소위임관 과정으로 이어지는 사관학교 입학제도는 사회성의 결여를 초래하므로 개혁이 필요하다.

올바른 개혁 방향은 빠른 시일 내에 사관학교를 2년 과정으로 개편하고 전투병과 장교육성에만 전념하는 것이다. 영국의 1년제 사관학교와 같이 고졸~대학원 졸업자까지 문호를 개방하고 연령도 입영 연령(19~29세)으로 하여 다양한 사회경험과 경력을 대상으로 모집하는 것이다.

아마도 육군은 지금의 3사관학교와 합병하는 형태가 될 것이다. 이 단계를 거치면 영국과 같이 1년제의 군사전문 기관으로 변경하는 것이 바람직하다. 그 단계에서는 지금의 육사 건물은 군사박물관으로 사용해야 한다. 정치화와 엘리트 의식화의 흔적이 너무 크기 때문이다.

사관학교 지휘관으로 3성 장군(중장)이 필요한지에 대해서도 고민해야 하다. 과연 사관학교가 군의 최고계급에 해당하는 지휘관이 방대한 참모조직을 거느리고 지휘해야 할 정도의 부대인가? 영국의 사례를 보면 결코 그럴 수 없다. 준장(별 1개)정도의 계급으로도 충분히 가능한 수준의 성격이다. 사관학교 교육은 소위를 양성하는 군사 과정으로 보면 내용이 복잡하지 않다. 사관학교도 4년제 국립대학이고 국립대학의 총장은 장·차관급이니 당연히 사관학교 교장도 중장으로 보직해야 격이 맞는다는 주장은 일차적인 생각에서 나온 것인가?

중장은 군대에서 대장 다음으로 높은 계급이다. 사관학교에 중장을 배치하면 사관학교 전체가 중장교장을 모시기 위한 조직으로 전락한다. 의전과 예우를 하늘같이 받드는 한국군에서 교장이 하늘같은 존재가 되는 현실에서는 피할 수 없다. 막강한 파워를 가진 계급이니 이것저것 바꾸어 보겠다고 노력하지만 불과 1~2년의 짧은 근무 기간에 혼선만 빚는 일이 많다. 심지어 앞의 교장이 바꾼 것들을 다음 교장은 다시 원위치하는 일도 허다하다.

→ **군대의 통합성 향상에 효과를 발휘하지 못하는 통합사관학교**

한국군의 통합성을 강화하는 방안으로 통합사관학교를 만들자는 주장이 있다. 사관학교를 개혁하는 방안으로 민간인 교장을 두자는 주장도 제기된다. 개인적으로 두 가지 모두에 반대한다.

먼저, 통합성의 강화를 목적으로 사관학교를 통합하여 교육해야 한다는 주장은 몇 가지 측면에서 문제가 있다고 본다.

첫째, 앞에서도 언급했지만 생도들에게 통합성을 교육하는 것은 유치원생에게 대학이나 대학원에 필요한 과목을 학습하는 것과 같다. 먼저 사관학교에 입교하는 학생들은 자신이 장차 어떤 군으로 갈지도 모른다. 그런 상태에서 육군, 해군, 공군의 전술이나 전략을 학습하면 열의도 없을뿐더러 기억에도 간직하기 어렵다. 사관학교를 졸업한 초입장교 시절에는 주로 각각이 선택한 군에서 주로 근무하기 때문에 통합성 교육은 효과를 발휘하지 못한다.

둘째, 대통령이 지목한 군피아의 고착화를 불러온다. 한국군은 특이하게 집단을 형성하고 그것으로 집단의 이익을 챙기려는 경향이 강하다. 이러한 경향은 단기간 내에 사라질 것이 아니다. 그동안에는 3개의 사관학교 출신들이 단체를 만들어 상호 견제하는 형태였다면, 사관학교를 통합하면 더 큰 슈퍼파워 집단이 형성되어 통제가 불가능한 괴력을 가질 수 있다.

선진국의 장교들은 사관학교를 중심으로 무리를 짓지 않는다. 특히 1년 과정으로 다양한 성분의 청년들을 모집하고 군사교육에 전념하는 영국의 경우, 동기생이라는 개념이 희박하다. 이는 능력 위주의 장교 인사 운영에도 매우 긍정적으로 작용한다.

셋째, 3군 간의 인원 분배 문제이다. 군을 먼저 선택할 것인가, 아니면 학업을 마치고 군을 선택할 것인가의 문제가 있다. 지금과 같이 육군이 국방을 지배하는 상황에서는 당연히 육군에 몰리게 된다. 당연히 해군과 공군은 2중대, 3중대로 전락할 가능성이 커진다. 비록 통합군

체제이기는 하지만 각 군은 분리되어 정체성이 유지되기 때문에 통합 사관학교가 되면 이런 정체성마저 사라질 가능성이 크다.

　선진국의 사례에서 보듯이 사관학교는 분리 상태를 유지하는 것이 좋다. 통합부대의 지휘관과 참모들은 중급-고급 장교이기 때문에 시기에 맞추어 적절한 교육이 이루어지는 것이 효과적이다. 즉, 각 군에서 진급 선발 과정을 거쳐 능력이 검증되고 또 합동부대에 근무할 시기에 임박하여 합동성을 교육해야 교육의 효과도 극대화할 수 있게 된다. 민간인 교장제도는 사관학교를 ROTC 전문대학으로 만드는 것으로 지금의 국방제도를 개혁하는 데는 효과가 없다. 사관학교는 고도로 전투와 연관된 교육이 필요하다. 현역으로 유지하는 것은 세계적인 추세이기도 하다. 따라서 지금의 4년제 정규사관학교를 1차적으로는 2년제로 그리고 보다 장기적으로는 1년제 군사 전문 과정으로 개혁해 나가는 것이 최선의 대안이 된다.

　한편, 통합사관학교는 단일군체계로 가는 미래의 시점에서 검토되어야 할 사항이다.

10. 장군들의 자발적인 국방개혁 동참 촉구

: 만일 국군통수권자인 대통령이 국방개혁의 의지와 방향만 제대로 설정한다면 국방개혁은 순조롭게 진행될 수 있다. 군대는 대통령의 지시에 일사분란하게 움직이는 조직이기 때문이다. 무엇보다도 그 대상이 60만 대군 전체가 아니라 500~600명의 지휘부와 고위급에 해당되기 때문이다. 그가 개혁의 의지가 뚜렷한 장군들을 대장계급에 진급시킬 수 있다면 국방개혁이 훨씬 순조롭게 진행될 것이다. 또한 군대의 최고 계급인 장군들이 발 벗고 나선다면 개혁은 손쉽게 단시간 내에 달성될 수 있다. 한편 군을 개혁하면 한국의 전체 국가 조직에 대한 파급효과가 크게 나타나게 된다. 일사분란하게 움직이는 군대부터 개혁하여 국가 개혁을 주도하는 원동력으로 삼을 수 있다는 말이다.

의사와 군인은 사람의 생명을 다룬다는 공통점이 있다. 의사는 한 사람의 환자의 목숨만을 지배하지만 장군은 수천, 수만 명의 생명을 좌지우지한다. 한 마리의 양이 거느리는 사자 무리는 오합지졸이 되지만, 한 마리의 사자가 거느리는 양 떼는 탄탄한 조직력을 발휘한다.

국방개혁이 미룰 수 없는 과제라는 사실은 누구나 인정한다. 문제는 어떻게 실천에 옮기느냐, 어떻게 개혁의 열차에 시동을 걸어 전진하게 만들 것이냐이다. 무거운 국방개혁의 과제를 실은 열차를 움직이게 할 동력은 국방의 최고 지휘관, 즉 장군들밖에는 없다. 광복 이후 70년의 역사를 통해 한국군이 경험한 모든 실패를 거울삼아 미래로 도약하는 개혁의 첫걸음은 결국 장군들이 앞장서 나가는 방법이 최선이 될 것이다.

기득권으로 인식되는 권력을 손에 쥔 사람(장군)들이 국가에 봉사하는 마음으로 그 권력에 대한 욕심 한 가지씩만 내려놓으면 개혁은 봄의 꽃물결처럼 번져나간다.

장군들이 스스로 개혁에 앞장서면 다음과 같은 이점이 있다.

첫째, 개혁에 저항하는 반발을 일순간에 잠재울 수 있다.
둘째, 10년이 걸릴 국방개혁을 2~3년 내에 완성할 수 있다.
셋째, 하부조직들을 가장 짧은 시간 내에 안정화할 수 있다.
넷째, 북한은 더 이상 한국군에 도전장을 내밀지 못한다.
다섯째, 국민들은 그들을 진정한 국가급 지도자로 인정하고 존경하게 된다.

→ 장군들이 주도하는 개혁의 방향성 그리고 의지 선언

지금까지의 모든 정부에서 국방개혁을 내세웠다. 세계적인 발전추세와 국가의 위상 변화 그리고 대형 사건의 충격을 계기로 삼았다. 그러나 개혁은 번번이 실패로 끝났다. 자군 중심의 아전인수식 주장과 수구의 틀을 극복하지 못하고 결국은 밥그릇 싸움으로 변질되는 안타까움만 되풀이했다.

이런 개혁의 실패 원인은 지도자의 올바른 인식 부족, 군의 지도층을 이루는 장군들의 미온적 태도, 예비역 집단의 조직적인 외압과 반대, 그리고 무엇보다도 국민적인 지지를 이끌어 내는 데 실패했기 때문이다. 따라서 개혁을 성공하기 위해서는 다음과 같이 개혁의 목표를 확실하게 정해야 한다.

첫째, 전쟁이나 위기 상황에 가장 효과적으로 대응할 수 있으며, 한
국적인 특성에 최적화되고 미래의 발전을 보장하는 통합군 지
휘 구조의 완성.
둘째, 관료화 업무 구조, 의전과 예우의 허례허식, 전근대적인 군사
문화 일소.
셋째, 부정과 비리를 원천적으로 차단할 수 있는 선진제도의 정착.
넷째, 병사관리제도의 선진화 달성.

개혁은 미룰 수도 없고 미루어서도 안 되는 숙명의 과제이다. 따라서
장군들은 다음과 같은 7가지 주요 어젠다의 개혁 의지를 선언하고 개
혁에 동참해야 한다. 개혁을 주도하는 대통령을 비롯한 지휘부의 부담
을 줄여 주고 개혁의 속도도 가속화할 수 있을 것이다.

첫째, 예비역이 되어서도 전쟁이 나면 가장 먼저 최전방으로 달려서
병사들과 함께 몸소 적과 싸우겠다는 선언.
- 장군들이 훈련시킨 병사들이고 구축한 전력이고 지휘했던 부대이기 때
문에 장군들의 이 한마디로 병사들과 국민의 사기가 충천해지기 때문이
다. 그런 장군이 한 사람이라도 있어 병사와 국민이 단결한다면 적은 전
의를 상실하고 물러나게 될 것이기 때문이다.
- 그 한 가지 사실만으로도 지금까지 누적된 장군에 대한 불신을 씻고 국
민의 신뢰를 얻게 되기 때문이다.
- 그 일은 오직 장군이라는 계급에 있었던 사람만이 할 수 있는 일이고 그
런 사람의 행동만이 빛을 발휘할 수 있기 때문이다. 누구도 흉내 내지 못

하는, 낼 수도 없는 최고급의 노블레스 오블리주의 모습이기 때문이다.

둘째, 한국의 실정에 맞는 군사조직을 만들어야 한다는 선언.
- 한국이라는 전장에 맞지 않는 지휘 구조를 유지하는 것은 강함을 표현할 수 없고 전쟁에 이길 수 없기 때문이다.
- 관료화되고 이중화된 옥상옥의 지휘 구조로는 급변하는 시대적 요구를 수용할 수 없기 때문이다.

셋째, 정치군인들이 만든 지배적인 권력 구조는 시대에 뒤떨어진 비효율적인 구조라는 선언.
- 장군이 직접 손과 머리를 쓰지 못하면 적의 공격을 막아 내지 못하는 시대에 살고 있기 때문이다.
- 장군이 직접 이끌어야 하는데 부수인력이 많으니 거추장스럽고 혼잡하기만 할 뿐이기 때문이다.
- 한국군에 팽배한 정치 성향화로 참군인들이 푸대접을 받고 군을 떠나는 불상사가 되풀이되기 때문이다.
- 조직을 무겁게 만드는 한국형 장군의 낡고 무거운 허례허식의 외투를 벗어던지고 가벼워져야 비로소 날렵한 조직으로 적을 무찌를 수 있기 때문이다.

넷째, 예우와 의전의 허례허식은 아무것도 필요치 않다는 선언.
- 예우와 의전에 조직이 무거워지고 지배적인 권력형 구조가 형성되어 선진화 업무가 불가능하기 때문이다.

– 장군이라는 권력을 좇아 너도나도 장군이 되겠다고 덤벼드는 무자격 부나방들이 꼬여 분위기를 흐리기 때문이다.
– 장군이라는 신성한 계급이 혜택이라는 오명으로 전락하기 때문이다.
– 골방통치의 공간에서 예우와 의전이나 따지면 군대가 영원히 후진의 늪에서 벗어나지 못하기 때문이다.

다섯째, 더 이상 비리와 부정은 없을 것이라는 선언.
– 장군들이 부정과 비리에 연루되어 불명예의 악취가 풍기면 그 냄새는 군대가 망해가는 증거이기 때문이다.
– 국민과 전우는 혐오하지만 적들은 가장 좋아하는 냄새이기 때문이다.

여섯째, 기무사의 뒷조사는 더 이상 필요치 않다는 선언.
– 군사정권의 낡은 사고방식으로 장군을 옥죄고 지휘권을 훼손하는 공포통치의 시대는 이미 지나갔기 때문이다.
– 장군이 어떤 조직의 감시를 받아야 할 만큼 하찮은 존재가 아니기 때문이다.
– 장군의 부대지휘는 그 어떤 누구도 침범하지 못하는 신성한 영역이며, 부대에서 발생하는 어떤 일이 있어도 장군이 책임지는 일이기 때문이다.

일곱째, 한국형 골프장은 더 이상 필요치 않다는 선언.
– 골프장은 처음부터 마지막까지 꼼수에 꼼수를 더하는 명예롭지 못한 군사시설이기 때문이다.
– 통합형의 선진화 지휘조직에서는 골프로 일주일을 소일할 수 없으며,

업무 외적인 일에 시간과 인력을 낭비하기 때문이다.
- 군인이 영리사업이나 하고 용처가 불명확한 금전의 사용에 머리를 쓰는 것은 명예롭지 못한 처사이기 때문이다.
- 장군이 골프장 사장 노릇이나 하며 여기저기 골프 청탁이나 해결하는 하찮은 존재가 아니고, 그럴 시간적 여유도 없기 때문이다.

→ 모범적인 예비역 단체로 남아야 할 성우회

오직 군복의 신성함을 알고 군인의 명예와 민주주의의 참뜻을 숭상했던 참군인, 그런 장군분들께는 필자의 무례함을 사죄드린다. 대한민국에는 존경받는 장군들도 많다는 것을 국민들은 잘 안다.

일반 독자들의 이해를 돕기 위해 성우회라는 조직을 간단히 설명한다. 육·해·공군의 예비역 장군(제독)들이 결성한 모임으로 1989년도에 결성되었다. 전직 국방장관을 비롯하여 별 1개~4개로 전역한 장군들로 구성되어 현재는 회원수가 10,000명에 달한다. 여러 가지로 국방업무와 인사 운영 그리고 국방개혁과 변화에 영향력을 행사해 오고 있다. 성우회는 다음과 같은 입장을 취하여 국민의 존경을 받는 모범적인 예비역 단체로 남아야 한다.

첫째, 부정과 부패 그리고 비리에 연루된 범죄자들을 조직에 발을 붙이지 못하게 해야 한다. 만일 회원이라면 퇴출시켜야 한다.
다음과 같은 자들은 어떤 지위를 막론하고 장군으로서의 자격이 없다. 민주군대, 국민의 군대를 후진국형 군대, 국민의 신뢰를 잃은 나약한 군대 지휘부로 만든 장본인들이다.

– 쿠데타를 자행하여 헌정 질서를 파괴하고 국민과 전우의 가슴에 총구를 겨눈 정치군인 집단. 그들은 군인이 아니라 군복으로 위장한 정치인들이다. 군복의 명예를 실추시켰을 뿐만 아니라 자신들만의 이익을 위해 군대를 이용하였고 결과적으로 오늘의 후진적인 국방을 만든 장본인들이다.

– 현역으로 군납과 방산분야에 종사하면서 부정한 방법으로 이익을 챙긴 자들. 또한, 예비역이 된 이후에 군납업체와 무기를 판매하는 업체에 종사 또는 결탁하여 과도한 이득을 챙겼거나 비리에 연루된 자들. 이들은 모두 국민의 혈세로 충당되는 국방예산을 축내고 저질 무기와 장비를 고가에 들여온 매국노들이다.

– 군에 있으면서 자신의 진급이나 보직을 위해 뇌물이나 청탁 그리고 외부의 권력을 이용한 자들. 정직한 참군인들의 진출을 가로막은 파렴치 행위자들이다.

– 군의 기강을 무너뜨리는 행위를 한 자들. 60만 대군의 기강을 무너뜨린 무자격자들이다.

– 자신의 높은 직위를 이용하여 정당한 사유 없이 자식, 손자들을 군에서 면제시켰거나 군에 입대한 경우, 이른바 꽃보직에 둔 자들. 자식, 손자를 군대를 기피할 목적으로 외국 국적을 취득시킨 자들. 지인의 청탁을 받아 그들의 자식들을 꽃보직에 옮겨 준 자들. 99%의 병사를 흙수저로 전락시키고 차별을 느끼게 함으로써 병사들의 사기를 저하시킨 이기적인 자들이다.

– 하나회니 알짜회니 이런 사조직을 결성하여 군의 단결을 저해하고 자신

들의 사리사욕을 채운 자들.

- 애국과 희생을 내세우면서 뒤로는 자신들의 이익과 사리사욕을 챙긴 자들. 국가를 위한 부하의 희생을 이용해 먹은 자들.
- 전역자로서 군 관련 조직이나 단체에서 사회적인 물의를 일으켜 장군의 명예를 실추시킨 자들.
- 권력을 이용하여 후배들에게 압력을 행사했거나 외부의 청탁을 받아 후배들에게 압력을 행사하여 업무 질서를 파괴한 자들.

둘째, 군의 후배들에게 부담을 주는 행동을 삼가야 한다. 특히, 개혁을 반대하면 수구라는 의심을 받게 된다.

군에서 전역한 장군들이 거대한 집단을 형성한다는 것 자체가 군에 있는 후배들에게는 부담이 된다. 군과 관련된 행동에 극도의 조심성이 요구된다. 전역이 임박한 장군의 입장에서 잠시 후면 자신이 가입해야 할 선배들의 조직에 대항할 엄두를 못 내게 되는 것은 정한 이치이다. 어떻게 눈치를 보지 않을 수 있을 것이며, 훈수를 거절할 수 있겠는가? 국방의 선진화를 위한 개혁의 길에 사사건건 감 놔라 배 놔라 식의 훈수 두기를 지극히 자제해야 한다.

한국군의 지휘 구조와 운영은 처음 시작부터 잘못된 것이 많았고 당시에는 옳았을는지는 모르지만, 지금은 맞지 않는 근시안적이며 임기응변적인 제도와 정책들이 산재해 있다. 근거나 국민들의 지지도 없이 폭력적인 권력으로 이룩한 것들이 한국군의 선진화를 방해한다.

2011년 천안함 사건 후속 조치의 일환으로 육군에서 장군 차량의 별판을 떼겠다니, 예비역 장군들이 반발했다는 말을 들었다. "장군의 권위는 국민이 준 지엄한 것이기 때문에 절대로 경시해서는 안 된다."라며 반발했다고 한다. 지금에 맞지 않는 시대착오적인 착각에 빠져 있다는 증거가 된다.

지금까지 누려 왔던 장군의 권위라는 것은 국민이 준 권위가 아니라 군국주의 일본군의 제도에 경도된 근시안적 정치군인들과 그들의 영향을 받은 정치군인들이 자신들의 지위를 수직으로 상승시키기 위해 만든 것이었다. 그것으로 한국군은 오늘날의 후진적인 모습으로 전락했다. 선진국의 국민들이 진짜 군대 장군들에게 주는 것은 '일과 책임'밖에 없다. 선진국의 장군들은 전쟁이라는 목적 이외의 그 어떤 허례와 허식을 요구하지 않는다. 그런 일을 감내하는 장군들에게 자발적으로 존경을 보내고 리더로 인정한다. 장군을 일러 똥별이라고 조롱을 보내는 선진국은 없다. 구시대적인 생각을 군의 후배들에게 강요하는 생각을 버려야 한다.

군이 개혁하지 못하는 이유는 이렇게 시대에 뒤떨어진 자기만의 생각으로 시시콜콜 간섭하는 사람들이 많기 때문이라는 지적이 있다. 대장 출신 장관은 그런 간섭을 두려워하여 개혁의 엄두를 내지 못한다. 한국군이 제대로 돌아가고 있다고 믿어 왔던 사람들은 군에서 권력으로 권세를 누렸던 사람들밖에 없었다. 그들이 주장하고 믿었던 것들에는 국방 지휘 구조부터 제도, 관습과 문화 그리고 하부조직과 매뉴얼까지 제대로 된 것은 없다.

보안사라는 초법적인 권력기관의 말단 조직원들조차 장군지휘관 알기를 우습게 알고 장군의 집무실을 제 집 드나들 듯하는 꼴을 차마 입이 있어도 후환이 두려워 입도 뻥긋 못하던 시절에 권세를 누렸던 사람들은 누구도 과거의 계급과 직책을 내세워 개혁을 말할 자격이 없다.

자신만의 아집에 사로잡혀 시대가 어떻게 변하는지, 선진국의 장군들이 어떤 모습으로 일하는지, 지휘 구조가 어떻게 갖추어져 있는지 모르고 국방의 정의를 세우는 것이 무엇인지에 대한 개념조차 없는 사람들은 국방개혁에 말을 거들 자격이 없다.

권력에 줄을 대거나 부정한 방법으로 진급심사를 통과해서 얻은 계급장이 무슨 큰 벼슬인 양 권위와 예우를 앞세우고 병정놀이에 몰두했던 사람들은 국방개혁과 선진화를 말할 자격이 없다.

권력의 자리에 있으면서 개혁을 주도하지 못했던 근시안적인 사람들은 스스로 자중하는 모습을 보여야 한다.

'우리가 밀어주는 그 사람을 장관으로 임명해라. 그 사람은 다른 정권에서 출세한 사람이라 안 된다. 이런 정책은 안 된다.'라는 식의 간섭은 선배로서 올바른 도리가 아니다. 비록 과거에는 맞았을지는 모르지만, 현재의 시점에는 맞지 않는 것들이 대부분이다. 국방을 둘러싼 환경들은 하루가 다르게 변한다. 잘못된 것인 줄을 뻔히 알면서 오직 나보기에 그렇지 않은 것 같고, 내 마음에 들지 않는다고, 내 손에 쥔 밥그릇이 작아진다고 변화를 요구하는 의견이나 주장을 무조건 막는 것은 수구라고 지탄받는다.

셋째, 국방부 주변에 산재한 권력과 전관예우의 자리를 개혁해야 한다.

노블레스 오블리주를 몸소 이행할 수 있는 자리들이 권력의 자리로 둔갑하여 목불인견의 권력 쟁탈전이 계속되게 방치해서는 안 된다. 국방의 주변에 산재에 있는 예비역의 자리는 또 다른 권력의 자리가 아니라 헌신, 봉사하는 명예직의 자리로 만들어야 한다. 그리고 그곳에서 진정한 노블레스 오블리주를 몸소 이행하여 국민의 존경과 사랑을 받아야 한다. 그런 모습에서 후배들은 선배를 존경하고 바른 길을 배우게 된다. 국방의 주변에는 예비역이 자리를 탐하는 여러 가지의 조직과 단체들이 존재한다. 예를 들어 군인공제회, 재향군인회, 전쟁기념사업회 등 수십 개의 크고 작은 조직과 단체들이 있다. 이런 조직과 단체에서 권력을 가진 자리에는 대부분 육사 출신 예비역 장군들이 차지한다.

선진국과 한국군의 유사한 조직들을 비교하면 큰 차이가 발견되는데, 그것은 바로 이런 자리들도 모두 권력화가 심각하다는 점이다. 선진국들은 대부분 이런 자리들도 개방형의 봉사직으로 유지한다. 현역으로 근무하는 모습과 동일하게 의전이나 전관예우 따위를 따지지 않는다. 무보수 명예직으로 국가와 노병들을 위해 헌신하는 모습이 곧 최고의 권위를 상징하는 일이 된다. 장군이 아니면 엄두도 내지 못하는 일이다.

그러나 한국군은 군을 전역한 그 계급의 전관예우를 받는 권력의 자리로 유지되는 경우가 많다. 대장으로 전역하여 어떤 자리에 있으면 군에 있을 때와 똑같은 권력과 전관예우를 받고자 한다. 예하의 조직에 대한 예산권과 인사권을 움켜쥐고 권력을 행사하는 모습, 거대한 사무실 구조와 비서진 그리고 의전을 수행하는 모습이 군대에서 행사하던 것과 다를 바가 없다. 최근 재향군인회장의 자리를 두로 부정선거의 모습을 지켜보면서 언론은 권력병에 걸린 환자들을 보는 것 같다고 비아냥거린다. 그런 모습에 국민들도 '똥별'들의 한심한 작태라며 조롱까지 보낸다.

재향군인회장으로서 진심으로 노병들을 위하는 자리라면 권력의 자리로 둘 것이 아니라 무보수 명예직으로 만들어 두어야 한다. 그렇지 못하고 예산과 인사, 의전과 예우 그리고 수익사업까지 한 손에 움켜쥐는 권력의 자리로 만들어 두니 권력을 좇아 부나방들이 조직을 황폐화시킨다.

넷째, 정치적인 중립을 지켜 노(老)장군의 존엄성을 세워야 한다.

군인은 정치인이나 국가지도자가 아니다. 군인이 할 수 있는 가장 위대한 정치 참여는 나라의 주인인 국민이 뽑은 대통령에 충성하는 것이다. 자신의 주장과 다르다고 국민이 뽑은 대통령을 무시하고 국민의 뜻으로 정한 국방의 정책에 항거하는 집단행동은 스스로 정치(군)인임을 선포하는 옳지 못한 행동이다.

전작권 환수에 반대하여 수천 명의 예비역 장군들이 계급장을 단 군복을 입고 거리로 나서는 것은 국민들이 납득하기 어려운 처사이다. 자주국방을 외쳐 온 당사자들이고 수백조 원의 국방비를 사용하며 철통같다 물샐 틈이 없다고 호언했던 장군들이 어떻게 일순간에 나약한 존재로 돌변할 수 있는가?

차라리 그 모습 그대로 휴전선으로 달려가 북한 정권에 대고 '이런 일로 남침을 획책한다면 내가 아무리 늙은 몸이지만 너희들을 직접 상대할 것'이라고 시위를 벌였어야 했다. 그랬다면 북한 세습정권과 추종자들은 놀라 잠을 이루지 못하게 되었을 것이다. 그 어떤 이유에서도 남침은 절대 불가한 일이라는 것을 절감했을 것이다. 아무도 흉내조차 내지 못하는 오직 노(老)장군들만 할 수 있는 최고의 노블레스 오블리주이다. 한국 역사에 남을 일이고, 국제사회가 톱뉴스로 보도했을 일이다. 만일 북한이 오판했을 때 이런 노장군이 있다면 이순신 장군께서 노량해전에서 죽음으로 역사를 세웠던 모습이 재현된다. 이 얼마나 장엄한 장군만의 모습인가? 정부를 향해 전작권환수 반대 시위를 하는 것은 정치적 중립을 버린 것이다. 그 방향만 돌려 북한에 경고했다면 세계가 존경하는 대한민국 노(老)장군의 표상을 세웠을 것이다.

정치는 보수와 진보의 대립 구도에서 발전한다. 두 진영이 서로의 가치를 존중하고 융합하면 나라가 안정되게 발전한다. 그러나 극단으로 대립하면 정쟁의 소용돌이에 빠져들고 나라가 혼란해진다. 보수는 부패로 망하고 진보는 분열로 망한다는 말은, 두 진영의 끝단은 결국 망하기 때문에 극단으로 치우치지 말고 양보와 협력으로 융합하면서 발전하라는 의미이다. 훌륭한 정치 지도자는 국민들을 극단의 대립으로 치닫지 않도록 이끌어 간다. 국민을 극단의 대립 상태로 몰아넣고 자신과 소수의 기득권이 이득을 취하는 정치인은 지도자로서의 자격이 없다. 정치군인의 군사정권은 이런 면에서 비전이 부족했다.

오직 자신들만의 가치 존중에 빠지는 극단적인 보수 성향은 '수구꼴통'이라 비판받고, 그런 진보 성향은 '급진좌파'라고 비난받는다. 두 가지 모두 민주주의 발전을 저해하는 바람직하지 못한 생각이다. 수구꼴통은 변화와 발전을 가로막아 후진의 늪에서 허덕이게 만들고, 급진좌파는 혼란을 부추겨 국민을 불안케 한다.

한국의 보수와 진보가 대립하는 중심에 '안보 이념'이 있다. 그 안보의 중심에 군대라는 조직이 있으며, 그 군대의 중심에 장군이라는 계급의 집단이 있다. 30년 군사정권은 안보 이념을 색깔론으로 고착시키고 대립을 부추겼다. 그 부패한 정치군인들의 행적과 군국주의 일본군의 퇴폐적인 제도로 인해 신성한 장군이라는 계급이 '똥별'로 매도되는 안타까운 현실이다.

군인은 보수의 편이 아니다. 그렇다고 진보의 편도 아니다. 오직 국민의 편이다. 이것에 대한 올바른 인식이 필요하다. 정치군인들은 장군이라면 무조건 기득권의 보수여야 한다는 논리를 내세웠다. 이순신 장군께서는 "무릇 장수된 자는 충(忠)을 좇아야 하며, 그 충은 마땅히 백성을 향해야 한다."라며 군인이 지향해야하는 충성의 방향성을 올바르게 제시하였다. 사군이충(事君以忠)으로 오직 군주(왕)에게 충성하라는 화랑의 사상과 지향점이 다르다. 이 책에서 이순신 장군을 자주 거론하는 이유이다. 군인, 장군으로서 모든 가치의 모범을 보여 한민족의 표상이 되기 때문이다.

민주주의의 가치는 다수결을 존중할 때 존속된다. 민주국가의 주인은 국민이다. 짐(루이 14세)이 곧 국가가 아니라 국민이 곧 국가이다. 민주국가의 군대가 말하는 충성은 국민에 대한 충성이다. 다수의 국민이 선출한 대표자(대통령)에게만 충성하는 것이 민주군대의 의무이다. 민주군대의 군인은 충성할 대상을 스스로 선택할 자격이 법으로 박탈된다.

정치란 소용돌이를 거쳐서 발전한다. 특히 민주제도의 역사가 짧은 한국은 지금 그 소용돌이의 중심에 서 있다. 정치인들이 그 소용돌이를 안전하게 지나도록 군인들은 튼튼히 나라만 지키면 된다.

극단적인 보수성향의 정치시위 현장에 예비역 장군(군인)들이 '군복을 입고 나서서 시위를 선동하는 일'은 결코 용납될 수 없는 일이다. 국민의 편에서 묵묵히 국가를 수호하는 60만 대군의 성향을 정치시위의 현장으로 끌어들이는 무모한 정치선동행위가 될 수도 있다. 정부와 국방부는 그런 무모한 행동을 수수방관해서는 안 된다. 민간인 신분으로는 누구나 정치성향을 표출할 수 있기 때문에 시위현장에 나가고 싶다면 당연히 군인의 티가 나지 않는 '민간인 복장'으로 나가야 한다.

군복은 전쟁터에 나가는 군인들이 입는 수의(壽衣)와도 같이 신성한 복장이다. 정치군인들이 군중을 선동하기 위해 입는 시위용 복장이 아니다. 극단적인 정치집회에 그런 무모한 행동을 하는 사람들이 나타나는 것은 군사정권의 권력에 기대어 권세를 누르면서 호의호식한 정치군인들이 그만큼 많다는 방증이다. 참 군인들과 국방을 멍들게 만든 주범들이다. 정치색을 띄지 않은 선한 목적이나 개인적인 일에는 군복을 입어도 나무랄 사람이 없다. 그러나 국민의 분열을 부추기고 극단적인 대립으로 내모는 정치집회에 군복이 나타나는 것은 결코 있어서는 안 될 일이다. 정치군인들은 스스로의 가치존중에 빠져 온갖 희생을 주장하지만 정작 적 앞에서는 죽음이 두려워 나서지 못하고 부하들만 희생을 강요한다. 심지어 그런 부하들의 희생을 자신의 공적으로 치부하며 공적과 훈장을 챙기고 권세와 호사를 누린다. 그러나 참 군인들은 자신들이 먼저 적진으로 돌진하여 부하들이 죽음의 공포를 떨치고 따라나서게 리드한다. 독립군의 지휘관들과 이순신 장군이 대표적인 사례이다.

북한은 특유의 '벼랑 끝 전술'로 한 · 미 동맹에 맞서는 고슴도치 전략을 구사하면서 온갖 협박성 발언을 쏟아 낸다. 그러나 전면전은 곧 '정권의 궤멸'이라는 사실을 잘 안다. 북한이 자신들의 체제를 결속하거나 한국의 국론을 분열시키기 위해 자행하는 비인간적인 테러성 국지도발은 지체 없이 10배 이상으로 보복해 주어야 한다. 이런 굳건한 안보가 20~30년 지속되면 북한 정권은 한국에 도저히 이기지 못한다는 사실을 깨닫게 되고, 또 북한 주민들의 자발적인 변화의 물결이 가세하여 평화롭게 통일이 달성될 수 있다. 지금과 같이 미군이 주둔하는 것은 안보에 도움이 되지만 '필수가 아니라 추가(additional) 전력'으로 인식하고 국방을 건설해야 한다. 국제정세의 변화와 자국의 이익에 따라 미국의 태도는 언제든지 변할 수 있기 때문이다. 한국은 스스로를 지키는 '자주'를 갖추어야 한다. 지나치게 미국에 의존하여 '자주'를 등한시하는 의식에서 벗어나지 못하면 영원히 남의 손에 안보를 맡기는 악순환이 반복된다. 이 책에서 주장하는 개혁을 완성 국가와 국방지휘부의 눈에 비로소 '자주'로 가는 길이 보이게 된다. 지금의 지휘구조와 군대 문화(이중 삼중의 산만한 지휘구조, 옥상옥의 관료화된 권위주의, 의전과 예우를 우선시하는 허례허식, 고위급의 부정부패와 기강해이, 전근대적인 지배형 업무구조, 계급 만능주의 등)에서는 아무리 거대하게 군사력을 구축하더라도 '이기는 군대'가 되지 못한다.

이 책을 통해 수없이 반복하여 강조한 사항이다.

에필로그

　이 책은 국방부나 특정인 혹은 특정 단체를 비난하거나 비리를 폭로하기 위한 것이 아니다. 투철한 군인정신으로 국방의 사명과 의무를 다하는 대다수의 장병과 그들의 국방을 비방하거나 폄하하려는 것은 더더욱 아니다. 이 책에서 비판의 대상이 되는 사람들이 모두 '나쁜 사람'이라는 것도 아니다. 처음부터 나쁜 마음을 품고 국가와 조직을 망쳐먹겠다는 생각보다는 나름대로 제도에 충실하여 부와 권력을 쌓았을 것이다. 국가적인 엘리트들마저도 악의 구렁텅이로 몰아넣는 그런 잘못된 제도, 관행, 관습, 문화의 틀을 민주적이며 발전적인 것들로 바꾸어야 한다는 것이 이 책의 주장이다. 필자가 국방개혁을 논하며 마치 조롱하듯 비판한 그 모든 것들에서 필자 역시도 결코 자유스럽지 못하다. 참회의 심정으로 이 글을 썼다.

　이 책으로 인해 조직을 배반한 배은망덕의 아이콘이 되겠지만 오직 국방 선진화, 더 나아가 국가 선진화의 의미에만 이 책의 가치를 둔다. 이런 일을 할 수 있게 만들어 준 스스로의 운명에 감사하는 마음이다. 10년을 투자하여 이 책을 준비하였고 형편없는 글재주에 의존하여 출간에까지 이르게 되었다. 한 사람의 인생을 거는 가치를 절감한다. 만일 논의의 범위를 국방에만 한정했다면 결코 이 책을 쓰고자 결심하지 못했다.

　20세기의 낡고 병든 제도와 관습으로 급변하는 21세기를 살아갈 수 없다. "책은 주장을 담는 그릇"이기에 찬란히 빛나는 대한민국의 미래를 꿈꾸며 개혁과 혁신의 굳은 신념만을 이 책에 담았다.

국방개혁과 그것을 확장한 국가 개혁이라는 거대한 담론을 향해 계란으로 바위를 치는 무모한 도전을 시도한다. 많은 사람들이 '무모한 도전'이라고 조롱하겠지만 필자는 '무한 도전'의 가치를 절감한다. 계란으로 바위의 정수리를 표시해 두면 언젠가는 훌륭한 석공이 정과 망치를 들고 와서 그곳을 때리고 바위를 깨게 될 것이다. 작은 유리병에 보물지도를 담아 격랑의 바다에 띄우는 심정이다.

이 책은 극단적인 보수와 진보성향을 지지하지 않는다. 안보로 국민을 협박하는 극단적인 정치집단과 북한의 세습독재정권을 지지·동조하는 친북·종북 집단은 모두 국민의 갈등과 불안을 부추기고 분단을 고착화하는 무리들이다. 국민들은 안정과 번영 속에서 평화통일이 달성되기를 원한다. 그 길로 가기 위한 안보와 국방을 갈망한다. 따라서 이 책은 오직 국민의 편에서 한국의 안보상황에 최적화되고, 미래를 향해 발전하는 국방 더 나아가 국가를 만드는 '올바른 개혁방향 제시'에만 가치를 둔다.

나라의 주인들이 묻고 있다. 응답하라 국방 지도부여, 당신들은 도대체 누구를 위해 어느 시대의 군대를 이루고 있는가? 한국은 전제군주나 독재 시대에 사는 것이 아니다. 국민이 나라의 주인이 되는 민주주의 시대에 살고 있다. 국가도 군대도 모두 국민들이 주인이다. 너무나 당연한 말이지만, 국방을 장악한 특정집단이 마치 자신들의 전유물인 양 당연시하고 있다. 그 결과 오늘의 국방 지휘부는 후진의 늪에 빠져 헤어나지 못한다.

지금과 같은 국방을 유지하려면 국방의 규모와 예산을 절반으로 줄여도 된다. 나머지 절반의 인력과 예산을 경제 발전에 투자하면 10년 내에 나라가 곱절로 부강해진다. 국민의 생활이 윤택해진다. 진정으로 강한 국방을 원한다면 이 책에서 주장하는 방향으로 개혁해야 한다. 필자가 주장하는 국방개혁은 돈 한 푼 들이지 않고 강하게 선진화하는 길이다. 오히려 돈이 무지하게 남는다. 그 어떤 무기보다 더 효과적으로 군대를 강화하고 발전시키는 최상의 방책이다. 그런 개혁을 완성하기 위해서는 국방개혁의 비전을 대통령(후보자들)이 정책(공약)으로 제시하고 추진 동력으로 삼아야 한다. 그렇게 활용할 수 있도록 이 책을 썼다. 국방개혁이 대한민국을 선진화로 안내하는 길임을 국민들에게 제대로 인지시키면, 그 개혁을 전폭적으로 지지할 것이다.

　국방개혁 그리고 그것을 확대한 국가 선진화에는 이념의 논쟁이 개입될 수 없다. 한국이 진화·발전할 수 있는 올바른 길(正道, the right way)이기 때문이다.

　개혁은 진정으로 발전하기를 원하는 국민들의 함성이지 개념도 없고 단 한 줌의 의지도 없는 정치꾼들이 외치는 구호가 아니다.

　21세기 민주한국의 국민들이 명령한다. "지금 개혁하라. 내 나라 내 국방이다."